Johann Hinrich Claussen

GOTTES HÄUSER

oder

Die Kunst, Kirchen zu bauen
und zu verstehen

Vom frühen Christentum bis heute

In Zusammenarbeit
mit Christof Jaeger

Verlag C.H.Beck

1. Auflage. 2010
Mit 48 Abbildungen

2., durchgesehene Auflage. 2012

© Verlag C.H. Beck oHG, München 2010
Umschlaggestaltung: Uwe Göbel, München
Umschlagbild: Der Dom zu Speyer von Südwesten,
© Jochen Helle / www.bildarchiv-monheim.de
Gesetzt aus der Adobe Garamond
Druck und Bindung: Kösel, Altusried-Krugzell
Gedruckt auf säurefreiem, alterungsbeständigem Papier
(hergestellt aus chlorfrei gebleichtem Zellstoff)
Printed in Germany
ISBN 978 3 406 60718 9

www.beck.de

Für Carsten, Jakob und Marie-Theres

«Ein anderes Fundament kann niemand legen als das,
das gelegt ist, welches ist Jesus Christus.»

Paulus, 1. Brief an die Korinther 3,11

Inhalt

Inhalt

Zum Eingang

Man kennt sie so gut, von Kindheit an sind sie einem vertraut. Sie stehen in der Mitte eines jeden Dorfes, einer jeden Stadt, eines jeden Quartiers – die Kirchen. Man überschlage einmal, wie häufig man auf seinen üblichen Alltagswegen an einer von ihnen vorbeikommt, Tag für Tag, mal mehr, meist aber weniger bewusst. Doch so sehr man sich an sie gewöhnt hat, haben die Kirchen ihre Faszination nicht verloren. Sie locken und reizen immer noch. Stehen sie offen, verleiten sie nicht wenige zu einem kleinen Besuch, einer eiligen Flucht aus dieser und zu einem Abstecher in eine ganz andere Welt. Äußerlich betrachtet, sind sie Gebäude wie andere auch, von Menschen und Maschinen gebaut, gefertigt aus Stein und Mörtel, Glas und Beton. Doch wer ihre Atmosphäre schmeckt, merkt schnell, dass sie Häuser einer höheren Ordnung sind, Gottes Häuser eben. Sie stehen auf der Erde, verweisen aber auf den, der Himmel und Erde gemacht hat. Sie sind nicht ganz von dieser Welt, sondern stellen eine Gegenwelt vor, ein Gegenbild zur Welt der modernen Wohn-, Büro- und Kaufhäuser. Selbst Menschen, die einen eigenen Zugang zum christlichen Glauben längst verloren oder nie erworben haben, fühlen sich zu ihnen hingezogen und genießen die besondere Schönheit und Stille, die hier zu finden sind.

Doch das Genießen ist ein flüchtiges Gefühl, wenn es nicht von einem Wissen begleitet wird. Wer nur in die Kirche geht, um einen Kontrastreiz zur Alltagswelt draußen zu erleben, aber nicht zu sagen weiß, wofür sie da ist, was ihre Geschichte und gegenwärtige Bedeutung, ihr Inhalt und Sinn ist, bei dem wird das anfängliche Staunen schnell in Ratlosigkeit und Langweile umschlagen. Zunächst hatte man Mund und Augen weit aufgemacht, war herumgeschlendert, ohne Ziel, Absicht oder tieferes Verständnis, hatte dann aber bald das Interesse verloren und war mit einem Achselzucken schnell wieder hinausgegangen. Viele

Zeitgenossen wissen sehr wenig darüber, was eine Kirche ist und was es in ihr zu sehen gibt. Sie brauchen eine Sehhilfe, damit sie mit ihren eigenen Augen all das aufnehmen können, was eine Kirche an Schönheiten und Bedeutsamkeiten zu bieten hat. Aber sie brauchen auch eine Gebrauchsanweisung. Denn eine Kirche ist dafür da, gebraucht und benutzt zu werden. Doch zu was? Noch folgenreicher also als der Mangel an architektonischer und kunstgeschichtlicher Allgemeinbildung erscheint die Unsicherheit vieler Zeitgenossen in Sachen Religion. Sie wissen nicht recht, was sie in einer Kirche zu tun hätten, worüber sie hier ganz für sich nachsinnen sollten und was sie hier gemeinsam mit anderen erleben könnten. So bleibt ihnen der tiefere Sinn und eigentliche Zweck dieses heiligen Raumes verschlossen. Es sei denn, ein Fremdenführer käme ihnen zu Hilfe, der ihnen nicht nur die berühmten Kathedralen europäischer Hauptstädte, sondern auch die Kirche in der eigenen Nachbarschaft erschließt.

Dieses Buch will beides sein: eine Sehhilfe und eine Gebrauchsanweisung. Um eine Ahnung davon zu vermitteln, was es in einer Kirche zu sehen und zu tun, zu erleben und zu genießen gibt, erzählt es die Geschichte des Kirchenbaus. Tief steigt es hinab in den Brunnen der Vergangenheit, zum Brunnengrund und den allerersten Anfängen christlicher Gemeindebildung, folgt der Entwicklung von den bescheidenen Hauskirchen zu den Basiliken der Antike, beobachtet, wie nach der verharmlosend «Völkerwanderung» genannten Katastrophe im Mittelalter die erstaunlichsten Kathedralen der Romanik und Gotik emporwachsen, verfolgt sodann, wie in der Neuzeit die katholische Kirche und die protestantischen Kirchen sich voneinander getrennt ausformen und die ihnen jeweils entsprechenden Gebäude bauen, und fragt sich angesichts des modernen Kirchenbaus, welche Zukunft die christliche Sakralarchitektur vor sich hat. Die Geschichte des Kirchenbaus birgt ungeheuerliche Schätze, Monumente einer Glaubens- und Gestaltungskraft, die Teil unserer kulturellen Identität und doch sehr fremd sind. So viel religiöse Inbrunst, theologische Klugheit, architektonische Raffinesse, bautechnische Anstrengung und finanzielle Opferbereitschaft sind in diese Kirchen geflossen, dass man nur staunen kann, gerade weil es sehr unwahrscheinlich ist, dass unsere Epoche etwas auch nur annähernd Vergleichbares hinterlassen wird.

Doch Vorsicht! Über dem Staunen darf man das Denken nicht vergessen. Es gibt nicht wenige Architekturbücher und *coffee-table-books*, die in ehrfürchtiger Prosa und weihevollen Fotografien den Eindruck vermitteln, Kirchen seien Orte einer unangefochtenen Ruhe und weltentrückten Heiligkeit. Dabei ist es doch selbst in den herrlichsten Kathedralen stets sehr menschlich zugegangen, also bunt und laut – und manchmal sogar böse und gemein. Deshalb erzählt dieses Buch auch Geschichten von Gewalt und Herrschaft, Glaubenshass und Kriegsgreueln. Genau darin liegt die besondere gedankliche Herausforderung, wenn man sich mit der Geschichte der christlichen Sakralarchitektur befasst: Kirchen sind Stein gewordene Paradoxien. Sie sind so vieles zugleich: Gebetsraum und architektonische Skulptur, Versammlungsort der Gemeinde und politisches Herrschaftszeichen, Erinnerungsort und Stätte des technischen Fortschritts, Asyl für Unglückselige und kunsthistorische Schatzkammer, Schutzraum des Heiligen und Volkstheater, Kampfarena und Friedenstempel. Über die Kirchen lassen sich so viele Geschichten erzählen, die einfach nicht zusammenpassen wollen. Sie sind schön und hässlich, geheimnisvoll und ernüchternd, erschreckend und erhebend. Es sind Geschichten von gut und böse, Glauben und Aberglauben. Die Geschichte des Kirchenbaus bedarf also auch einer religionskritischen Betrachtung. Und die Religionskritik ist nichts, was man Atheisten und Kirchenbauverächtern überlassen sollte, sondern gehört zu den ureigensten Aufgaben christlicher Theologie.

Die Geschichte und die Geschichten des Kirchenbaus lassen sich nicht auf einen Nenner bringen. Dieses Buch möchte das auch gar nicht versuchen. Es erhebt nicht den Anspruch, das große Ganze vorzustellen. Es will nur eine kleine Geschichte des Kirchenbaus bieten, darin aber eine Anleitung für die Kunst liefern, Kirchen zu verstehen und zu genießen. Dafür konzentriert es sich auf wenige große Linien. Jedes Kapitel stellt eine Epoche und eine Richtung des Kirchenbaus vor, indem es die Geschichte nur einer einzigen Kirche, einer besonderen Beispielkirche, erzählt. Vollständigkeit ist also nicht beabsichtigt. Das ist auch kein Nachteil, denn Vollständigkeit ist der Tod des Denkens und des Erzählens. Für Experten dürfte dieses Buch, das von einem Nichtexperten geschrieben wurde, kaum Neues bereithalten. Dafür versucht es, Geschichten zu erzählen, einfache Fragen zu stellen, Grundwissen bereitzustellen und unterschiedliche Aspekte zusammenzudenken – und dies auf eine allgemeinverständliche Weise. So ist dieses Buch eine Einladung an seine Leser, die christlichen Kirchenbauten neu zu entdecken, sie mit eigenen Augen zu sehen und mit eigenen Gedanken innerlich in Besitz zu nehmen. Damit es beim nächsten Besuch einer Kirche nicht wieder lediglich bei einem kurzen Staunen, einem flüchtigen «Ah» oder «Oh» bleibt.

Die Hauskirche

1. Die Hauskirche

und die Anfänge des Kirchenbaus

Das unbehauste Evangelium

Am Anfang war Jesus von Nazareth. Mit ihm fing alles an. Von Beruf war er Zimmermann oder – besser gesagt – Bautischler. Doch in dieser Profession hat er sich offenkundig keinen Namen gemacht. Dass er viele oder bedeutende Gebäude errichtet hätte, ist nicht überliefert. Von einer Beteiligung an Sakralbauten ganz zu schweigen. Im Gegenteil, für einen gelernten Bauhandwerker scheint er ein ungewöhnlich geringes Interesse an Architektur gehabt zu haben.

Sein Glaube benötigte keine feste Unterkunft. Zwischen vier gemauerten Wänden wurde es ihm schnell zu eng, und unter einem geschlossenen Dach hielt er es nicht lange aus. Sein erstes religiöses Erlebnis widerfuhr Jesus nicht in einem Tempel oder in einer Synagoge, sondern unter freiem, von keinem Ziegel verstelltem Himmel, nicht einmal auf festem Boden, sondern mitten in einem fließenden Gewässer. Im Jordan ließ er sich von Johannes, seinem schroffen und ebenfalls unbehausten Vorläufer, taufen, als der Himmel sich auftat, eine Taube hernieder flog und eine Stimme seine göttliche Sendung kundtat. Daraufhin ließ Jesus alles hinter sich. Er zog in die menschenleere und gebäudelose Wüste, um dort vierzig Tage lang mit dem Teufel zu kämpfen. Nach bestandener Probe kehrte er nach Nazareth zurück – doch nur, um endgültig alles hinter sich zu lassen. Er zog fort aus seinem Vaterhaus, seiner Werkstatt, seiner kleinen Stadt und schaute nicht mehr zurück. Von seiner Familie, der Mutter und den Geschwistern sowie den Nachbarn und Freunden wird er sich ohne Tränen und mit leichtem Herzen verabschiedet haben. Denn nun war er frei, ein Wanderer zwischen den Welten, ohne die Fesseln eines eigenen Zuhauses, losgelöst von den Bindungen seiner Herkunft.

> Die Füchse haben Gruben und die Vögel haben Nester; aber der Gute Hirte hatte nichts, wo er sein Haupt hinlegen konnte. Auch seine Jünger blieben zunächst obdachlos. Sie kamen unter freiem Himmel, in Privathäusern oder in Katakomben zusammen. Wandgemälde in den Katakomben von Santa Priscilla in Rom.

So brach Jesus auf, obdachlos aus Überzeugung. Jungen Leuten, denen er auf seinem rastlosen Weg begegnete, rief er zu, sie sollten ebenfalls ihre Lebenszelte abbrechen und ihm in eine ganz andere Welt, das Reich Gottes, nachfolgen. In diesem neuen Reich würden die bisherigen Rücksichtnahmen nicht mehr gelten. Da würde keiner der alten Steine auf dem andern bleiben. Was frühere Generationen für heilig erachtet und architektonisch in eine dauerhafte Form gegossen hatten, hatte für Jesus radikal an Bedeutung verloren – all die ehrwürdigen Institutionen mit ihren Gebäuden: die Familie und ihre Wohnhäuser, die Obrigkeit und ihre Paläste, der Priesterkult und seine Tempel, die Rechtgläubigkeit und Rechtfrömmigkeit mitsamt ihren Versammlungshäusern und Schulungsräumen. Nicht einmal die letzte Ruhestätte – menschheitsgeschichtlich eine der ersten Formen von Architektur – bedachte er mit einem Rest von Pietät. Sollten sich die Toten doch selbst ihre Gräber bauen. Allen Gebäuden, diesen bürgerlichen Hüllen, sprach er ihr Recht und ihre Macht ab. Dabei waren es doch nicht zuletzt sie, durch die sich die Menschen von den Tieren unterschieden. Als Kulturwesen ist der Mensch ein Häuser-, Tempel- und Gräberbauer. Doch von dieser gesamten Baukultur wandte sich Jesus mit seiner Jüngerhorde ab und wählte das Leben der wilden Tiere. Schlimmer noch, er übertraf diese sogar an wohnlicher Bedürfnislosigkeit. Denn die Füchse haben immerhin Gruben und die Vögel Nester, aber der Gottessohn hatte gar keinen Zufluchtsort, nichts, wo er sein Haupt hätte hinlegen können. Und er scheint dies auch nicht sehr bedauert zu haben. Denn nichts zählte für ihn mehr als die strahlende Gotteszukunft, die in seinen eigenen Worten und Taten schon Gegenwart geworden war.

Auch wenn Jesus seelisch und gedanklich in einer anderen Welt lebte und von einer erheblichen, manchmal euphorischen, manchmal düsteren Unruhe getrieben war, brauchte er doch regelmäßig feste Orte, an denen er seinem neuen Beruf nachgehen konnte. Um Menschen seine Botschaft zu vermitteln, musste er mit ihnen zusammenkommen. Deshalb ging er häufig in die Synagogen oder in den Tempel, wo sich die besonders Religionsinteressierten versammelten. Er hatte nichts gegen diese traditionellen heiligen Räume, das heißt: Er empfand so wenig für sie, dass er nicht einmal mehr etwas gegen sie hatte. Jesus war kein Bilder- oder Tempelstürmer aus Prinzip. Dafür waren ihm die Kirchenbauten seiner Zeit zu gleichgültig. Sein Herz hing nicht an ihnen. Er musste sich nicht an ihnen abarbeiten. Aber er wusste sie zu nutzen. Es waren eben gute Treffpunkte. Nur einmal scheint ihm der Tempelbetrieb mit seiner frommen Geschäftemacherei und seiner lauten Opferwirtschaft so gegen die Natur gegangen zu sein, dass er

Die Hauskirche

dreinschlug und die Tische einiger verdutzter Händler umwarf. Im Tempel sollte gebetet und geheilt werden. Ansonsten lautete sein neues Evangelium: Jeder Flecken dieser Erde ist heilig, wenn auf ihm den Menschen die Liebe Gottes gepredigt wird, wenn sie zu Gott beten und Heilung erfahren. Dafür war Jesus jeder Ort gleich recht und lieb. Wo immer zwei oder drei oder auch fünftausend Menschen versammelt waren, um ihm zuzuhören und sich von ihm berühren zu lassen, da war für ihn ein heiliger Raum. Das konnte ein Tempel sein, ein offener Platz, ein Berg, ein Feld, ein Stück Seeufer oder ein gewöhnliches Wohnhaus. Und wenn es zu eng wurde, hatte er auch gegen Sachbeschädigungen nichts einzuwenden. Er lächelte, als einmal Männer, die keinen Einlass mehr in das Haus erhalten hatten, wo er seine Versammlung abhielt, das Dach aufhackten, um ihn zu hören und einen Kranken an Seilen zu ihm herunterzulassen. Die alte Grundunterscheidung in gute und schlechte Orte, sakrale und profane Architektur, reine und unreine Häuser erklärte er schlicht für aufgehoben. So konnte er in Synagogen ebenso wie in der Natur predigen, so wie er bedenkenlos in die von Unmoral verseuchten Häuser der Sünder und Zöllner gehen konnte, um dort zu speisen – eine damals ganz unerhörte Gleichgültigkeit.

So schweifte er durch Palästina, und seine Jünger zogen mit. Nur einmal äußerte einer von ihnen den Wunsch, eine Wohnstatt zu errichten, ein wenn auch nur zeitweiliges Zuhause zu bauen. Das war der wie stets ein wenig überforderte und leicht begriffsstutzige Petrus. Gemeinsam war er mit Jesus, Johannes und Jakobus zum Beten auf einen hohen Berg gestiegen. Als sie sich ins Gebet versenkt hatten, wurde Jesus verklärt. Er verwandelte sich vor ihren Augen. Sein Gesicht wurde hell, überhell. Es leuchtete wie die Sonne selbst. Seine Kleider strahlten auf wie weißes Licht. Visionen entzündeten sich vor ihren Augen. Plötzlich waren da Mose und Elia, die großen alten Propheten, und sie begannen mit Jesus zu sprechen. Dieser unglaubliche Augenblick dürfte nie vergehen, man müsste ihn einfangen, scheint sich Petrus gedacht zu haben. So unterbrach er die heilige Unterhaltung und fragte seinen blendenden Meister, ob sie nicht auf diesem Berg heimisch werden sollten. Denn hier ist gut sein. Hier ist gut bleiben. «Lass uns drei Hütten bauen, jeweils eine für dich, Mose und Elia.» Petrus redete, wie er es verstand, wie er wieder einmal nichts verstand. Da schon wurde sein kleines Bauvorhaben in den Schatten gestellt, denn auf einmal kam Gott selbst in einer strahlenden Wolke daher. Und Gott zeigte auf Jesus und verkündete: «Dies ist mein lieber Sohn, an dem ich Wohlgefallen habe: Den sollt ihr hören!» Wie lächerlich erschien da alles menschliche Bauen. Petrus und die anderen Jünger fielen in einem heiligen Schrecken zu Boden. Dann war alles vorbei. Und sie erhoben sich, gingen fort und zogen weiter, ohne je wieder einen Gedanken daran zu verschwenden, eine Unterkunft zu zimmern.

Jesus selbst scheint nur metaphorisch vom Häuserbauen gesprochen zu haben. Er trat seinen Hörern als Glaubensarchitekt entgegen. Sein Wort empfahl er ihnen als das feste Fundament, auf dem sie ihre Existenzgebäude errichten sollten. Dies wäre wie ein solider Fels, nicht wie der Sand der konventionellen Frömmigkeit. Es enthielte die richtige Bauanleitung für ein neues Leben in Gott. Alle steinernen Häuser und Tempel würden vergehen, aber sein Wort würde bleiben.

Mit dieser Gewissheit begann er seine letzte Reise nach Jerusalem. Ihm wurde ein prächtiger Einzug beschert, doch schnell sollte sich der Wind der öffentlichen Meinung drehen. Böses ahnend, kam Jesus im Haus eines Fremden zu einem letzten Mahl mit seinen Jüngern zusammen, aß und trank, zog sich dann in einen Garten zurück, um dort zu wachen, zu beten, zu weinen, bis sein langer Leidenszug durch die ganze große Stadt begann, dessen Ende seine Hinrichtung bildete, sein Tod am Kreuz, hoch über den Dächern Jerusalems.

Einige wenige hatten an ihrer Liebe zu ihm festgehalten. Sie lösten seinen Leib vom Kreuz und legten ihn in ein frisch in den Felsen gehauenes Grab. Sie rollten einen mächtigen Stein davor in der Hoffnung, dass er nun endlich eine bleibende Stätte haben und an einem sicheren Ort in Frieden ruhen würde. Aber sie sollten sich wundern. Denn am nächsten Morgen, als die Frauen kamen, um ihn zu salben, fanden sie den Stein fortgewälzt und die Grabstätte leer. Nicht einmal ein Grab also konnte ihn halten, fassen und binden. Seine Heimat war eben nicht von dieser Welt. Er war und blieb frei.

Tempelkult und Tempelkritik

Jesus hatte seinen Anhängern einen starken Glauben, einen heiligen Geist und Richtlinien für ein gutes Leben hinterlassen. Doch wichtige Detailfragen hatte er ihnen nicht beantwortet. Zum Beispiel, wie und wo sie zum Gottesdienst zusammenkommen sollten. Das mussten sie nun selbst klären. Es war ein langer Weg, den die frühe Christenheit zurücklegen musste, bis sie eine gültige Antwort gefunden hatte. Wie dieser Weg verlaufen ist, ist heute nur noch in Umrissen zu erkennen. Von den ersten baulichen Versuchen ist kaum etwas erhalten geblieben, und die wenigen Textquellen aus den ersten Jahrhunderten haben sich für dieses Thema nicht recht interessiert. Aber einige Wegstationen sind doch deutlich.

Den Anfang der Suche nach einer Heimat für den neuen Glauben bildete der Auszug aus den alten Gebäuden des Heils. Dieser erfolgte nicht auf einen Schlag, sondern zunächst eher zögernd und halb unbewusst. Zudem war er keineswegs eine überraschende Tat, sondern stand in einer altehrwürdigen Tradition. Wie jede Revolution hatte er eine lange Vorgeschichte. Im alten Israel hatte es zwei konkurrierende Trägergruppen der Religion gegeben. Da waren die Priester, die im heiligen und von der profanen Alltagswelt säuberlich abgetrennten Tempelbezirk den Opferdienst versahen. Mit der Ausnahme, dass sie an nur einen einzigen, unsichtbaren Gott glaubten und ihr Gotteshaus daher ohne Bilder oder Statuen auskommen musste, dürfte sich das, was sie unter einem «heiligen Raum» verstanden, wenig von dem unterschieden haben, was bei den umliegenden Völkerschaften ebenfalls gedacht wurde.

Doch außer den Priestern hatte der Gott des alten Israels noch eine zweite Personengruppe in seinen Dienst gerufen. Den Propheten war aufgetragen, den Glauben an den einen, allmächtigen und gerechten Gott zu wecken. Dazu traten sie auch im Tempel auf, aber mit der Zeit wurde ihnen die nur bedingte Heiligkeit dieses Ortes immer deutlicher. Sie argwöhnten, dass die Gläubigen lieber im Tempel schöne Gottesdienste genießen und in der Hoffnung auf reiche göttliche Gegenleistungen ihre Tieropfer bringen wollten, als dass sie sich der Anstrengung unterziehen würden, ihr Herz zu reinigen und ihr Leben zu ändern. So begannen sie, im Tempel gegen den Tempel zu predigen. «Bessert euer Leben und euer Tun», rief Jeremia seiner Gemeinde zu, «so will Gott bei euch wohnen an diesem Ort. Aber verlasst euch nicht auf die Lügenworte derer, die sagen: ‹Hier ist der Tempel des Herrn, hier ist der Tempel des Herrn, hier ist der Tempel des Herrn.› Sondern bessert euer Tun und Leben!» Wahrer Gottesdienst ist nicht, wenn die Priester nach allen Regeln ihrer Kunst den Kult vollziehen, sondern wenn das ganze Volk das Rechte glaubt und das Gute tut – und dies nicht nur im Tempel, sondern vor allem an den Orten des alltäglichen Lebens.

Als die Zeit der Propheten vorüber war, führten die Weisen und Lehrer des Gesetzes ihr Erbe fort. Sie unterwiesen ihre Gemeinden in dem, was in den heiligen Schriften als göttlicher Wille niedergelegt war. Dazu bauten sie eigene Häuser, in denen ein gemeinsames, konzentriertes Lernen und Beten möglich war und für die sich die Bezeichnung «Synagoge» – zu Deutsch schlicht: «Versammlung» – einbürgern sollte. Der Betrieb im Tempel lief weiter, aber er verlor erheblich an Bedeutung.

Die lange Tradition der Tempelkritik sollte sich als Glücksfall erweisen. Denn als das alte Israel seinen Tempel verlor, war es damit nicht seiner religiösen Kraftquelle beraubt. Die übrigen Völker des Alten Orients gingen allesamt unter, als nacheinander die assyrischen, babylonischen, persischen und römischen Eroberungswellen über sie kamen und ihre Tempel zerstörten. Nur Israel überstand den Verlust seines Tempels, weil es in seinen heiligen Büchern einen unzerstörbaren Glaubenshort und in seinen Synagogen Ersatzgebäude besaß. So konnte sich, als der Tempel unterging und keine Opfergottesdienste mehr gefeiert werden konnten, das alte Israel in das frühe Judentum verwandeln und weiterleben.

Das erste Mal wurde der Tempel zu Jerusalem im Jahr 587 vor Christus von den Babyloniern zerstört. Unter den Persern konnte er etwa siebzig Jahre später wiederaufgebaut werden. Doch dieser zweite Tempel war nur ein matter Abglanz früherer Herrlichkeiten, mit erheblich geringerer Bindungskraft. Dennoch wurde er nach dem Tod Jesu von seinen Jüngern wie selbstverständlich aufgesucht. Petrus und Johannes etwa – fromme Gewohnheitswesen, die sie waren – gingen regelmäßig zum Tempel, um zu beten und das neue Wort Gottes zu verkündigen. Doch die frühen Christen mussten bald einsehen, dass sie dort nicht sehr willkommen waren. Immer deutlicher wurde ihnen, was die alten Propheten und ihr Meister gelehrt hatten, dass nämlich Gott nicht bloß in Tempeln wohnt, die mit Händen gemacht worden sind. Sie wollten Gott «im Geist und in der Wahrheit» anbeten und taten dies immer weniger im engen Jerusalemer Tempelbezirk. Ja, ihnen ging – langsam zwar und mühsam – die ganz neuartige Universalität ihres Glaubens auf. Sie überwanden – vor allem mit Hilfe der neuartigen Lehren des Paulus – die Grenzen des frühjüdischen Erwählungsglaubens und zogen in die weite, damals bekannte Welt, um Menschen aller Völker zu bekehren. Als die Römer im Jahr 70 nach Christus Jerusalem belagerten, eroberten und schließlich die Stadt samt Tempel zerstörten, war dies auch für die junge christliche Gemeinde, die ja mehrheitlich aus Juden bestand, ein furchtbares Unglück. Zugleich beschleunigte diese Katastrophe ihre Abkehr vom hergebrachten Tempelkult. Sie fühlten sich nun an keinen heiligen Ort mehr gebunden und keinem ausgewählten Sakralgebäude verpflichtet. Statt dessen empfanden sie sich selbst, ihre eigenen Körper und Seelen als Gottes Tempel, in denen der heilige Geist wohnte.

Damit hatten die frühen Christen eine Entwicklung zu Ende geführt, die durch die Propheten und die Lehrer der Gesetzesfrömmigkeit eingeleitet worden

Die Hauskirche

war. Noch radikaler als diese widersprachen sie nun dem Grundkonsens antiker Religiosität, nach dem Gott an einem bestimmten, heiligen Ort wohnte und genau dort verehrt werden musste. Sie hoben die Unterscheidung von sakralen und profanen Räumen auf und entgrenzten den Gottesdienst in das alltägliche Leben hinein. «Wir haben keine Tempel, wir haben keine Altäre», war geradezu eine Parole, mit der die frühen Christen auf ihre Einzigartigkeit pochten. Selbstbewusst erklärte der Theologe Justin, der im Jahr 165 das Martyrium erlitt, einem römischen Präfekten auf dessen Frage, wo sich die Christen denn versammelten: «Dort, wo ein jeder will und kann, auch wenn du sicher meinst, wir würden alle an demselben Ort zusammenkommen. Denn der Gott der Christen ist nicht auf einen bestimmten Ort eingeschränkt. Unsichtbar ist er und erfüllt Erde und Himmel. Darum kann er von seinen Getreuen überall angebetet und verherrlicht werden.» Die Feinde des Christentums erkannten darin einen Beweis dafür, dass diese neue Religion eigentlich eine Form von Gottlosigkeit sei.

Der Kirchenvater Clemens von Alexandrien schrieb um 200: «Ist es nicht gut und richtig, dass wir den Unfassbaren nicht in einen Ort bannen und das allumfassende Wesen nicht in Heiligtümer von Menschenhand schließen wollen? Wie könnte überhaupt ein Werk der Baumeister, der Steinmetzen- und Handwerkskunst heilig sein? Stehen da nicht die höher, welche die Luft und ihren Umkreis oder vielmehr die ganze Welt und das All als der überragenden Größe Gottes allein würdig erachten? Wird aber der Begriff des Heiligen in doppeltem Sinne gebraucht, von Gott selbst und von dem zu seiner Ehre errichteten Werke, wie sollten wir da nicht in erster Linie die zu Ehren Gottes in heiliger Erkenntnis geschaffene Kirche ein Heiligtum Gottes nennen, das viel wert und nicht durch Handwerkskunst hergestellt, auch nicht durch Schwindlerhand ausgeschmückt, sondern durch den Willen Gottes zum Tempel geworden ist? Ich meine nämlich jetzt, wenn ich von der Kirche spreche, nicht den Ort, sondern die Gemeinschaft der Auserwählten. Das ist der beste Tempel zur Aufnahme der Größe und Würde Gottes.»

Jüdische und christliche Synagogen

Das griechische Wort «ekklesia», das für gewöhnlich mit «Kirche» übersetzt wird, bezeichnete im frühen Christentum eine Menschengruppe, nämlich die Gemeinde der Gläubigen, und nicht einen neuen Typ von Sakralgebäuden. Es entspricht damit dem griechischen Wort «Synagoge», das ursprünglich ebenfalls die «Zusammenkunft», also die Versammlung der Frommen, bezeichnete und kein Name für eine Art von Gotteshaus war. Doch die frühen Gemeinden konnten natürlich nicht ständig unter freiem Himmel oder auf offenen Plätzen zusammenkommen. Sie konnten die Obdachlosigkeit ihres Erlösers nicht einfach imitieren. Sie brauchten für ihre Versammlungen ein Dach über ihren Köpfen und fanden bei ihren jüdischen Verwandten ein Modell, um ihr Raumproblem zu lösen.

Heute ist die Synagoge ein Kultbau, der für Gottesdienste, Gebete und rituelle Handlungen reserviert ist. In der Zeit des frühen Judentums jedoch war die Synagoge ein profanes Haus, das viele verschiedene Funktionen zu erfüllen hatte. Es war nicht nur die Heimstatt des Gottesdienstes, sondern auch Gericht, Schule, Verwaltungszentrum und Sozialstation. Natürlich stand der Gottesdienst im Zentrum. Aber er war kein Kult im strengen Sinne. In ihm wurden Gott keine Opfer gebracht. Es gab keinen Altar und natürlich auch kein Gottesbild. Die Gemeinde kam einfach zusammen, um gemeinsam zu beten und Lesungen aus den heiligen Schriften zu hören. Aufgrund des unkultischen Charakters des Gottesdienstes und wegen der Einfügung vieler weltlicher Funktionen wurde die Synagoge zu einem neuen und paradoxen Typ religiöser Architektur. Sie ist kein Tempel, kein «heiliger Raum», sondern ein profanes Religionsgebäude.

Die ersten Christen «waren täglich einmütig beieinander, brachen das Brot hier und dort in den Häusern». Sie bauten sich keine Tempel, sondern kamen in Privathäusern zusammen. Eine letzte Zeugin dieser Zeit ist die frühchristliche Hauskirche in Dura-Europos.

Die ersten Christen übernahmen diese Idee. Anfangs hatten sie selbst die Nähe zu den Synagogen gesucht. Gerade ihre Missionare hatten auf ihren ersten Reisen durch das Römische Reich die örtlichen Synagogen als Anlaufstationen gewählt. Doch mit der wachsenden Distanz zu den Juden wurde den Christen deutlich, dass sie eigene Versammlungsräume brauchten, eine christliche «Synagoge» also, die sie dann «ekklesia» nannten.

Diese «ekklesia» war zunächst einfach ein Privathaus. Schon Jesus war auf seinen Wanderungen häufig in den Häusern von Freunden und Sympathisanten eingekehrt, um dort zu lehren, zu diskutieren, zu heilen und zu speisen. In der Zeit der Apostel wurden die Häuser der Neubekehrten zu Stützpunkten der Mission und zu Zellen der Gemeindebildung. Die Apostel verließen ihre Herkunftshäuser, aber sie konnten sich mit der Zeit auf ein immer besser geknüpftes Netz von gastfreundlichen Häusern verlassen. Hier boten ihnen loyale Quartiermacher

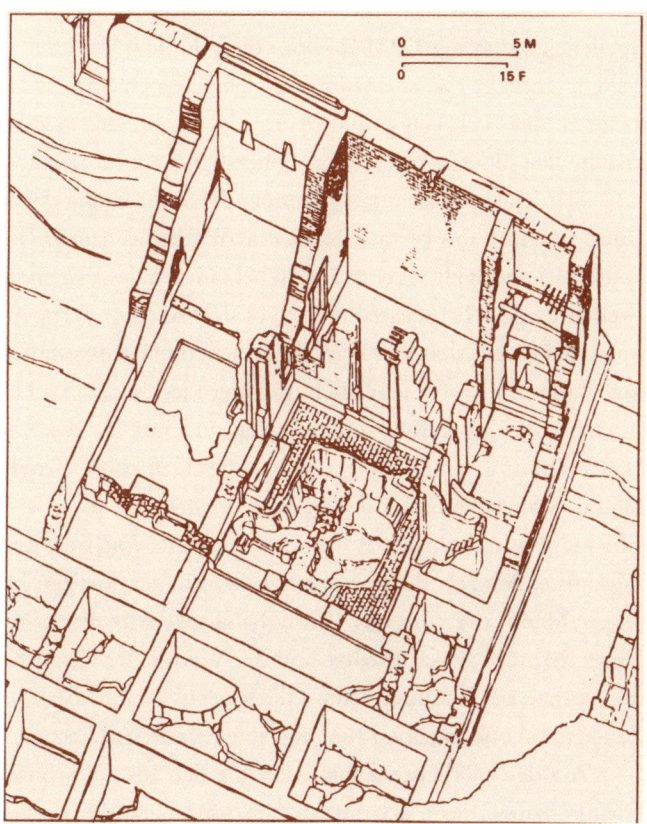

Unterkunft, Verpflegung, Kleidung, Schutz vor Verfolgung und ein Forum für ihre Missionsarbeit. Die ruhelos umherreisenden Apostel, Propheten und Charismatiker hatten keine Familien und keinen dauerhaften Wohnsitz. Sie führten ein Leben, das dem ihres Erlösers glich. Doch sie konnten dies nur tun, weil ihre Anhänger bereit waren, ihrer Geisteskraft dauerhafte soziale Orte, nämlich feste Häuser, zur Verfügung zu stellen. Und je mehr der ursprüngliche Enthusiasmus des neuen Glaubens abklang, umso wichtiger wurden diese Häuser, in denen die Kirche zusammenfand.

Dies waren zunächst einfache Privathäuser, die sehr unterschiedliche Formen haben konnten. Es gab das Atriumhaus oder die städtische Insula, ein mehrstöckiges Mietshaus mit einem Geschäft im Parterre. Die ersten Privathauskirchen boten im Durchschnitt Raum für ein bis zwei Dutzend Menschen. Das reichte schon bald nicht mehr aus. Mit zunehmendem Missionserfolg wuchs der Raumbedarf. Die Gemeinde eines Ortes war oft gezwungen, sich auf mehrere Hauskirchen aufzuteilen. Das aber gefährdete ihre innere Einheit. Es kam zu Parteiungen. Das Geld, öffentliche Hallen anzumieten, fehlte. Doch eine gewisse Abhilfe ergab sich dadurch, dass sich langsam auch Angehörige höherer Schichten bekehrten und man in die größeren Häuser der Wohlhabenden wechseln konnte.

Dort traf man sich im Esszimmer. Dies war häufig der einzige große Wohnraum, zudem stand bei den Gemeindetreffen das gemeinsame Mahl im Mittelpunkt. Bei den städtischen Häusern befand sich das Esszimmer in der ersten oder zweiten Etage. Nicht selten öffnete es sich zu einer Terrasse hin. Der Saal hatte zunächst keinen Altar und keinerlei künstlerische Ausgestaltung. Die Möblierung war sparsam. Es gab einen Tisch und drei Liegesofas. Das Hauptsofa befand sich an der Wand gegenüber vom Eingang und war für die Älteren reserviert, den Hausherrn und den Prediger. Der Rest der Gemeinde verteilte sich irgendwie im Raum. Manche saßen auf den Fensterbänken. Davon erzählt die Apostelgeschichte: Paulus besuchte einmal die Gemeinde von Troas an der kleinasiatischen Westküste. Beim abendlichen Gottesdienst in der dortigen Hauskirche wurde ein junger Mann, der auf einer Fensterbank saß, sehr müde – verständlich bei der Länge der nächtlichen Predigt und der Wärme der vielen Kerzen. Er schlief ein und stürzte tief hinunter. Zum Glück besaß Paulus die Wunderkraft der ersten Zeugen und erweckte den Jüngling zu einem neuen Leben.

Aus den spärlichen Zeugnissen, die sich aus der Frühzeit des Christentums erhalten haben, lässt sich nur in Umrissen herauslesen, wie es zugegangen ist, wenn die Gemeinde im Speisesaal eines Privathauses zusammenkam. Am Sonntagmorgen versammelte sich die Gemeinde gleich bei Sonnenaufgang, um der Auferstehung Christi zu gedenken und zu beten. Aber das eigentliche Ereignis war der abendliche Gottesdienst mit einer ausgedehnten «Agape», einem Mahl zur Vergewisserung der wechselseitigen gemeindlichen Liebe. Dieses Mahl begann damit, dass über dem gebrochenen Brot ein Segen gesprochen wurde. Es schloss mit einem zweiten Segen über dem Kelch. Dazwischen wurden Gebete gesprochen und Hymnen gesungen. Waren Wanderpropheten zu Gast, wurden Predigten gehalten. Solch eine Agape konnte sich bis tief in die Nacht hinein ziehen. Die Rituale waren noch sehr locker gefügt, und die Atmosphäre dürfte sehr intim gewesen sein. In einem vergleichsweise kleinen Kämmerlein kamen die Gläubigen zusammen, um eine eng verbundene Gemeinschaft zu genießen, sich geistlich zu orientieren, einander zu vergeben sowie leib-

Das urchristliche Gemeindezentrum von Dura-Europos. Seine Mitte bildet ein offener Hof. Links von ihm und über ihm schließen sich Säle an. Oben rechts befindet sich ein eigener Kultraum mit Taufbecken und Altaraufbau.

Die Hauskirche

liche und geistliche Lebensmittel miteinander zu teilen. Wer mit der Gemeinde sympathisierte, aber noch nicht getauft war, durfte nur zu Beginn teilnehmen und musste dann sehr bald den Saal verlassen. Denn der Gottesdienst der frühen Christen war keine öffentliche Angelegenheit, sondern eine private Erlösungsfeier.

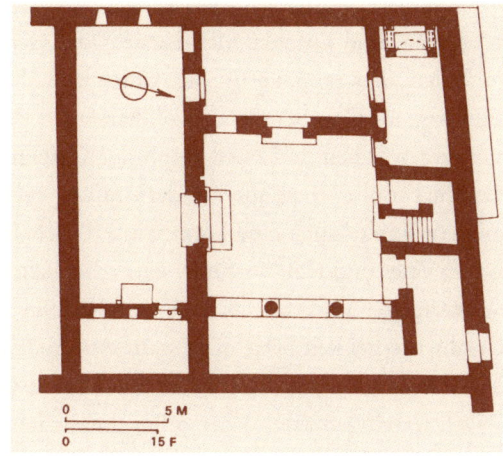

Das Tor zum Kern der Gemeinde war die Taufe. Sie wurde anfänglich unter freiem Himmel, in einem fließenden Wasser gefeiert. Mit der Zeit begann man aber auch private Badehäuser zu nutzen oder in den Hauskirchen eigene Tauffräume mit größeren Wasserbecken einzurichten. Der Täufling – in der Regel wurden Erwachsene getauft, nur wenn ganze Familien der Gemeinde beitraten, wurden auch Kinder getauft – wurde drei Mal ganz untergetaucht, um seine Sünden abzuwaschen sowie um den Tod und die Auferstehung Christi an sich selbst nachzuvollziehen. Große Bedeutung hatte der Exorzismus. Der Täufling sagte dem Teufel ab. Er verließ das Herrschaftsgebiet der Dämonen und betrat eine neue Welt, das Reich des heiligen Geistes, die Gemeinde der Gläubigen.

Es ist nicht leicht, sich die Atmosphäre vorzustellen, die in den ersten Hauskirchen geherrscht haben mag. Die wenigen biblischen Berichte zeichnen ein sehr harmonisches Bild. Doch ob die Brüder und Schwestern stets in heiliger Liebe vereint beieinander saßen, sangen, beteten und frei von allen Eigeninteressen ihre Besitztümer teilten? Familiär wird es sicherlich zugegangen sein, das heißt vertraut, aber auch mit all den persönlichen Konflikten, die so nur in einer Familie entstehen können. Die antike Gesellschaft mit ihren Klassen und Schichten, ihren ethnischen und kulturellen Grenzen sollte außen vor bleiben. Ob einer Grieche oder Römer oder Jude oder Germane war, ob er frei und reich oder ein armer Sklave war, sollte in diesem Haus nicht zählen. Alle sollten sich als Geschwister von grundsätzlich gleichem Rang anerkennen. Natürlich konnte es nicht gelingen, die harten realen Unterschiede ganz auszuschalten, aber immerhin wurden sie gemildert. Die Gemeinde stand allen offen, sie war kein exklusiver Club wie mancher Mysterienverein. So traten zu Beginn vor allem Mitglieder aus der Unter- und unteren Mittelschicht der Gemeinde bei. Aber man kann sich vorstellen, dass es später für die Armen und Sklaven nicht immer leicht gewesen sein mag, als Gast bei einem wohlhabenden Bruder den Gottesdienst zu feiern. Sie werden Scheu und Neid empfunden haben. Auch darf man nicht vergessen, dass die Familie – besonders in der Antike – nicht allein eine Liebesgemeinschaft, sondern immer auch eine Form von Herrschaft ist. Damals besaß der Mann als Gatte, Vater und Hausvorsteher eine erhebliche Macht. Die Frau, die Kinder, die Sklaven galten im Vergleich zu ihm als lebendes Inventar. Das christliche Ideal der Geschwisterlichkeit hatte diese starre Autorität aufgebrochen, zumindest anfangs den Frauen größeren Einfluss verschafft und den Sklaven die Anerkennung als «Nächste» eingebracht. Jeder sollte ungeachtet seiner Herkunft und seines Geschlechts ein lebendiger Stein sein, aus dem das Haus Gottes, die Gemeinde, gebaut werden sollte. Zwar wirkten die sozialen Unterschiede weiter in die Gemeinde hinein. Aber sie wurden religiös relativiert. Mehr noch, es wurden keine neuen religiösen Rangunterschiede hinzugefügt. Selbstverständlich gab es in den ersten Gemeinden geistlich mehr oder weniger begabte Glieder. Paulus schreibt darüber im ersten Brief an die Korinther im 12. Kapitel. Manche besaßen ein Charisma, das anderen abging, zum Beispiel eine prophetische oder therapeutische Kraft. Aber daraus wurde keine grundsätzliche Unterscheidung abgeleitet, wie etwa die von Laien und Priestern. Eine klerikale Zweiklassengesellschaft gab es noch nicht. Kein Wunder, dass die frühen Hauskirchen besonders die Angehörigen der unteren Klassen anlockten. Sie dürften auf diese Menschen wie das Versprechen einer neuen, gerechteren Gesellschaft, wie eine Gegenwelt zur antiken Klassenordnung gewirkt haben.

Architekturgeschichtlich gesehen blieb das frühe Christentum jedoch ganz im Rahmen des Üblichen. Seine Bauten fielen nicht aus dem Rahmen der häuslichen Architektur der Antike. Durch nichts unterschieden sich die Hauskirchen äußerlich von den Wohngebäuden der unteren Mittelschicht. Die große, öffentliche Sakralarchitektur des Heidentums war eine andere Welt, zu der es keine Verbindungen gab. Als persönliche Erlösungsreligion brauchte das frühe Christentum keine geräumigen Kirchen. Es gab sich mit seinen Gebäuden ganz unpolitisch – in dem Sinne, dass es sich ganz auf das Private und die Kerngemeinde beschränkte und keinen Anspruch anmeldete, in die Öffentlichkeit zu wirken. Das hatten die ersten Gemeinden mit den jüdischen Synagogengemeinden und einigen Mysterienkulten gemein. Von diesen unterschieden sie sich jedoch dadurch, dass sie sich grundsätzlich der religionspolitischen Ordnung des Kaiserreichs verweigerten, wodurch sie ungewollt doch politisch wirksam wurden. Dafür mussten sie einen hohen Preis zahlen.

Die ersten Hauskirchen verschwanden mit der Zeit, ohne Spuren zu hinterlassen. Es ist ein Glücksfall, dass wenigstens eine von ihnen entdeckt, ausgegraben und erforscht wurde. In den dreißiger Jahren des vergangenen Jahrhunderts fand man in Dura-Europos am mittleren Euphrat – im heutigen Syrien – die Überreste einer antiken Hauskirche. Sie wurde etwa in den Jahren zwischen 240 und 245 auf älteren Fundamenten erbaut und befand sich gleich neben einer Haussynagoge und einem Haus des Mithraskultes am Rand einer römischen Garnisonsstadt – bezeichnend für die soziale Lage des Christentums. Eigentlich ist sie nichts anderes als ein geräumiges Privathaus, kaum von anderen Wohngebäuden zu unterscheiden, wenn nicht im Hauptraum biblische Fresken auf eine gottesdienstliche Nutzung hinweisen würden. Platz bot sie für etwa siebzig Menschen, die sich auf Matten im Raum verteilten. Dazu gab es noch einen Seitenraum mit einem Becken, der als Baptisterium, also als Taufraum, gedient hat. Das ist alles, was von den ungezählten Keimzellen des Christentums geblieben ist: Eine Ruine in Dura-Europos mit Bruchstücken eines Fundaments, einzelnen Mauerresten, wenigen Freskenfragmenten – mehr nicht.

Die Schmucklosigkeit der Hauskirchen und die Kunst der Katakomben

Die Gemeinden wuchsen und festigten sich. Sie erreichten im zweiten und dritten Jahrhundert an vielen Orten eine Größe, die es unmöglich machte, dass sich alle in einem größeren Saal treffen konnten. Sie mussten den Raum des rein Privaten überschreiten. So begannen viele Gemeinden, ihre Hauskirchen zu regelrechten Gemeindezentren auszubauen. Aus Wohnhäusern mit sonntäglichen Versammlungen wurden dauerhafte Gottesdienststätten. Da die Gemeinden jedoch bis ins vierte Jahrhundert hinein keine rechtsfähigen Korporationen waren, die als Grundeigentümerinnen hätten auftreten können, blieben die Häuser im Privatbesitz. Sie blieben Titularkirchen, weil Tafeln («tituli») am Eingang den Namen der Besitzer anzeigten. Architektonisch unterschieden sie sich nicht sehr von ihren Vorgängerinnen. Die private und gottesdienstliche Nutzung war allerdings um vielfältige gemeindliche Funktionen erweitert worden. Es gab nun Wohnungen für den Bischof und die Priester mitsamt ihren Familien, Unterrichtsräume, einen Speicher für die Armenspeisung, eine Sakristei, manchmal sogar eine Bibliothek und natürlich ein Baptisterium, also einen Taufraum, sowie einen Gottesdienstraum. Dieser jedoch war, wie bisher meist, nur ein langer, schmuckloser Saal.

In den Gemeindezentren, welche die ursprünglichen Hauskirchen ablösten, gab es eigentlich nur ein neues und erst in Ansätzen entwickeltes Gestaltungsprinzip, doch dieses sollte in der Geschichte des Christentums größte Bedeutung gewinnen: Laien und Klerus rückten räumlich auseinander. Seit dem 2. Jahrhundert hatte sich nämlich langsam ein eigener geistlicher Stand herausgebildet und mit ihm eine liturgische Gottesdienstordnung, welche die eher spontanen Gemeinschaftsmähler ablöste. Die Verantwortung für den Gottesdienst lag nicht mehr bei der Gemeinde insgesamt, sondern wurde von den Klerikern übernommen. Das alte Agape-Mahl wurde immer seltener gefeiert, bis es schließlich zu einer bloßen sozialen Tat, einer Armenspeisung, herabsank. Der eigentliche Gottesdienst wurde nun am Sonntagmorgen gefeiert und hatte seinen Mittelpunkt im Sakrament der Eucharistie, das zunehmend als eine Art «Opfer» verstanden wurde. Die gottesdienstliche Versammlung wurde also wieder stärker zu einem Kult im strengen Sinne.

Die Unterscheidung von Klerikern und Laien sollte von nun an die Innengestaltung christlicher Kirchenbauten prägen. Die Anfänge waren zwar noch sehr zurückhaltend, aber sie führten eine neue, soziale Differenzierung in den Kirchen ein. Der Bischof erhielt einen Armstuhl, wie er für den römischen Magistrat üblich war. Neben ihm saßen die Presbyter. Vor ihnen wurde – häufig durch einen Holzzaun abgegrenzt – die Gemeinde in eine feste Sitzordnung gebracht, über welche die Diakone wachten. Diese Ordnung variierte von Ort zu Ort. Zumeist saßen die Männer auf der einen und die Frauen auf der anderen Seite. Aber in Syrien zum Beispiel saßen die Kinder ganz vorn, hinter ihnen die Männer und am Ende des Saales die Frauen. Im Vorraum drängten sich schließlich zwei Personengruppen, die nur den Eingangsteil der Feier mitverfolgen durften. Das waren zum einen die Büßer, die als Strafe für ihre Sünden zeitweilig vom eigentlichen Gottesdienst ausgeschlossen waren, und zum anderen die Katechumenen, also diejenigen Sympathisanten, die eine – meist dreijährige – Zeit der Vorbereitung auf die Taufe durchliefen.

Als weitere Einrichtungsgegenstände gab es nur noch zwei Tische: einen am Eingang, auf dem die eucharistischen Gaben Brot und Wein lagen, und einen anderen an der Stirnseite des Saals gleich beim Bischofsstuhl, zu dem Gemeindeglieder diese Gaben in einer kleinen Prozession kurz vor der Eucharistie trugen. Ein Altar im eigentlichen Sinne fehlte noch sehr lange, er dürfte sich als sakraler Einrichtungsgegenstand erst im Laufe des 3. Jahrhunderts entwickelt haben.

Die Herausbildung des Priesterstandes und der Liturgie lässt sich nicht mehr in allen Einzelheiten rekonstruieren, auch verweigert sie sich einer eindeutigen Beurteilung. Natürlich kann man in ihr ein Abrücken von der ursprünglichen Gleichheit aller Gemeindeglieder und vom nicht sakramentalen Charakter der frühen Gottesdienste sehen oder eine Wiederannäherung an das alte Tempelwesen oder eine Anpassung an die zeitgenössischen Mysterienkulte. Doch ob man damit dieser Entwicklung gerecht wird? Es sprachen auch gute Gründe für diesen Weg. Wenn die Kirche wachsen und ihr Wachstum konsolidieren wollte, musste sie eine soziale und rituelle Ordnung einführen. Bei größeren Gruppen können nicht mehr alle gleichermaßen an der Gestaltung des Gottesdienstes beteiligt sein. Wenige professionelle Kräfte und ausgewiesene Autoritätspersonen müssen die Leitung übernehmen. Wollte die Kirche nicht eine lockere Sammlung von mehr oder weniger enthusiastischen Gruppen bleiben, musste sie sich zu einer Institution umformen. Als solche brauchte sie ein klares, legitimiertes Leitungsamt, das auch im Gottesdienst eine hervorgehobene Stellung für sich reservierte. Doch blieb diese Institutionalisierung im 2. und 3. Jahrhundert noch sehr unfertig. Die Verfolgungen durch die römische Obrigkeit, aber auch die materiellen und räumlichen Beschränkungen verhinderten eine volle Entfaltung des Priesterstandes und seiner Liturgie. Dies sollte sich erst im 4. Jahrhundert ändern. Noch blieb es also bei Ansätzen. Aber ein Anfang war gemacht.

Auch die erweiterten Gemeindezentren und größeren Kirchengebäude des dritten Jahrhunderts waren ästhetisch unscheinbare Gebilde. Sie waren ganz auf Nützlichkeit hin angelegt. Schönheit und Ausstrahlung brauchten sie nicht zu besitzen. Sie sollten nur helfen, die unterschiedlichen rituellen, sozialen, pädagogischen und administrativen Aufgaben der Gemeinde zu erfüllen. Ihre Unscheinbarkeit war zudem ein Vorteil in Zeiten der Verfolgung. Die Gemeindezentren sahen aus wie jedes andere Haus in der Nachbarschaft. Sie fielen nicht ins Auge und provozierten nicht. Mit dem Wachstum der Gemeinde hatte die Spannung zur Obrigkeit zugenommen. Die Weigerung der Christen, am Kaiserkult teilzunehmen, ließ sie als Staatsfeinde erscheinen. Dennoch wäre es falsch, zu meinen, die Christen wären einer Dauerverfolgung ausgesetzt gewesen. Vielmehr waren es drei, allerdings sehr mächtige Verfolgungswellen: unter Kaiser Decius von 249 bis 251, unter Kaiser Valerianus von 257 bis 258 und schließlich der Entscheidungskampf unter den Kaisern Diokletian, Galerius und Maximinus von 303 bis 311. In dieser letzten Phase wurden auch besonders viele Kirchen zerstört. Doch diese Katastrophen sollten nicht darüber hinwegtäuschen, dass die Gemeinden insgesamt ausgegrenzt, aber meist relativ unbehelligt lebten, weshalb sie auch nicht eigentlich an verborgenen, sondern nur sehr unauffälligen Orten zusammenkamen.

Neben diesen Zentren gab es noch andere Treffpunkte, die nicht nur in Verfolgungszeiten wichtig wurden, sondern die vor allem als Geburtsstätten christlicher Kunst dienten. Als solche kann man die ersten Hauskirchen und Gemeindezentren nicht betrachten. Sie waren weitgehend schmucklos und zeigen, dass es ein Christentum auch ohne Kunst und Kultur geben kann, zumindest für eine gewisse Anfangszeit. Diese Kunstlosigkeit hatte einen Grund in den materiellen Verhältnissen der Gemeinden: Sie waren arm, eher klein, marginalisiert, manchmal sogar verfolgt und ohne einen rechtlichen Status. Ihre Mitglieder entstammten bildungsfernen Schichten. Das ist kein Nährboden für bedeutende Kunstproduktion. Doch gab es auch theologische Gründe. Die frühe Christenheit lebte aus der Abgrenzung von der herrschenden religiösen Kunst, das heißt vom heidnischen Bilder- und Tempelkult. Die große Kunst der Antike erschien ihr als Gottlosigkeit. Die Kunst, die ja damals stets auch eine religiöse Funktion besaß, war kein Bereich des Schönen und des zweckfreien Genusses, sondern ein Ausdruck von Religion, dem das Christentum mit seinem Glauben an den einen, einzigen und undarstellbaren Gott widersprechen musste.

Andererseits vertrat das Christentum einen weniger strengen Monotheismus als das Judentum – und später der Islam – und besaß einen eigenen theologischen Zugang zu der Frage, ob und wie Gott bildlich dargestellt werden könnte. Es verkündete ja, dass Gott in Jesus Christus Mensch geworden war. Im Bild Christi also konnte ein Porträt Gottes geschaffen werden. Und je mehr Christus zum Fokus des Gottesdiensts wurde, umso größer wurde das Bedürfnis, ihn der Gemeinde auch bildlich vorzustellen.

Die ersten Ansätze einer christlichen Sakralkunst scheinen nun nicht in den eigentlichen Gemeinderäumen entstanden zu sein, sondern auf den Friedhöfen. Von dort stammen zumindest die frühesten erhaltenen Zeugnisse. Die Christen der ersten Jahrhunderte zog es sehr oft zu den Gräbern ihrer Verstorbenen. Diese lagen nicht – wie es ein romantisches Klischee nahe legt – vornehmlich in Katakomben, das heißt in unterirdischen Begräbnisstätten. Der Grundtyp waren offene Friedhöfe unter freiem Himmel. Dort versuchten die Christen, ihre Angehörigen in der Nähe zu Grabmälern von Märtyrern und ohne heidnische Nachbarn zu beerdigen, um sie häufig zu besuchen. Den Hintergrund hierfür bildet der antike Totenkult. Die heidnischen Römer pflegten regelmäßig an den Gräbern ihrer Verstorbenen Gedächtnismähler zu halten. Mit diesen Refrigerien wollten sie die armen, in der Finsternis schmachtenden Ahnen erquicken. Die Christen knüpften an diese Tradition an, nahmen aber nicht mehr den Geburtstag, sondern den Sterbetag zum Anlass einer pietätvoll-freudigen Zusammenkunft. Denn im Tod erkannten sie den Übergang zu einem neuen Leben. Noch waren die Toten allerdings nicht erlöst. Bis zum Jüngsten Tag, an dem sie auferstehen würden, mussten sie in einem Seelenschlaf verharren, einem durchaus gefährdeten Zustand. Darum bedurften sie der Gebete und des Beistands der Lebenden, bis sie dereinst aus ihren Gräbern auferstehen würden.

Das christliche Grab war mehr als nur ein Erinnerungsort. An dieser Stelle würde sich alles entscheiden und am Ende der Welt das größte aller Wunder geschehen. Diesem Anlass entsprechend musste es würdig und schön ausgeschmückt werden. Das konnten sich natürlich nicht alle leisten, weshalb die Gräber der reichen Christen und der höheren Geistlichkeit besondere Aufmerksamkeit erfuhren. Zugleich aber hatte der christliche Grabkult eine karitative Seite, sorgte die frühe Kirche doch auch für eine zumindest bescheidene Bestattung der Armen. Ein weiteres Motiv für eine besondere Gestaltung der Gräber zu gottesdienstlichen Orten entstand nach Zeiten der Verfolgung. Besonders im 3. Jahrhundert entstand eine kultische Verehrung der Märtyrer. Auch sie hatte heidnische Vorbilder, nämlich den Heroenkult, der auf der Vorstellung gründete, dass besondere Tote vergöttlicht werden könnten. Dieser Halbgötterkult gewann jedoch im Märtyrerkult ein eigenes, christliches Profil und wurde so zum Beginn der ungeheuer wirkmächtigen Heiligenverehrung.

Die meisten christlichen Grabanlagen gerieten spätestens im Mittelalter in Vergessenheit und wurden erst seit der Renaissance nach und nach wiederentdeckt. Es sind kostbare Orte, die nicht nur archäologischen Wert besitzen, sondern natürlich auch stark die fromme Phantasie anregen. Besonders reiche Entdeckungen gibt es in den Friedhöfen und Katakomben vor den Toren Roms zu machen. Die frühesten Bilder, die sich an christlichen Grabanlagen finden, lassen einen fast an archaische Höhlenmalereien denken. Gerade weil sie noch so primitiv und ungelenk sind, rühren sie an. Man kann sich vorstellen, wie die Gläubigen sie nicht aus einem Kunstwillen heraus, sondern aus Liebe zu ihren Verstorbenen und in einer inbrünstigen Auferstehungshoffnung gemalt haben. Ganz einfache und doch geheimnisvolle Bilder sind es. Sie zeigen den Erlöser als guten Hirten, den Fisch als

Christuszeichen oder zerbrochenes Geschirr und Vögel als Symbole der seelischen Befreiung von irdischen Lasten. Neben den Bildern finden sich zahlreiche Graffiti mit dem Fischzeichen oder roh in die Steine und Mauern geritzte Anrufungen der Apostel wie «Paulus und Petrus bittet für Victor».

Mit der Zeit wurden die Bilder schöner. Sie wurden nun von Berufskünstlern angefertigt. Es kamen aufwendige Fresken oder Mosaiken hinzu. Sie erinnern an biblische Geschichten, die von Todesangst, Glaubensgewissheit und Auferstehungshoffnung künden. Beliebt war die Figur des Propheten Jona, der ins Meer geworfen, von einem riesigen Fisch verschluckt und wieder an Land gespieen wurde, oder der Prophet Daniel, der in der Löwengrube mutig ausgeharrt hatte, oder Lazarus, den Jesus vom Tod auferweckt hatte. Manche Bilder jedoch können nicht eindeutig einem biblischen Motiv zugeordnet werden. Der Übergang zu heidnischen Bildprogrammen blieb vielfach fließend. Denn in der Grabkunst lebte sich keine theologisch regulierte, sondern eine ungebundene christliche Volksfrömmigkeit aus, an der noch manche vorchristliche Schalen hingen.

Mit wachsendem Wohlstand kamen zu den einfachen Bildern auch kostbare Gegenstände wie reich verzierte Sarkophage hinzu. Für die Märtyrer begann man Reliquienschreine und eigene Kapellen zu bauen. Diese wurden während der diokletianischen Verfolgung zum Ersatz für die zerstörten Gemeindekirchen. Sie müssen also eine gewisse Größe besessen haben. Zu ihrer Gestaltung griff man auf die monumentalen Bauformen der heidnischen Bautradition zurück. Das ist erstaunlich, weil man bei den regulären Kirchen bewusst sehr viel zurückhaltender gebaut hatte. Aber bei den Gräbern ließ man mehr Schmuck und Prunk zu und gestattete der heidnischen Monumentalarchitektur einen größeren Einfluss.

Kirchliches und häusliches Christentum

In den ersten drei Jahrhunderten hat die frühe Christenheit einen weiten Weg hinter sich gebracht. Als ursprünglich ganz unkultische Religion begnügte sie sich für ihre Zusammenkünfte zunächst mit privaten Wohnhäusern, aus denen mit der Zeit größere Gemeindezentren und regelrechte Kirchen wurden. Etwa seit dem Beginn des 3. Jahrhunderts wurde das Wort «Kirche» zum Doppelbegriff, der sowohl die versammelte Gemeinde als auch das Versammlungsgebäude bezeichnete. Die Kirche wuchs über die Hausgemeinde hinaus und schuf eigene Häuser. Mancherorts gab es noch eine Zeit lang eine gewisse Konkurrenz. Da die verbliebenen Hauskirchen sich dem Zugriff des mächtiger werdenden Klerus entzogen, Laien in ihnen selbständiger agierten und Irrlehrer hier eigene Quartiere aufbauen konnten, wurden sie von der Kirche zurückgedrängt, bis schließlich auf dem Konzil zu Laodicea (zwischen 360 und 370) die Feier der Eucharistie in Privathäusern ganz verboten wurde. Alles musste nun im offiziellen Kirchenraum und unter der Obhut des Klerus geschehen. Das war das Ende der frühen Hauskirchen.

Doch haben die Hauskirchen eine verborgene Fernwirkung gehabt. In der weiteren Kirchengeschichte geschah es immer wieder, dass Protestbewegungen neue Hauskirchen bildeten. Die besonders und eigenwillig Frommen, die sich der Befehlsgewalt der jeweiligen kirchlichen Obrigkeit nicht beugen und ein anderes, selbstbestimmtes Glaubensleben entfalten wollten, hielten sich von den offiziellen Kirchengebäuden fern und trafen sich statt dessen in Privathäusern – manchmal sogar in regelrechten «Dachbodenkirchen», wie die Katholiken im calvinistischen Holland des 17. Jahrhunderts. Damit suchten diese Abweichler – manchmal bewusst, manchmal unbewusst – den Anschluss an die Christen der ersten Zeit: die Ketzerbewegungen des Mittelalters, die ersten Anhänger der Reformation, die Puritaner des 16. und 17. Jahrhunderts, die Pietisten des 17. und 18. Jahrhunderts bis hin zu den sozial engagierten Basisgemeinden Südamerikas im vergangenen Jahrhundert. Gegenwärtig blüht in China eine weit verzweigte Hauskirchen-Bewegung auf. Die kommunistische Regierung hatte, als sie 1948 die Macht an sich gerissen hatte, alle christlichen Missionare vertrieben. Doch diese ließen bekehrte Christen im Lande zurück. Viele von ihnen mochten sich keiner der staatlich erlaubten und kontrollierten Kirchen anschließen. Sie überlebten in der Stille und Zurückgezogenheit privater Zirkel. Seit der Öffnung Chinas ist aus diesen Samenkörnern eine religiöse Szene mit etwa 80 Millionen Anhängern gewachsen. Sie treffen sich in privaten Räumen, kommen ohne Klerus oder ausgeformte Theologie aus und pflegen eine intensive, missionarische Frömmigkeit. Was wird sich hieraus entwickeln? Wird sich die chinesische Hauskirchen-Bewegung ihre Intimität und architektonische Bedürfnislosigkeit bewahren? Oder wird sie sich mit der Zeit zu einer festen Institution mit richtigen Kirchengebäuden entwickeln? Dann würde sie die Geschichte der frühen Christenheit auf ihre Weise wiederholen und zeigen, dass eine neue Religionsgemeinschaft zwar in der Anfangszeit ganz selbstverständlich ohne eine eigene Sakralarchitektur auskommen kann, aber nicht auf Dauer.

Die Grabeskirche zu Jerusalem

2. Die Grabeskirche zu Jerusalem

und die Basilika

Die Wiederentdeckung der heiligen Stätten

Im Jahr 326 brach eine alte Dame zu einem Besuch ins Heilige Land auf. Es war Helena, die Mutter des großen Kaisers Konstantin. Ihre Pilgerreise nach Jerusalem sollte für die Baugeschichte des Christentums folgenreich sein. Diese Reise aber hat einige Vorgeschichten.

Konstantin war vierzehn Jahre zuvor, also 312, an die Macht gekommen und hatte das Schicksal des Christentums gewendet. Schon 311 hatte Kaiser Galerius kurz vor seinem Tod und gegen seine eigentliche Überzeugung den Christen Toleranz gewährt. Doch erst Konstantin brachte der bis dahin verfolgten Minderheit die Religionsfreiheit. Nachdem er – «im Zeichen des Kreuzes» – die entscheidende Schlacht gegen seine Rivalen an der Milvischen Brücke für sich entschieden und die westliche Reichshälfte unter seine Gewalt gebracht hatte, verständigte er sich mit seinem östlichen Mitkaiser Licinius auf eine Konstitution, die den Christen eine nie gekannte Rechtssicherheit schenkte. Damit war das Christentum zwar noch nicht zur Staatsreligion erhoben – das sollte erst zum Ende des 4. Jahrhunderts geschehen –, aber es war auf dem besten Wege dorthin. Einen Schritt in diese Richtung stellte auch die Reise von Konstantins Mutter nach Palästina dar, denn sie diente nicht zuletzt der religiös-politischen Selbstdarstellung Konstantins. Zwei Jahre zuvor, im Jahr 324, hatte er auch seinen letzten Gegenspieler, Licinius, besiegt und war endlich zum Alleinherrscher über das gesamte Römische Weltreich aufgestiegen. Nun wollte er allen die Größe seiner Macht offenbaren und sich zugleich unter das Licht des neuen Glaubens stellen – auch mit Hilfe seiner pilgernden Mutter.

> Hier soll der Ort der Grablegung und der Auferstehung Jesu Christi zu finden sein. Auf eine komplexe Baugeschichte folgt eine komplizierte Nutzung durch sechs Kirchen. Die Grabeskirche in Jerusalem ist Einheitspunkt und Zankapfel der Christen. Das historische Foto zeigt den Blick von Süden auf den Eingang.

Helena war von sehr niedriger Herkunft. Sie stammte aus Bithynien, einer Gegend im nordwestlichen Kleinasien am Schwarzen Meer. Dort hatte sie als Herbergswirtin gearbeitet, bis sie Konstantius Chlorus, einen späteren Teilkaiser, kennenlernte. Er machte sie zu seiner Konkubine. Ihm schenkte sie seinen ersten Sohn, nämlich Konstantin. Als Konstantius im Jahr 289 aber eine standesgemäße Braut namens Theodora heiratete, trennte er sich, wie es damals üblich war, von Helena. Daraufhin verlor sich für einige Jahre ihre Spur. Erst im Jahr 306 tauchte sie wieder auf. Ihr ehemaliger Geliebter war inzwischen gestorben. An seiner Stelle stieg ihr gemeinsamer Sohn in höchste politische Ämter auf, und sie begleitete ihn dabei. Es waren wilde, wirre Zeiten, in denen die unterschiedlichsten Kräfte in den verschiedensten Koalitionen um die Macht kämpften. Die Truppen im britischen York riefen Konstantin zum Kaiser aus. Er zog daraufhin nach Trier, das er sich zur Residenz erwählte. An seinen Hof holte er sogleich seine Mutter. Sie kam aus dem verborgenen Winkel, in dem sie hatte ausharren müssen, und zwar zusammen mit seinem ersten, ebenfalls unehelichen Sohn Crispus, den sie für ihn aufgezogen hatte. Nachdem Konstantin die westliche Hälfte des Reiches an sich gerissen hatte, zog er weiter nach Rom. Als er 324 schließlich das gesamte Reich unter seine Herrschaft gebracht hatte, wechselte er nach Byzanz, das er unter dem Namen «Konstantinopel», «Stadt des Konstantin», zur neuen Reichshauptstadt ausbauen ließ. Helena folgte ihm und gewann an seinem Hof immer größeren Einfluss. Sie verdrängte Theodora, die eigentlich rechtmäßige Erste Dame, und wurde zur Augusta ernannt. Eine ungeheure Karriere für eine Herbergswirtin aus der Provinz.

Doch ihre wichtigste Mission sollte Helena nicht am kaiserlichen Hofe, sondern in Palästina erfüllen. Helena scheint eine fromme Frau gewesen zu sein, auch wenn sie wahrscheinlich erst spät und unter dem Einfluss ihres Sohnes zum christlichen Glauben gefunden hatte. Die Pilgerreise wird für sie eine persönliche Frömmigkeitsübung gewesen sein. Doch darin erschöpfte sie sich nicht. Diese Fahrt war auch politisch motiviert, und dieser Reisezweck hatte mit dunklen, geheimnisvollen Ereignissen zu tun, die sich kurz zuvor zugetragen hatten.

Denn gerade erst hatte sich Konstantin auf schrecklichste Weise schuldig gemacht. Er hatte seinen Sohn Crispus und seine Ehefrau Fausta ums Leben gebracht. Wie es genau zu dieser entsetzlichen Tat gekommen war, lässt sich nicht mehr ermitteln. Konstantin hatte Crispus besonders geliebt und gefördert. So hatte er ihn zum Caesar von Gallien ernannt. Doch plötzlich ließ er ihn durch ein Gerichtsverfahren des Senats von Pola in Istrien zum Tode verurteilen, und wenig später veranlasste er, dass Fausta, seine geliebte Ehefrau, im Bad erstickt wurde. Was mag ihn dazu getrieben haben? Vielleicht hatte er Crispus im Verdacht, einen Umsturz zu planen, und ihn deshalb mit Hilfe eines Justizmordes aus dem Wege geräumt. Vielleicht hatte Fausta ihren Stiefsohn des Hochverrats bezichtigt und musste, nachdem dies als Verleumdung entlarvt worden war, dafür mit dem Tode büßen. Oder hatte Fausta etwa mit Crispus ein Verhältnis gehabt und die kaiserliche Ehe gebrochen? Ein Doppelmord aus Eifersucht also? Und welche Rolle mag Helena in diesen Intrigen gespielt haben? Ganz unbeteiligt dürfte sie nicht gewesen sein. Schließlich war sie eine mächtige Figur am Hofe, und Crispus war für sie wie ein leiblicher Sohn gewesen. Aber die Quellen schweigen. Wie es sich auch zugetragen haben mag, es war ein gewaltiger Skandal, der bei vielen Römern düstere Erinnerungen an mörderische und wahnsinnige Kaiser wie Nero oder Caligula wachrief. Anders als diese jedoch scheint Konstantin keineswegs von Natur aus zu grundlosen Gewaltausbrüchen geneigt zu haben. Trotzdem waren nun sein Hof und sein Name besudelt.

Kurz nach diesen Schrecknissen also ließ Konstantin seine damals deutlich über siebzig Jahre alte Mutter aufbrechen und in die Heimat Jesu pilgern. Helena sollte durch ihren Besuch im Heiligen Land das öffentliche Bild ihres Sohnes in ein helles Licht stellen. Es muss eine Prachtreise gewesen sein, eine Demonstration der Macht und eine Manifestation der Frömmigkeit. Mit großem Gefolge reiste die Kaisermutter über Land von Konstantinopel nach Palästina und zeigte sich auf allen Stationen als gütig und barmherzig, beschenkte die Armen, die Soldaten und die Kirchen. Den Gewaltexzess, der ihrer Reise vorausgegangen war, konnte sie nicht ganz vergessen machen. Aber ihr Pilgerzug bescherte Helena langfristig den Glorienschein einer Heiligen.

In Palästina nahm die Kaisermutter eine weitere Stufe ihrer unglaublichen Karriere. Denn diese Reise bot reichlich Anlässe, wundersame Geschichten über sie zu erzählen, so dass man sie später heilig sprechen konnte – die orthodoxe Christenheit verehrt sie noch heute als Heilige. In Palästina wurde Helena zu einer Spiegelgestalt Marias. Beide waren sie ursprünglich niedrige Mägde gewesen, hatten aber – und zwar unehelich – große Söhne geboren, waren die Mütter von Erlösergestalten geworden, hatten das Wachstum der christlichen Gemeinde befördert und sich schließlich selbst in Gegenstände der Verehrung verwandelt – mit dem nicht ganz unwesentlichen Unterschied jedoch, dass einer als wehrloses, unschuldiges Opfer gestorben war, der andere als schuldbeladener Machthaber.

Auf ihrer Reise durch Palästina versuchte Helena, die Verbindung zum geo-

graphischen Ursprung ihres neuen Glaubens wiederzugewinnen. Doch die Quell-
orte des Christentums waren schon vor langer Zeit in Vergessenheit geraten. In
Palästina gab es im 4. Jahrhundert vergleichsweise wenige Christen, aber auch
kaum Juden. Nach den verheerenden Judenkriegen im 1. und 2. nachchristlichen
Jahrhundert waren die Reste des Volkes Israel aus ihrer alten Heimat vertrieben
worden. Die jüdische und damit die frühchristliche Vergangenheit waren wie ausgelöscht. Die damaligen Palästinenser, Nachfahren römischer Neusiedler, scheinen von der besonderen Vergangenheit ihres Landes fast nichts gewusst zu haben.
Aber auch die ersten Christen hatten sehr lange kein Interesse für die Orte aufgebracht, an denen Jesus gelebt, gewirkt und gelitten hatte. Die ersten Missionare
waren in fremde und ferne Weltgegenden aufgebrochen, um neue Völker für ihren Glauben zu gewinnen, und sie kehrten kaum jemals in ihre alte Heimat zurück. Sie lebten unmittelbar im göttlichen Geist und brauchten keine heiligen
Ortschaften. Jedes Land galt ihnen gleichermaßen als heilig.

Erst im 4. Jahrhundert kam ein neuartiges Interesse an den Stätten der
Heilsgeschichte auf. Viele Christen verspürten nun das Bedürfnis, sich ihres
Glaubens auch geographisch zu vergewissern und pilgerten zurück an die Ur-
sprungsorte des Christentums, die allerdings erst einmal einer nach dem anderen
wiederentdeckt – oder neu erfunden – werden mussten. Kritischen Theologen
wie Hieronymus oder Gregor von Nyssa war dieses neumodische Pilgerwesen
nicht geheuer. Sie beharrten darauf, dass es für den christlichen Glauben keine
besonderen Orte geben könne und dürfe. Aber das fromme Bedürfnis war über-
mächtig. Und Kaiser Konstantin war klug genug, es mit aller Macht zu fördern
und zu bedienen. In seiner Regierungszeit wurde aus Palästina wieder das Heilige
Land und Jerusalem, das man vorher bloß Aelia Capitolina genannt hatte, wieder
die Heilige Stadt. Etwa zweihundert Kirchen sollen auf sein Geheiß an biblischen
Erinnerungsorten errichtet worden sein.

Helena half, dieses kaiserliche Programm durchzuführen. Sie spürte Stätten
auf, an denen sich wichtige Jesusgeschichten abgespielt hatten, katalogisierte sie,
reinigte sie von heidnischen Gebäuden und errichtete Kirchen auf ihnen. Ihr
Engagement zeigte sich besonders beim Bau einer Kirche über der Grotte zu
Bethlehem, in der Jesus geboren worden sein soll, und einer Kirche auf dem Öl-
berg zu Jerusalem, auf dem Jesus seine letzte Nacht vor der Kreuzigung verlebt
hatte und von dem aus der auferstandene Christus seine Himmelfahrt angetreten
hatte. Helenas Kirchenbauten markierten also Anfang und Ende des irdischen
Wirkens Jesu Christi. Jedoch stieß sie nicht zu dem Ort vor, an dem sich die Er-

lösung zugetragen hatte. Diesem Mangel mussten spätere Generationen mit Hilfe einer frommen Erfindung abhelfen, nämlich der Legende von der Auffindung des Kreuzes.

Im Neuen Testament und den Schriften der frühen Kirchenväter spielt das Kreuz, an dem Jesus sein Leben für die Menschheit ließ, keine besondere Rolle. Doch für Konstantin besaß es eine enorme Bedeutung. Kurz vor der Entscheidungsschlacht an der Milvischen Brücke war es ihm in einem Traum erschienen: In diesem Zeichen sollte er siegen. Das Kreuz war für ihn also ein visionäres Siegeszeichen und Heerbanner. Sein Kampf um die Macht war gleichsam der erste Kreuzzug, in dem das Zeichen des unschuldigen Leidens des Gottessohnes sich in ein kaiserlich-soldatisches Machtsymbol verkehrte. Es musste in Konstantins Interesse liegen, seine Macht im Ort der Kreuzigung selbst zu gründen. So war es nur konsequent, dass er diesen Ort ausfindig machen und dort eine Kirche bauen ließ. Aber dieses Bauprojekt wäre nur halb so herrlich, wenn es nicht eine wunderbare Geschichte darüber zu erzählen gäbe.

Diese Geschichte kam gegen Ende des 4. Jahrhunderts auf, also etwa sechzig Jahre nach Helenas Tod. Sie zeigt uns die Kaisermutter als erste christliche Archäologin. In Jerusalem angekommen, fragte sie die Bewohner nach dem Ort der Kreuzigung, doch vergeblich; keiner wusste ihr etwas zu sagen. Da kam ihr eine göttliche Eingebung zu Hilfe und sie ließ dort, wo eine Venusstatue stand, Grabungen vornehmen. Und tatsächlich, drei Kreuze kamen zum Vorschein. Welches aber war das richtige? Der örtliche Bischof brachte eine todkranke, vornehme Frau. Der Reihe nach berührte er sie mit allen drei Kreuzen. Bei den ersten beiden geschah nichts. Doch das dritte brachte die ersehnte Spontanheilung und damit die erhoffte Klärung. Die Frau stand auf, war plötzlich vollkommen genesen, und alle lobten Gott. Auf diesen göttlichen Fingerzeig hin befahl Helena an diesem heiligen Ort den Bau einer Kirche. (In einer anderen, weit weniger erbaulichen Variante dieser Legende übrigens fand Helena das Kreuz, weil man einen Juden so lange gefoltert hatte, bis er verriet, wo es versteckt worden war.)

Helena hat tatsächlich gelebt. Sie ist nach Palästina gereist, hat dort heilige Stätten ausgekundschaftet und Kirchen gebaut. Aber die schönste Geschichte ihrer Pilgerreise ist nur eine fromme Erfindung. Der Bau der Grabeskirche ist in Wahrheit von ihrem Sohn initiiert worden. Aber die Legende von der Auffindung des heiligen Kreuzes zeigt eindrücklich, welche Macht die alten, vorher so missachteten Orte der Heilsgeschichte für die Christen des 4. Jahrhunderts und der entstehenden Staatskirche besaßen, welche Wunder sie ihnen zutrauten und warum sie sich genötigt sahen, mit Hilfe einer sehr spendablen Obrigkeit hier große Kirchen zu bauen – Kirchen, die eher für Pilger, also für vormoderne Glaubenstouristen, als für die vergleichsweise kleinen Gemeinden der Ortsansässigen gedacht waren.

Die Konstantinsche Wende in der Architekturgeschichte

Konstantin brachte die entscheidende religionspolitische Wende für das Christentum. Mit ihm begann der christliche Sakralbau im eigentlichen Sinn. Unter seiner Herrschaft und durch seine Förderung wurden große, zentral gelegene, prächtig ausgestattete und öffentlich wahrnehmbare Kirchen errichtet. Damit veränderten die Versammlungsorte der christlichen Gemeinden ihren Charakter und ihre Funktion. Sie gewannen eine bisher unbekannte ästhetische, aber auch politische Bedeutung. Hoftheologen haben Konstantin als den «dreizehnten Apostel» gefeiert. Aber er war ein Apostel der Macht. Indem er zum Eckstein eines neuartigen Kirchenbauprogramms wurde, verschob er die bisherigen Gewichtungen. Indem er sich des Kirchenbaus annahm, vereinnahmte er ihn auch für seine eigenen religionspolitischen Zwecke. Die Folgen waren zwiespältig. Mit Konstantin fand die intime Privatheit, aber auch die drückende Enge der urchristlichen Anfänge ein Ende. Für die Kirche und den Kirchenbau begann unwiderruflich eine neue Epoche.

In der Mailänder Vereinbarung von 313 hatte Konstantin sich mit seinem damaligen Mitkaiser Licinius auf ein Ende der Christenverfolgung verständigt. Das Christentum wurde nun eine erlaubte Religion. Und mehr noch – langsam, aber sicher wurde es unter Konstantin zum neuen Staatskult. Darum sah Konstantin sich in der Verantwortung, die christliche Kultpflege und Gebäudeausstattung zu fördern. Er gab den Kirchen den Status, den bisher die heidnischen Tempel innegehabt hatten. Diese fielen jetzt aus der kaiserlichen Huld heraus. Sie wurden nicht mehr unterstützt und langfristig dem Untergang anheimgegeben. Sie mussten gar nicht systematisch abgerissen werden. Ihre Zeit war auch so vorüber. Mochte an vielen Orten der alte Opferbetrieb noch weitergehen, eine Zukunft hatte er nicht mehr. Viele einstmals herrliche Tempel verfielen. Materi-

Eine imposante Gestalt, Einiger eines auseinanderfallenden Imperiums, Verteidiger der Kirche, Initiator der christlichen Sakralarchitektur: Kaiser Konstantin der Große (gestorben 337). Kopf einer Kolossalstatue aus Rom.

alien wurden aus ihnen herausgebrochen. Das große architektonische Erbe des antiken Heidentums verfiel.

Nach seinem Machtgewinn erließ Konstantin eine Anweisung an alle Bischöfe, zerstörte Kirchen wiederherzustellen und dort, wo ein Mangel an Gottesdiensträumen herrschte, neue bauen zu lassen. Die dafür benötigten Mittel konnten bei den staatlichen Stellen beantragt werden. Der Kirchenbau wurde damit zu einer obrigkeitlichen Angelegenheit, vom Kaiser gewollt und geplant, angeordnet und bezahlt. Diese Verstaatlichung des Kirchenbaus sollte eine lange Wirkungsgeschichte haben – bis hin zum großen Kirchenbauprogramm in Deutschland unter Wilhelm II., doch davon später.

Konstantins Herrschaft dauerte ein Vierteljahrhundert – genug Zeit, um ein höchst ehrgeiziges Bauprogramm aufzulegen und umzusetzen. Dabei konzentrierte sich der Kaiser vor allem auf die großen Städte des Reiches sowie die heiligen Stätten in Palästina. Sein offizieller Historiograph, Bischof Eusebius von Caesarea, schildert dieses kaiserliche Engagement ohne jeden Vorbehalt: «Fürwahr, auch den Kirchen Gottes erwies Konstantin in reichem Ausmaß seine Hilfe dadurch, dass er die Bet-Häuser vergrößerte und in die Höhe erhob sowie die erhabenen unter den der Kirche geweihten Bauten durch sehr viele aufgestellte Weihgeschenke erstrahlen ließ.» Ein weiteres Gesetz des Kaisers «gebot, die Bauten der Bet-Gebäude in die Höhe zu ziehen und die Kirchen Gottes an Breite und Länge zu vergrößern, wie wenn sozusagen alle im Begriff wären, sich künftig Gott anzuschließen, nachdem der Wahnsinn der Vielgötterei beseitigt sei.» Und Eusebius zitiert aus einem Brief, in dem Konstantin ihn zu Pflege, Erhalt und Neubau von Kirchen aufrief: «Da bis zur gegenwärtigen Zeit der unheilige Wille und die Tyrannis die Diener Gottes, des Retters, verfolgte, bin ich zu dem Glauben gelangt und habe mich genau davon überzeugt, dass die Bauwerke aller Kirchen entweder durch mangelnde Pflege verfallen sind oder aus Angst vor der bedrückenden Ungerechtigkeit unansehnlicher als ihre Würde es verlangt geworden sind, befreundetster Bruder! So vielen Kirchen du nun entweder selbst voranstehst oder die anderen – Bischöfe und Presbyter und Diakone – kennst, die ihnen an den einzelnen Plätzen voranstehen, so erinnere sie daran, ihren Eifer auf die Bauwerke der Kirchen zu verwenden: entweder die vorhandenen wiederzuerrichten oder an Größe zu erweitern oder, wo auch immer es der Bedarf verlangt, neue hinzustellen.»

Parallel zum politischen Machtwechsel fand auch innerhalb der Kirche eine Verschiebung der Herrschaftsverhältnisse statt. Dass der äußere religionspolitische Rahmen mit einem Schlag ausgetauscht worden war, konnte nicht ohne Folgen für die innere Struktur der Kirche bleiben. Mit der Umformung des Christentums zur Staatsreligion verband sich eine noch stärkere Klerikalisierung des kirchlichen Lebens. Zwar hatte sich diese Entwicklung schon seit langem angebahnt. Doch mit der Konstantinischen Wende empfing sie einen mächtigen Schub. Priester und Gemeinde traten weiter auseinander – beziehungsweise die Priester traten ihren Gemeinden noch mehr als Autoritätspersonen gegenüber. Dies wurde schon an ihrer Kleidung sichtbar, die an diejenige der kaiserlichen Beamten erinnerte. Vor allem für die Bischöfe bedeutete dies einen sozialen Aufstieg. Sie wurden nun den höchsten Regierungsbeamten gleichgestellt. Dies wiederum hatte Auswirkungen auf die Liturgie. Sie nahm immer mehr ein zeremonielles Gepräge an. Eine aktive Teilnahme der Laien war kaum mehr vorgesehen. Die Gemeinde wurde zu einem passiven Publikum, das dem Klerus bei der Verrichtung der Kulthandlung zusah. Die Grundelemente des Gottesdienstes blieben dieselben, aber das Ritual wurde strenger und fester gefasst. Sogar der geistliche Fokus des Gottesdienstes wurde von den großen Veränderungen tangiert. Das Christusbild näherte sich dem Kaiserbild an – und umgekehrt. Christus wurde nun weniger als persönlicher Erlöser, als Hirte der Gemeinde, als Freund der Armen und Entrechteten, der Sanftmütigen und Verfolgten betrachtet und angerufen, vielmehr sah man in ihm einen kosmischen Fürsten, den Allesbeherrscher dieser und der jenseitigen Welt.

All dies rief nach einem anderen ästhetischen Vokabular, einer neuen Architektursprache. Die Sakralbauten mussten von nun an mit ihrer Lage, Größe und Ausstattung dem gestiegenen gesellschaftlichen Renommee und der neuerlangten politischen Macht der Reichskirche entsprechen. Sie mussten die heidnische Konkurrenz übertrumpfen, schöner und größer sein als die alten Tempel. Sie mussten als dominante Kultorte und Kulturträger öffentlich in Erscheinung treten, also repräsentativ wirken. Damit war für den christlichen Sakralbau der entscheidende Paradigmenwechsel vollzogen: weg von der häuslichen und hin zur politischen Architektur, weg vom Privaten und hin zum Monumentalen. Die alten Hauskirchen und Gemeindezentren erschienen plötzlich als zu klein, zu unscheinbar. Sie entsprachen nicht mehr den sozialen und liturgischen Anforderungen an eine christliche Kirche. Sie lagen an den falschen Orten, am Rand, in den ärmeren Stadtteilen und konnten deshalb nicht dem Anspruch der Kirche gerecht werden, die gesamte antike Gesellschaft zu beherrschen. Auch waren sie allzu eng und schmucklos, um für die Darstellungsbedürfnisse des Klerus eine angemessene Bühne zu bieten.

Natürlich mussten auch aus praktischen Gründen größere Kirchen gebaut werden. Denn nachdem die Verfolgungen aufgehört hatten, wuchsen die Gemeinden so sehr, dass die alten Gebäude sie nicht mehr fassen konnten. Schließlich mussten die neuen Kirchen größer als die alten Tempel sein. Denn die Tempel waren keine Versammlungsorte, sondern hatten nur ein Götterbild zu beherbergen und etwas Raum für einige Priester vorzuhalten, die den Kult vollzogen. Kirchen aber mussten Platz für eine vielköpfige Gemeinde bieten.

Nur eine strahlende, beeindruckende und erhebende Bauweise konnte den neuen Machtanspruch der Kirche sichtbar machen. Was vorher nach bloßen Nützlichkeitserwägungen entschieden wurde, musste nun künstlerisch konzipiert und gestaltet werden. Jetzt erst drang die Kirche in den Bereich des Schönen und Zweckfreien vor, leistete sie sich Baukunst. Die Kirche des Konstantinischen Zeitalters war in der Lage, die Errichtung und den Unterhalt verschwenderisch großer und prächtig ausgestatteter Gebäude zu bezahlen beziehungsweise sich vom Kaiser bezahlen zu lassen. Allerdings bekam sie diese Pracht nicht umsonst. Sie musste Abschied von ihren evangelischen Ursprüngen nehmen und auf die Freiheit von politischer Vereinnahmung verzichten.

Angesichts dieses epochalen Umbruchs stellt sich die Frage, ob es in den christlichen Gemeinden eigentlich Debatten über das neue Kirchenbauwesen gegeben hat. Haben die Christen, die Laien wie die Priester, es einfach hingenommen, dass ihre alten Versammlungsorte nach und nach durch Großkirchen ganz anderen Zuschnitts ersetzt wurden? Haben sie ihren vertrauten Heimstätten nicht nachgetrauert? Oder hat es Proteste gegeben, Einsprüche derjenigen, denen die alte Armut ein Wert an sich war, die Distanz halten wollten zur kaiserlichen Macht? Gab es Freunde der früheren architektonischen Bescheidenheit? Zu Beginn ihrer Geschichte hatten die Christen doch so etwas wie einen heimlichen Stolz der Geringen gehegt, ein Ressentiment gegen die Prachttempel der Heiden, ein besonderes Selbstwertgefühl deshalb, weil sie als einzige in der damaligen Religionswelt eben keine Tempel und Altäre hatten, sie auch nicht brauchten, weil sie selbst Steine eines lebendigen, geisterfüllten Tempels waren.

Leider berichten uns die Quellen nichts von solchen Diskussionen und etwaigen Protesten. Vielleicht hat es sie gegeben, nur wurden sie nicht überliefert. Wahrscheinlicher jedoch ist, dass es zu solchen Auseinandersetzungen gar nicht gekommen ist, weil kaum jemand Anstoß an den kaiserlichen Bauinitiativen genommen hat. Vermutlich baute man ganz selbstverständlich große Kirchen, schlicht und einfach weil man es jetzt konnte. Endlich, nach drei Jahrhunderten erzwungener Beschränkung war es möglich, das zu tun, was man immer schon gern getan hätte. Dennoch, es bleibt erstaunlich, wie schnell die Christen sich auf die veränderten Verhältnisse einstellten und in den neuen Kirchen ihre Heimat erkannten.

Die Basilika

Die ersten Kirchenbaumeister der Konstantinischen Zeit standen vor einer gewaltigen Aufgabe. Sie mussten einer ganz neuen Idee von dem, was von nun an eine Kirche sein und leisten sollte, eine überzeugende steinerne Gestalt verleihen. Auf die alten Vorbilder der heidnischen Tempel konnten sie nicht zurückgreifen. Sie mussten sich ihre Anregung von ganz woanders her besorgen. Welche Art von Architektur sollten sie also wählen? Erstaunlicherweise scheinen sie nicht mühsam gesucht und lange herumexperimentiert zu haben. Anscheinend haben sie sehr schnell das richtige Grundmodell gefunden: die Basilika.

Basiliken waren schon in vorchristlicher Zeit im ganzen Römischen Reich gebaut worden. Sie basieren auf einer einfachen Idee: Ein großes Gebäude beherbergt einen einzigen, unzerteilten, aber in sich differenzierten Innenraum, der sich in ein Hauptschiff und ein oder zwei Seitenschiffe aufgliedert. Solch eine Halle mit Seitenschiffen oder Seitengalerien und eventuell mit einer Apsis – also einer erhöhten, halbrunden Nische – am Kopfende hatte viele Vorteile. Sie konnte eine vielköpfige Gemeinde aufnehmen. Sie richtete die Anwesenden gemeinsam aus, zog die Aufmerksamkeit nach vorn, zum Ort des Geschehens hin. Sie ließ an den Seiten viele Fenster zu, so dass der Innenraum tagsüber gut erhellt war. Und schließlich ließ sie viele unterschiedliche Ausgestaltungen zu, konnte also örtlichen Gegebenheiten und besonderen Bedürfnissen ohne größere Umstände angepasst werden. Wegen dieser Variationsbreite beschreibt «Basilika» weniger ein festes Gebäudemodell als eher eine Funktion, nämlich schlicht eine große Versammlungshalle. Sie konnte als Markthalle dienen oder als Börse, war der Treffpunkt der männlichen Bürger, vergleichbar der Agora, nur eben überdacht, also einem arabischen Basar nicht unähnlich. Die vorchristlichen Basiliken konnten viele Zwecke erfüllen. In ihnen wurde Handel getrieben oder Politik gemacht. Hier saß der Magistrat zu Gericht. Auch gab es Basiliken für das Militär. In ihnen wurde exerziert und geritten. Im Vergleich zu den Tempeln waren die vorchristlichen Basiliken schlichte Profangebäude. Doch ganz ohne einen sakralen Charakter waren auch sie nicht. Die Basiliken in den Herrscherpalästen dienten dem Kaiserkult, ebenso wie die Exerzierbasiliken, die mit Kaiserbildern ausgestattet waren. Auch in den Badebasiliken waren Götterstaturen aufgestellt, die mit kleineren Opfergaben versorgt werden mussten.

Doch die Christen machten die Basilika zum Haupt- und Grundmodell der Sakralarchitektur. Sie waren zwar nicht die ersten, welche die Basilika für neuartige religiöse Zwecke adaptierten. Vor ihnen waren schon einige Sekten auf diese Idee gekommen. Doch erst im Konstantinischen Christentum wurde die Basilika zu einem epochal prägenden Typ von Sakralarchitektur.

Die Durchschnittsbasilika war ein rechteckiger Hallenbau mit einem flachen Gebälk, auf dem ein einfaches Holzdach ruhte. Von außen waren die meisten noch recht schmucklose, unverputzte Ziegelbauten. Aber innen eröffneten sie einen weiten Raum. Zwei Säulenreihen strukturierten die Halle und wiesen die Besucher nach vorn. Dort – gegenüber dem Eingang – war die Apsis, die den Raum abschloss und den architektonischen und liturgischen Fluchtpunkt bildete. Hier stand der Altar, hier saß der Klerus. Relativ bald scheint man ein weiteres strukturierendes Element von hoher Symbolwirkung eingefügt zu haben. Vor die Apsis wurde ein Querschiff gesetzt, so dass der Grundriss die Form eines Kreuzes bildete. Damit war die Erlösungstat Christi – sein Tod für die vielen, die an ihn glauben – als Fundament der neuen Kirchen ausgewiesen. Noch waren nicht alle Kirchen «geostet». Die Apsis lag also noch nicht zwingend in östlicher Richtung, der aufgehenden Sonne zu, dem Sinnbild von Schöpfung und Auferstehung. Dennoch war von Beginn an die Beleuchtung sehr wichtig. Die Basiliken sollten licht sein. Darin mag man einen Einfluss imperialer Frömmigkeit sehen, denn schon im Kaiserkult spielte der «sol invictus», die unbesiegte Sonne, eine wichtige Rolle. Vor allem aber sollte in den Kirchen eine Idee des strahlenden Osterglaubens, eine Vorstellung davon, dass Christus das Licht der Welt ist, zu erahnen sein. Darum waren die großflächigen Fenster über den Säulen so wichtig.

In der weiteren Entwicklung wurde auch die Außenseite der Basiliken aufwendiger gestaltet. Die Kirchen erhielten nun richtige Fassaden. Die innere Struktur wurde schärfer markiert. Die Seitenschiffe wurden vom Hauptschiff abgetrennt und zu regelrechten Kolonnaden. Die Apsis wurde deutlicher ausgegrenzt und hervorgehoben. Noch im Lauf des 4. Jahrhunderts ersetzte ein fester, aufwendig gestalteter Altar die bisher eher schlichten Sakramentstische. Ein regelrechter Triumphbogen setzte die Apsis vom Rest des Innenraums ab. Denn sie wurde immer mehr zum eigentlich heiligen Ort innerhalb des heiligen Gesamtraums, zum Allerheiligsten. Der Raum, den die Gemeinde selbst einnahm, verlor entsprechend an Rang. Schließlich fand in der Apsis das sakramentale Geschehen statt. Hier war die Bühne, auf die alle Augen gerichtet waren. Dieser Effekt wurde auch durch die Mosaike auf den Fußböden verstärkt, welche die Aufmerksamkeit ebenfalls nach vorn ausrichteten.

Doch auch die christliche Basilika war kein Einheitsmodell. Obwohl der Kaiser die Planungen stark beeinflusste, gab es bei der Ausgestaltung Spielräume. Je nachdem, wie die lokalen Traditionen, Frömmigkeitsstile und Liturgien es vorsahen, konnten viele wichtige Einzelheiten frei variiert werden. Das betraf selbst die so wichtige Zuordnung von Klerus und Gemeinde. Mal saßen Bischof und Priester hoch über der Gemeinde, mal auf gleichem Niveau.

Vieles, was die ersten Basiliken ausgemacht haben muss, ist heute nicht mehr zu ermitteln. Denn von den ursprünglichen Gebäuden sind nur wenige Reste erhalten. So wüsste man gern, mit welchen Bildern die ersten Basiliken ausgestattet waren. Was genau hatten die Gemeinden vor Augen? Mit der Konstantinischen Wende scheint auch ein neues Bildprogramm eingeführt worden zu sein. Das ist – wie gesagt – nicht ohne Einfluss auf das Christus-Bild geblieben,

Die Grabeskirche zu Jerusalem

das nun immer mehr einen Herrscher, einen himmlischen Kaiser oder einen endzeitlich zu Gericht sitzenden Senator vorstellte. Auch wäre es interessant, zu wissen, wo die unterschiedlichen Teile des Gottesdienstes zelebriert wurden. Wo fand der Chorgesang und wo das Gemeindegebet statt? Von wo aus wurde gepredigt? Es dürfte kaum Kanzeln gegeben haben. Wahrscheinlich ging der Prediger einfach an die Schranke zwischen Apsis und Hauptschiff und wandte sich von dort aus an die Gemeinde.

Und wie hat die Gemeinde auf den Bau der nagelneuen großen Kirchenräume reagiert? Was haben die Christen empfunden und erwartet, als sie ihre fertiggestellte Basilika zum ersten Mal betraten, um dort den ersten gemeinsamen Gottesdienst zu feiern? Leider geben die Quellen darüber keine Auskunft. Zum Glück ist eine Predigt erhalten, die Bischof Eusebius von Caesarea im Jahr 317 in der neuen Basilika von Tyros gehalten hat. Eusebius bietet in seiner Kirchweihpredigt eine allegorische Deutung des Gebäudes. Die Kirche insgesamt und alle ihre wesentlichen Bestandteile verweisen sinnbildlich auf eine höhere Wirklichkeit und zeichnen einen geistlichen Weg vor. Die äußeren Umfangsmauern stehen für den einfachen, aber noch unbestimmten Glauben der Volksmenge. Die Türen entsprechen sodann denjenigen Gläubigen, die wie Türhüter das Volk in den wahren Glauben einführen. Die vier Eckpfeiler im Inneren der Atriumshallen weisen auf diejenigen hin, die durch die vier Evangelien eine erste inhaltliche Orientierung empfangen haben. Den Katechumenen, welche sich in der Vorbereitungszeit zur Taufe befinden, entspricht der Platz in den Seitenschiffen. Im hellen, lichtdurchströmten Hauptschiff stehen die Getauften. Weiter vorn weist der Triumphbogen an der Westwand der Apsis auf Gottvater, den Allmächtigen, hin. Der Thronsitz des Bischofs und die Bänke der Priester in der Apsis sind die Abbilder derjenigen, auf denen sich der heilige Geist niedergelassen hat. Alles läuft schließlich auf den Altar zu als denjenigen Ort, an dem Christus selbst anwesend ist und als der wahre Hohepriester seines Amtes waltet.

Die neue Kirche ist ein Versammlungsort der Gemeinde und doch viel mehr als ein Gemeindehaus. Sie ist das Abbild eines jenseitigen Urbildes, nämlich eine Nachbildung des himmlischen Jerusalems. Der Sakralraum ist ein Abglanz der Erlösung und ein Vorschein des Himmels, der den Gläubigen winkt. Er ist ein «Ander-Ort», eine Gegenwelt, geweiht, und damit ausgegrenzt aus dem profanen Diesseits, ein Heilsraum, ein Haus Gottes. «Das ist der große Tempel, welchen der große Schöpfer des Weltalls, der Logos, über den ganzen Erdkreis unter der Sonne errichtet und worin er hienieden zugleich ein geistiges Abbild dessen geschaffen hat, was jenseits des Himmelsgewölbes ist. Kein Sterblicher vermag nach Gebühr zu preisen das Land über den Himmel, die dort ruhenden Urbilder der irdischen Dinge, das obere Jerusalem.»

Die Basilika als neuer Kirchentyp hat sich im ganzen Römischen Reich sehr schnell durchgesetzt. In ihm wurde heidnisch-antikes Erbe aufgenommen und zugleich christlich umgeformt. Die christliche Basilika ist also ohne ihre Vorbilder nicht zu denken, auch nicht ohne die Tempelsäulen, die in sie eingebaut wurden. Und zugleich ist sie etwas Neues, das nicht direkt aus der vorherigen Baugeschichte abgeleitet werden kann. Dieses Neue speist sich aus dem besonderen Inhalt, den zu fassen, zu bewahren und zu feiern ihre Aufgabe war. Dieses Neue war die Eucharistie, das heilige Abendmahl. Dieses Sakrament stellte kein Opfer im Sinne der heidnischen Religionen dar, vielmehr war es das Ende aller Opferungen, doch entwickelte es sich immer mehr zu einer Opferhandlung eigener Art, die von Priestern vor Gott und für Gott vollzogen wurde. Und dieses neue Opfer bestimmte die Gestalt und die Atmosphäre der neuen Basiliken, machte sie zu Sakralräumen im eigentlichen Sinne.

Der Bau der Grabeskirche

Vor allem in den Großstädten seines Reiches ließ Konstantin große Kirchen bauen – in Rom, Alexandria und natürlich in seiner neuen Hauptstadt Konstantinopel. Hier jedoch überdauerte sehr wenig von seinen architektonischen Leistungen die Zeit. Von ganz speziellem Symbolwert war der Bau der Grabeskirche in Jerusalem. Die Aura, welche dieses Unternehmen umgab, war so gewaltig, dass fromme Geschichten hinzuerfunden werden mussten, um es ins rechte Glaubenslicht zu setzen. In Wahrheit ist es jedoch nicht Konstantins Mutter gewesen, die dieses heiligste aller Vorhaben initiierte, sondern ihr Sohn. Als sie in Jerusalem erschien, hatte Konstantin dieses Werk schon längst in Auftrag gegeben. Im Jahr 325 hatte allem Anschein nach Makarios, der Bischof von Jerusalem, auf dem epochalen Konzil von Nicäa den Kaiser für die Idee gewonnen, am Ort der Kreuzigung und der Auferstehung Jesu Christi eine große Kirche zu bauen.

So dürfte der Grundriss der Gesamtanlage der Jerusalemer Grabeskirche in konstantinischer Zeit ausgesehen haben. Es waren zwei Kirchen, die gemeinsam ein Ganzes ergaben: zunächst die große Basilika, an die sich nach einem Gang über den Hof das Grab Christi in der Rotunde anschloss.

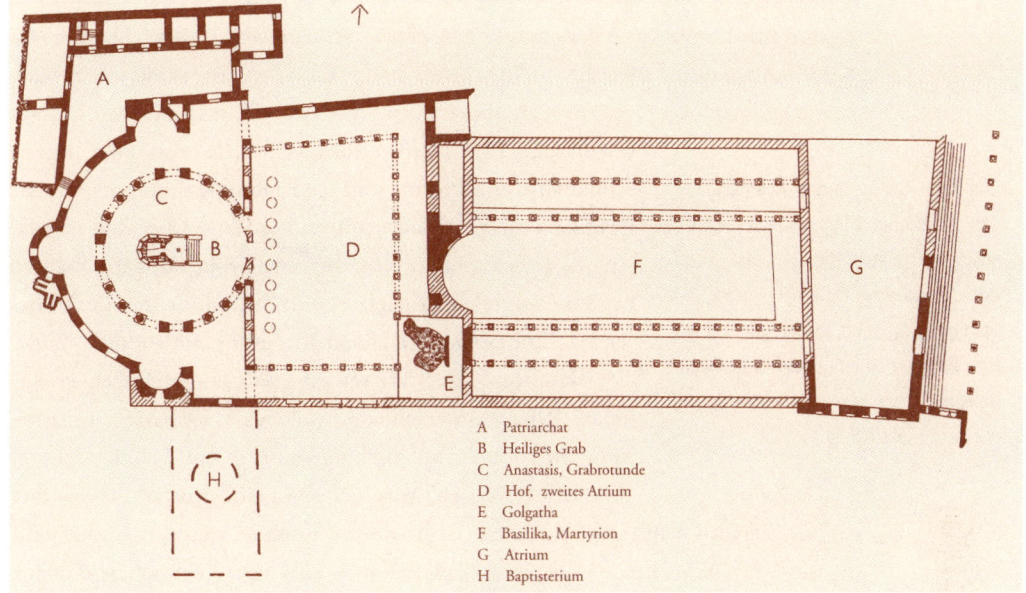

A Patriarchat
B Heiliges Grab
C Anastasis, Grabrotunde
D Hof, zweites Atrium
E Golgatha
F Basilika, Martyrion
G Atrium
H Baptisterium

Auf jeden Fall verfasste Konstantin direkt nach dem Konzil einen Brief an Makarios, in dem er genaue Anweisungen gab, wie dort, wo man das heilige Grab Jesu Christi vermutete, eine angemessene Kirche gebaut werden sollte. Zunächst musste dafür ein Heiligtum der Liebesgöttin Aphrodite, das Kaiser Hadrian im 2. Jahrhundert schändlicherweise an dieser Stätte hatte errichten lassen, niedergerissen werden. Im Zuge dieser Zerstörungsarbeit fand man ein Grab, im dem man meinte, «das hochheilige Denkmal der Auferstehung» sehen zu können. So schrieb «der Sieger Konstantin, der Größte, der Erhabene» an Makarios, «dass wir jenen heiligen Platz – den ich auf Anordnung Gottes vom schimpflichsten Zusatz eines Götzenbildes wie von einem darauf lastenden Gewicht erleichtert habe, der von Anfang an durch Gottes Urteil heilig war, sich aber noch heiliger gezeigt hat, seitdem er den Glauben an das Leiden des Heilands ans Licht geführt hat – durch die Schönheit von Gebäuden ausschmücken. Die Basilika soll besser als die überall stehenden werden. Denn dass der wunderbarste Platz der Welt von Würde erstrahlt, ist berechtigt.»

Es sollte ein imperialer Kirchenbau werden. Konstantin sagte die nötigen Mittel zu. Er forderte regelmäßige Berichte über den Fortgang der Bauarbeiten. Er kümmerte sich sogar um Detailfragen wie die Auswahl der richtigen Deckentäfelung. Eine Eigentümlichkeit dieses Vorhabens bestand darin, dass gleich ein Ensemble aus mehreren Sakralgebäuden entstehen sollte, das die beiden wichtigsten Erinnerungsorte der christlichen Heilsgeschichte verknüpfte. Es sollte die Kreuzigungsstätte Golgatha und das Grab, in das Christus gelegt und das er nach seiner Auferstehung leer zurückgelassen hatte, zu einer architektonischen Einheit verbinden. Der Neubaukomplex sollte also zwei unterschiedliche Funktionen und Gebäudetypen integrieren: eine Basilika und ein Martyrion, einen Gottesdienstraum und eine Gedenkkapelle. Diese anspruchsvolle Aufgabe fiel den beiden Architekten Zenobius und Eustathios, einem Presbyter, zu. Eine besondere Herausforderung bildete der schwierige Baugrund, der mit seinen aufragenden Felsen erhebliche Niveauunterschiede aufwies. Deshalb mussten Fundamente zeitraubend aufgeschüttet und Felsen mühsam abgetragen werden. Was Zenobios und Eustathios auf diesen unebenen Grund gebaut haben, ist heute nur noch in wenigen Resten vorhanden. Ein Bild dieses Gebäudekomplexes muss also aus schriftlichen Quellen und archäologischen Funden rekonstruiert werden.

Das Grab Christi – das Allerheiligste des christlichen Glaubens, der eigentlich keine heiligen Räume kennt, aber doch besondere Orte der Vergegenwärtigung braucht. In der griechisch-orthodoxen Karfreitagsfeier umrunden Gläubige – wie in einem Leichenzug – mit Kerzen das heilige Grab.

Im Unterschied zur Zeit Jesu lag Golgatha in Konstantinischer Zeit nicht mehr vor den Toren der Stadt, sondern mitten im Zentrum. Man erreichte die Anlage von der Jerusalemer Hauptstraße, dem Cardo Maximus, aus. Sie maß 150 Meter in der Länge und 75 Meter in der Breite. Kam man vom Cardo Maximus, ging man durch die Propyläen, eine Vorhalle, in das Atrium, einen von Säulen umgebenen Innenhof. Von dort aus gelangte man in das Martyrion, eine fünfschiffige Basilika. Sie war 40 Meter lang und 13 Meter breit, im Vergleich mit anderen repräsentativen Sakralbauten also sehr klein, wenn auch recht hoch. Die Lateran-Basilika in Rom zum Beispiel war dreimal so groß. Diese geringe Größe war schlicht den beengten Raumverhältnissen geschuldet. Am Zuschnitt des Grundstücks lag es auch, dass die Grabeskirche nicht geostet war. Die Apsis lag im Westen und war auf das Grab hin ausgerichtet.

Von außen muss das Martyrion wie die meisten Basiliken der Konstantinischen Zeit sehr schlicht gewesen sein. Aber die Innenausstattung war ungewöhnlich prachtvoll. Das Kassettendach war vergoldet. Entlang der Apsis bildeten zwölf Säulen – als Erinnerung an die zwölf Apostel – einen Halbkreis. Jede dieser Säulen wurde von einer riesigen Silberschale gekrönt. Die Wände waren mit kostbarem Marmor oder anderen farbigen Steinsorten verblendet. Hinzu kamen viele kaiserliche Zustiftungen wie goldene oder silberne Lampen und Kerzenständer, kostbare Kelche und feinste, mit Edelsteinen besetzte Altartücher.

Hatte man sich an diesem luxuriösen Schmuck sattgesehen, ging man aus den Seitenschiffen des Martyrions hinaus und gelangte an der einen oder der anderen Längsseite der Kirche entlang zu einem zweiten Atrium, einem von Kolonnaden eingegrenzten Innenhof. An einer Ecke, gleich bei der Apsis, war der Felsen der Kreuzigung zu finden. Ihm gegenüber schloss sich im Westen die Anastasis an, die Gedenkstätte der Auferstehung und somit das wichtigste Ziel der anwachsenden Pilgerscharen. Die Anastasis war eine Rotunde, ein Rundbau mit einer Kuppel von etwa 10 Metern Durchmesser. Es war ein kompliziertes Stück Architektur mit feinen Proportionen, die auf einen hohen Kunstverstand und ein bemerkenswertes technisches Vermögen der Bauleiter schließen lassen. Die Rotunde ruhte auf zwölf Säulen von 7,15 Meter Höhe und 1,17 Meter Durchmesser auf, die wahrscheinlich aus dem Hadrianschen Aphroditetempel stammten, den man also in Teilen doch einem christlichen Recycling zugeführt hatte, obwohl man dieses «Teufelswerk» eigentlich ganz hatte auslöschen wollen. Diese Rotunde beherbergte den eigentlichen Geburtsort des Christentums, das leere Grab Jesu Christi.

Viele technische Probleme zogen die Bauarbeiten in die Länge. Doch zehn Jahre nach dem ursprünglichen Entschluss, also am 17. September 335, konnte die Kirche feierlich geweiht werden, obwohl die Rotunde noch nicht ganz fertig war. Der Kaiser wollte zu seinem 30. Regierungsjubiläum der Öffentlichkeit dieses «Weihegeschenk des Friedens», ein Denkmal der Herrlichkeit Gottes und der Macht des Kaisers, vorstellen. Zur Kirchweihe beorderte Konstantin die Bischöfe des Reiches, die im nahegelegenen Tyros ein Konzil abhielten, nach Jerusalem. Wieder fiel Eusebios die Aufgabe zu, die Weihepredigt zu halten. In ihr stellte er das neue christliche Jerusalem dem alten jüdischen gegenüber. Man mag ihm seine Freude über die herrliche Sakralanlage nicht verdenken. Sein klerikaler Triumphalismus aber hinterlässt einen bitteren Nachgeschmack: «So wurde beim heilbringenden Martyrion das neue Jerusalem errichtet, dem von altersher bekannten (d.h. jüdischen Jerusalem) gegenüber, das wegen der Befleckung durch den Gottesmord (der Juden an Jesus Christus) auf das äußerste verwüstet worden war und so die geschuldete Strafe der gottlosen Bewohner bezahlt hatte. Diesem gegenüber also verherrlichte der Kaiser den heilbringenden Sieg über den Tod mit reicher und verschwenderischer Großzügigkeit, so dass dies wohl das durch prophetische Gottesworte verkündete, das neue Jerusalem ist, worüber große, von göttlichem Geist eingegebene Weissagungen Unendliches künden.»

Doch auch diese kirchliche Selbstherrlichkeit sollte nicht von Dauer sein. Das neue Jerusalem teilte das Schicksal des alten. Im Jahr 638 wurde auch das neue Jerusalem von feindlichen Mächten erobert. Die Muslime ließen die Grabeskirche zunächst unberührt. Aber sie bauten am zentralen Ort des alten Jerusalems ein neues Heiligtum. Mitten auf dem Tempelberg errichteten sie den Felsendom als neuen Tempel. Für die Jerusalemer Christengemeinde begann eine schwere Zeit. In das Martyrion wurde eine Moschee gesetzt. Im 10. Jahrhundert kam es zu massiven Christenverfolgungen. Schließlich ließ ein fanatischer Kalif im Jahr 1009 den Anastasis-Komplex, Basilika und Rotunde, niederreißen. Das neue war damit dem alten Jerusalem auf dem Leidensweg gefolgt. Immerhin konnte zumindest die Grabeskirche wieder in Teilen aufgebaut werden. Neunzig Jahre später wendete sich das Schicksal ein weiteres Mal. Im Ersten Kreuzzug eroberten westeuropäische Ritter das Heilige Land. Nachdem sie unter der muslimischen und jüdischen Bevölkerung ein Blutbad angerichtet hatten, machten sie sich daran, die Grabeskirche neu aufzubauen. Sie veränderte sich dabei stark, blieb aber im Kern, was sie von Anfang an war: der wichtigste christliche Erinnerungsort und zugleich eine steinerne Machtdemonstration, eine Manifestation obrigkeitlicher Religionspolitik und zugleich der Nabel der Glaubenswelt, ein Ort der Gewalt und zugleich die Stätte, an welcher der Friedefürst sein Erlösungswerk vollendet hatte.

> Der Gekreuzigte und Auferstandene gehört allen und keinem. Die Besitzverhältnisse im Zentrum der Grabeskirche sind minutiös geregelt. Der Mittelteil des Regals in der Grabkammer steht den griechischen Orthodoxen zu, der rechte Teil den Armeniern und der linke Teil der Lateinischen Kirche.

Der Gottesdienst in der Grabeskirche

Auch wenn die Basilika bisher unbekannte politische und gesellschaftliche Aufgaben erfüllen musste, war sie doch zunächst und vor allem das, was Kirchen immer schon waren und bleiben sollten, nämlich der Ort des Gottesdienstes. Wie sahen nun die Gottesdienste aus, die im 4. Jahrhundert in den alten, besonders aber in den neuen Kirchen gefeiert wurden?

In seiner Grundform, die jedoch in den verschiedenen Teilen des Römischen Reiches viele Variationen zuließ, hatte der damalige Gottesdienst zwei Teile. Der erste bot als Wortgottesdienst eine Fülle an Schriftlesungen. Diese scheinen anfangs relativ frei ausgewählt worden zu sein. Doch gestaltete man den Jahreszyklus immer weiter aus und gliederte ihn nach den Hauptstationen der christlichen Heilsgeschichte: Advent, Weihnachten, Epiphanias, Passionszeit, Ostern, Himmelfahrt und Pfingsten. Diesem Kirchenjahr entsprechend wurden zunehmend Reihen mit Lesungen erstellt, die zu den jeweiligen Sonntagen passten. Diese Lesungen wechselten mit Psalmgesängen und Hymnen. An sie schlossen sich gleich mehrere Predigten an. Die letzte Predigt hielt stets der Bischof selbst. Etwa zwei Stunden dürfte solch ein Wortgottesdienst gedauert haben. An seinem Ende wurden die Ungetauften vom Diakon zum Schlussgebet geführt, gesegnet und ebenso wie die Büßer aus dem Gottesdienstraum verabschiedet. Daraufhin wurden die Türen geschlossen, und die Gemeinde der Getauften kniete nieder zum Gebet.

Nun begann der zweite und eigentliche Gottesdienst, die Feier der Eucharistie. Er war keine öffentliche Angelegenheit, wie der Ruf des Diakons mehr als deutlich machte: «Kein Katechumen! Kein Ungetaufter! Kein Ungläubiger! Kein Falschgläubiger! Keiner in Hass gegen einen! Keiner in Heuchelei! Aufrecht lasst uns vor dem Herrn mit Furcht und Zittern stehen zum Opfern!» Der Ausgrenzung der Nichtgeladenen entsprach positiv die liebevolle Zuwendung der auserwählten Gottesdienstteilnehmer zueinander. Sie entboten sich gegenseitig den Friedengruß und Friedenskuss. Hatte sich die Gemeinde so der wechselseitigen Verbundenheit versichert, brachte sie in einer Prozession die Gaben zum Altar. Dort wurden sie von den Priestern zum Opfer, zum unblutigen Opfer, bereitet. Dafür wurden verschiedene, immer klarer ausgearbeitete Gebete gesprochen: eine Präfation zur Einleitung, ein Dank für die Geschichte des Heils, die Einsetzungsworte und die Konsekration zur Weihe von Brot und Wein. Dann trug der Bischof die Gaben mit dem Ruf «Das Heilige den Heiligen!» zur Gemeinde. Zuerst empfingen der Bischof und der Klerus das Sakrament, dann die Gemeinde, die an den Schranken des Altarraums stand. Dankgebet und Segen beschlossen den Gottesdienst. Viele seiner gesprochenen und gesungenen Bestandteile haben sich bis heute – in orthodoxen, katholischen und evangelischen Liturgien – erhalten.

Die Häufigkeit des Gottesdienstes scheint nicht einheitlich geregelt gewesen zu sein zu sein. Vielerorts wurde der Gottesdienst in beiden Teilen täglich gefeiert, sonst aber fand er zumindest am Freitag, Samstag und Sonntag sowie an besondern Festtagen, wie den Gedenktagen der Märtyrer, statt.

Die Grabeskirche zu Jerusalem

Neben dem Hauptgottesdienst entwickelte sich eine Reihung von Andachten, die als Stundengebete jeden Tag vom frühen bis zum späten Abend gliederten. Wie beides in der Grabeskirche gefeiert wurde, ist glücklicherweise überliefert worden. Egeria ist der Name einer vornehmen Dame, die gegen Ende des 4. Jahrhunderts aus dem fernen Westteil des Reiches über Konstantinopel nach Jerusalem und anschließend durch Palästina gepilgert war. Drei Jahre, wahrscheinlich von 381 bis 384, verbrachte sie in Jerusalem selbst. Ausführlich hat sie den Mitgliedern der asketischen Gemeinschaft, der sie angehörte, über ihre Jerusalemer Erlebnisse und Eindrücke berichtet. Dabei schildert sie die Sakralarchitektur der heiligen Stadt nur sehr beiläufig. Mit weitaus größerem Interesse erzählt Egeria ihren Schwestern vom gottesdienstlichen Leben im Anastasis-Komplex.

Noch in der Nacht, vor dem ersten Hahnenschrei, begann in der Auferstehungsrotunde die Frühandacht, die Matutin, mit Psalmengesang und Gebeten. Ihr folgten bei Sonnenaufgang die Laudes, an denen auch der Bischof mit seinem Klerikergefolge teilnahm und Getauften sowie Katechumenen den Segen spendete. Später leitete er auch die Sext, die Andacht am Mittag, sowie die Non um drei Uhr. Gegen vier Uhr begann die feierlich gestaltete Vesper. So ging es die ganze Woche hindurch.

Am Sonntag versammelte sich die Menschenmenge zur Matutin vor der verschlossenen Anastasis. Priester kamen heraus und beteten mit den Wartenden Psalmen. Beim Hahnenschrei – es gab ja noch keine Kirchenglocken – wurden die Tore geöffnet, und die Gläubigen traten in die hell erleuchtete Rotunde. Der Bischof las aus den Auferstehungsgeschichten des Neuen Testaments. Anschließend zog man in einer Prozession zum Kreuz, um des Leidens Christi zu gedenken. Danach ging der Bischof wie mancher andere auch nach Hause, um sich ein wenig auszuruhen. Bei Tagesanbruch fanden sich alle in der Basilika zum Hauptgottesdienst ein. Er dauerte zwischen drei und vier Stunden. Wie die Eucharistie im Martyrion gefeiert wurde, hat Egeria leider nicht im Detail beschrieben, weil die Liturgie sich wenig von derjenigen unterschieden haben wird, die sie und ihre Schwestern gewohnt waren.

Einen eigentümlichen Jerusalemer Ritus aber, der besonders für Pilger reizvoll gewesen sein muss, beschreibt Egeria sehr ausführlich, nämlich die Verehrung des Kreuzes: «Auf Golgatha wird für den Bischof hinter dem Kreuz, das jetzt dort steht, ein Sitz aufgestellt, und der Bischof lässt sich auf dem Sitz nieder. Vor ihn wird ein mit Leinen gedeckter Tisch gestellt, und die Diakone stehen um den

Tisch herum. Dann wird ein vergoldetes Silberkästchen gebracht, in dem sich das heilige Holz des Kreuzes befindet; es wird geöffnet, das Kreuzesholz wird herausgehoben und zusammen mit der Kreuzesinschrift auf den Tisch gelegt. Der Bischof hält im Sitzen die beiden Enden des heiligen Holzes mit den Händen fest: Die Diakone aber, die um den Tisch stehen, bewachen es. Es wird deshalb so bewacht, weil es üblich ist, dass das Volk, einer nach dem anderen, kommt. Sie verbeugen sich vor dem Tisch, küssen das heilige Holz und gehen weiter. Und weil irgendwann jemand zugebissen und einen Splitter vom Kreuz gestohlen haben soll, wird es nun von Diakonen so bewacht. So geht das ganze Volk vorüber – einer nach dem andern, alle verbeugen sich, berühren erst mit der Stirn, dann mit den Augen das Kreuz und die Inschrift, küssen das Kreuz und gehen weiter; aber niemand streckt die Hand aus, um es zu berühren.»

Detailliert geht Egeria auch auf das andere christliche Hauptsakrament, die Taufe, ein. Diese besaß im 4. Jahrhundert einen längeren Vorlauf und war an hohe Bedingungen geknüpft. Vor der vorösterlichen Fastenzeit mussten sich die Taufbewerber in eine Liste eintragen. Nach einer Prüfung wurden sie zum Unterricht zugelassen, der die 40 Tage der Fastenzeit dauerte. Jeden Tag kamen sie für jeweils drei Stunden im Martyrion zusammen, wo der Bischof ihnen die Bibel auslegte und das Glaubensbekenntnis erklärte. Die Taufe selbst fand in der Osternacht an den drei wichtigsten Orten des Anastasis-Komplexes statt. Dies besaß eine hohe Symbolkraft, war die Taufe doch nach der Lehre des Paulus ein geheimnisvoller Vorgang, bei dem der Gläubige den Tod und die Auferstehung Christi an sich selbst nachvollzog. Und wo konnte dies sinnfälliger erlebt werden als an den Orten seiner Kreuzigung und seiner Grablegung?

In der Osternacht versammelten sich die Täuflinge vor dem Taufhaus. Damals hatte nur der Bischof das Recht zu taufen. Folglich hatten nur die Bischofskirchen ein Baptisterium. In Jerusalem muss es nördlich an den eigentlichen Anastasis-Komplex angegrenzt haben. Es dürfte kein besonders aufwendiges, sondern ein schlichtes quadratisches Gebäude gewesen sein. In seiner Mitte wird sich ein etwa hüfttiefes Becken befunden haben. Von diesem Baptisterium ist nichts erhalten. Schon im 5. Jahrhundert wurden diese gesonderten Taufhäuser nicht mehr genutzt. Denn in der sich entfaltenden Staatskirche ersetzte zunehmend die Kinder- die Erwachsenentaufe. Für diese brauchte man keine eigenen Gebäude mit großen Becken mehr. Ein Taufstein im Eingangsbereich des Kirchgebäudes genügte. Erst als im Zuge der Reformation die Kindertaufe von radikalen Protestanten in Frage gestellt und die Erwachsenentaufe wieder eingeführt wurde, kam es zu einer Neuauflage der antiken Taufbecken. Sie wurden von den «Wiedertäufern» aber im Gottesdienstraum selbst, meist hinter dem Altar, eingebaut.

Die Täuflinge wurden zunächst in die Vorhalle des Baptisterium geführt und mit dem Gesicht nach Wesen aufgestellt, dem Land der Finsternis zu. Sie mussten nun die Hand ausstrecken und dem Teufel, so als wäre er tatsächlich anwesend, zurufen: «Ich sage dir ab, Satan, und allen deinen Werken und allem deinem Tross und allem deinem Dienst.» Hatten sie dem Teufel abgeschworen, wandten sie sich nach Osten, dem Licht zu, und bekannten: «Ich glaube an den Vater und an den Sohn und an den Heiligen Geist und an eine Taufe der Buße.» Nun öffnete sich die Tür des Baptisteriums. Die Täuflinge entkleideten sich. Von Kopf bis Fuß wurden sie mit geweihtem Öl gesalbt. Einzeln stiegen sie nacheinander in das Taufbecken und wurden drei Mal mit Wasser übergossen. Wie Neugeborene stiegen die Getauften aus dem Becken und wurden an Stirn, Ohren, Nase und Brust gesalbt. Jetzt waren sie im Wortsinne «Christen», das heißt «Gesalbte». Sie legten weiße Kleider an, die sie die ganze kommende Woche tragen sollten. Denn sie hatten soeben Christus «angezogen» wie ein neues Gewand. Anschließend gingen sie zum Bischof in die Anastasis. Dort am Ort der Auferstehung betete er für sie. Hatten sie sich so am eigenen Leib und eigener Seele den Tod und die Auferstehung Christi vergegenwärtigt, zogen sie zur Basilika, um dort mit der ganzen Gemeinde die Osternachtsliturgie zu feiern. Zum ersten Mal empfingen sie das heilige Abendmahl. Jetzt wurden sie nicht mehr hinausgeschickt. Jetzt gehörten sie zum neuen Gottesvolk.

Kaiser Konstantin übrigens wurde erst kurz vor seinem Tod getauft. Er hatte die Taufe sein Leben lang hinausgezögert. Denn wie viele Fromme damals glaubte er, dass die Sündenvergebung, welche die Taufe schenkte, nicht wiederholbar wäre. Wenn ein Getaufter also erneut Schuld auf sich laden würde, hätte er kaum noch eine Chance, vor Gott Gnade zu finden. Denn das Institut der Buße, das es dem getauften Sünder ermöglichte, seine Schuld beim Priester abladen und wieder neu zu beginnen, sollte erst im Mittelalter voll ausgebildet werden. Darum schoben viele, die durch ihren Stand und Beruf in der Gefahr schwebten, sich zu verunreinigen oder Gewalt auszuüben, die Taufe bis an ihr Lebensende auf. Streng genommen hätte Konstantin also in keiner der neuen Kirchen, die er hatte bauen lassen, am Eucharistie-Gottesdienst teilnehmen dürfen – wenn er nicht eben der Kaiser gewesen wäre.

Die ersten «richtigen» Kirchen

Die Basilika, welche das Konstantinische Christentum geschaffen hatte, sollte eines der wichtigsten Grundmodelle des Kirchenbaus werden. Es prägte die christliche Architektur bis in die frühe Neuzeit hinein. Große, großartige Kirchen wie San Giovanni in Laterano, die ursprüngliche Peterskirche oder San Paolo fuori le Mura in Rom zeugen von seiner Herrlichkeit.

Mindestens ebenso beeindruckend wie die architektonische Gestaltungsidee selbst waren der Wille und die Fähigkeit des Konstantinischen Christentums überhaupt, repräsentative Kirchen zu bauen. In vielem scheint – von heute aus betrachtet – die Wende hin zur Staatskirche als problematisch, auch wenn sie unter den damaligen Umständen ohne Alternative gewesen ist. Es wäre in der Antike undenkbar gewesen, Staat und Religion so voneinander zu unterscheiden, wie es heute in Westeuropa und Nordamerika üblich ist. Wenn das Christentum also tatsächlich Weltreligion sein und dem eigenen Missionsauftrag gerecht werden wollte, blieb ihm kaum etwas anderes übrig, als zur Religion des römischen Weltreichs zu werden. Natürlich hatte dies fatale Folgen. Der christliche Glaube wurde von der Obrigkeit funktionalisiert und war keine Sache einer freien Gewissensentscheidung mehr. Architektonisch gesehen aber war die Konstantinische Wende ein Segen.

Denn erst unter Konstantin entstand das, was wir heute als «richtige Kirchen» betrachten, also monumentale Sakralarchitekturen, ebenso schöne wie heilige Räume, die eine Aura besitzen, Ehrfurcht auslösen und Schaulust bereiten. Solche Kirchen repräsentieren etwas, das auf wunderbare Weise nutzlos ist. Sie zeugen davon, dass der christliche Glaube dafür einsteht, dass das Leben nicht in alltäglichen Funktionen und pragmatischem Handeln aufgeht, sondern dass das, was das Leben eigentlich wertvoll und kostbar macht, etwas überschwenglich Zweckfreies ist. Heutzutage, da die Lebenswelt weitgehend in ökonomischen, technischen und bürokratischen Funktionszusammenhängen aufgeht, suchen selbst unreligiöse Menschen diese «richtigen Kirchen» auf, weil sie einen zweckfreien Raum darstellen, reine Sehnsuchtsorte der Freiheit sind, Fluchtasyle, in denen die im stählernen Gehäuse der modernen Wirtschaftswelt eingeengte Seele aufatmen kann.

Diese Art von Sakralarchitektur wird heute von vielen Zeitgenossen geliebt und genossen, weil sie ein Gegenbild zur normierten, funktionalen Bauweise der

Moderne – all den Doppelhaushälften, Kaufhäusern, Flughäfen und Bürotürmen – darstellt. Aber die Voraussetzungen, die diese Kirchenbauten erst möglich gemacht haben, dürften ihnen aus guten Gründen zuwider sein. Denn die Staats- und Kleruskirche, die diese Gebäude geschaffen hat, ist eines der größten Hindernisse einer freien Kultur gewesen. Darum war das Ende der Staatskirche, die Trennung von Staat und die Kirche, die politische Entmachtung der Kirche und ihre Umwandlung in eine Institution der Freiwilligkeit eine der größten Errungenschaften der europäischen Neuzeit.

Doch zugleich muss man fragen, ob die europäische Neuzeit ähnlich grandiose und überzeugende Kirchenbauten geschaffen hat wie die vormoderne Staatskirche. Seltsam, obwohl diese Art von Kirche längst überwunden ist, prägen die Gebäude, die sie geschaffen hat, noch immer das innere Bild, das sich Zeitgenossen von einer «richtigen Kirche» machen. Wenn nicht alles täuscht, nimmt diese Zuneigung zu den alten Kirchengebäuden gegenwärtig sogar noch zu. Denn endlich kann man sie betreten und genießen, ohne Angst zu haben. Sie sind keine klerikalen Herrschaftszentralen mehr. Die Priester und Pastoren, die hier arbeiten, verfügen über keinerlei Macht. Den Gemeinden, die sich hier versammeln, kann man beitreten oder fernbleiben, wie man selbst möchte. Aller politischen und sozialen Gewalt beraubt, kann man die alten Kirchen nutzen, wie man mag, und in ihnen finden, was man nötig hat, zum Beispiel eine Gegenwelt zum kapitalistischen Produktions- und Konsumbetrieb, eine freie Fläche der ästhetischen Freude und der seelischen Erhebung.

Die Hagia Sophia

3. Die Hagia Sophia

und die Kirchen des Ostens

Phönix aus der Asche

«Nika! Nika!», schrie die zornige Menge. «Siege! Siege!» Schon seit Tagen erfüllte ihr Kampfruf die Hauptstadt. Konstantinopel war in Aufruhr, das Volk nicht mehr zu halten. Besonders die «Blauen» und die «Grünen» wurden gefährlich. So nannten sich die beiden Zirkusparteien, antike Vorläufer der modernen Fußball-Hooligans. Gerade sie hatte Kaiser Justinian gegen sich aufgebracht. Sie waren gewaltbereit, zudem gut organisiert und politisch gesteuert, so dass sich ihr kollektiver Wutausbruch schnell zu einer Revolte gegen den Kaiser auswuchs.

Das Römische Reich – besser gesagt der östliche Teil, der sich gegen den Ansturm der Barbaren gehalten hatte – hatte schon viele Unruhen überstanden. Aber der Nika-Aufstand des Jahres 532 stellte sie alle in den Schatten. Schon lange war das Volk mit Justinians harter Herrschaft unzufrieden gewesen. Um seine Kriege zu bezahlen, hatte er den Bürgern schwere Steuerlasten aufgeladen. Zum offenen Widerstand kam es, als Justinian es wagte, gegen die übermächtigen Zirkusparteien vorzugehen. Gleich mehrere führende Zirkus-Hooligans wollte er hinrichten lassen. Doch bei zweien misslang die Exekution. Das Volk

> Die Hagia Sophia erscheint wie ein kleines Gebirge, zusammengesetzt aus Kuppeln verschiedener Größe. Die Minarette, die später von den muslimischen Eroberern hinzugefügt wurden, sollte man sich wegdenken.

sah darin ein Gotteszeichen. Es war verhängnisvoll, dass diese versehentlich Nicht-Hingerichteten je einer der beiden Zirkusparteien angehörten. Denn nun verbündeten sich die ansonsten verfeindeten «Blauen» und «Grünen». Es brodelte in der Metropole. Zwar fanden drei Tage später die seit langem angesetzten Zirkusspiele statt, aber diesmal interessierte sich die im Hippodrom versammelte Menge wenig für das sportliche Geschehen. Mit lauten Rufen forderte sie vom Kaiser die Freilassung der Gefangenen. Aber Justinian verweigerte ihnen eine Antwort. Dieses Schweigen ließ die Menge einen Schritt weiter gehen. Sie ließ die

Zirkusparteien hochleben – eine direkte Provokation des Kaisers. «Den die Menschen liebenden Blauen und Grünen viele Jahre!» Die «Blauen» und «Grünen» hörten den Ruf und entfachten gemeinsam einen Aufruhr. Der Ruf «Nika!» diente ihnen dabei als Kennwort und gegenseitige Anfeuerung. Soldaten wurden angegriffen, öffentliche Gebäude in Brand gesteckt. Das massive Vorgehen der Sicherheitskräfte brachte ebenso wenig eine Beruhigung wie die Erfüllung einiger ihrer Forderungen. Sogar Teile des kaiserlichen Palastviertels wurden in Brand gesetzt.

Die Aufständischen schreckten nicht einmal davor zurück, die größte Kirche Konstantinopels, die Hagia Sophia, anzuzünden. Doch selbst diese Blasphemie war, so skandalös sie auch wirkte, eine Wiederholungstat. Denn die Hagia Sophia war 415, also etwas mehr als einhundert Jahre zuvor, am Ort der ebenfalls niedergebrannten «Megale Ekklesia», der Großen Kirche, errichtet worden. Diese war noch von Konstantin selbst geplant sowie von seinem Sohn und Nachfolger Konstantius gebaut worden. Im Jahr 360 hatte man die Weihe der «Megale Ekklesia» gefeiert. Doch bei Unruhen war sie in Brand gesteckt und völlig zerstört worden. Nun also hatte es auch ihre Nachfolgerin, die «Heilige Weisheit», getroffen. Und dies war kein Zufall. Vielmehr war der wiederholte Angriff auf die zentrale Kirche der Hauptstadt ein direkter Angriff auf denjenigen, der die politische und religiöse Ordnung des Reiches symbolisierte, den Kaiser.

Es war nur folgerichtig, dass die Aufrührer versuchten, Justinian durch einen Gegenkaiser zu ersetzen. Doch Justinian hatte treue Truppen auf seiner Seite. Nur konnten diese sich im Straßenkampf nicht entscheidend durchsetzen. Darum ließ er das Volk unter der Zusicherung von Straffreiheit ins Hippodrom rufen. Als sich die Menge dort versammelt hatte, rückten kaisertreue Truppen mit gezückten Schwertern ein. Ihr Morden und die einsetzende Panik sollen etwa 30 000 Menschen das Leben gekostet haben. Der Nika-Aufstand nahm ein schreckliches Ende. Es ist schwer, sich dies im einzelnen vorzustellen. Assoziationen an Massenmorde unserer Zeit wie in Ruanda stellen sich ein. So viele tote Menschen – im Hippodrom, auf den Straßen und öffentlichen Plätzen. Wie mögen die ungezählten Todesschreie und Wehklagen geklungen haben? Wie wird es gerochen haben, bei all den Bränden und der einsetzenden Verwesung? Und welche Gefühle wird die Stille ausgelöst haben, die nach dem Morden eintrat?

Der zweite Bewahrer von Reich und Kirche, ein harter Herrscher und begeisterter Kirchenbauer: Kaiser Justinian (ca. 482 bis 565). Von links nähert er sich Maria und dem Christuskind mit einem Modell der Hagia Sophia. Auf der rechten Seite sein Vorgänger im Geiste, Konstantin der Große.

Die Hagia Sophia

Die Katastrophe wurde zur Voraussetzung einer grandiosen Neuschöpfung. Der Brand der Kathedrale war Anlass für den Bau einer weitaus schöneren Kirche. Das erinnert an den Sagenvogel Phönix, der in regelmäßigen Abständen verbrennt, um dann wie neu geboren aus seiner Asche emporzusteigen. Doch damit die Hagia Sophia dieses mythologische Muster nachvollziehen konnte, bedurfte es erheblicher Anstrengungen Justinians, der sich darin als – ja, doch – ein großer Kaiser erwies.

Justinian (482 bis 565) wurde nicht nur «der Große» genannt. Ein anderes Attribut war «der schlaflose Kaiser». In seiner unvorstellbar langen, fast vierzig Jahre dauernden Regierungszeit (527 bis 565) gönnte er sich kaum Ruhe, stand er doch vor immensen Aufgaben. Der westliche Teil des Römischen Reiches war zum Ende des 5. Jahrhunderts in den Strudeln der Völkerwanderung untergegangen. Ostrom hatte überlebt, weil es wirtschaftlich stabiler, dichter besiedelt, besser organisiert und militärisch erfolgreicher geführt wurde. Diese Stärken gaben Justinian die Chance, eine Generation nach der «Schlacht um Rom» westliche Reichsteile zurückzuerobern. Dem Ziel einer «Restauratio Imperii», einer Wiederherstellung des Reiches, kam er sehr nahe, als er den Vandalen Nordafrika und den Ostgoten Italien entriss. Da er sich aber zugleich im Osten der Perser und auf dem Balkan der Awaren, Slawen und Hunnen erwehren musste, überdehnte er auf die Dauer die wirtschaftlichen und militärischen Möglichkeiten seines Reiches. Als weitere Belastungen kamen wiederholt Seuchen und Hungersnöte hinzu. Dennoch gelang es Justinian, sein Reich zu erweitern und zu festigen. Das Klischee vom Niedergang des Römischen Reichs, von spätantiker Dekadenz und innerer Auszehrung trifft auf das Ostrom Justinians nicht zu. Sein Reich war stark und stabil, und zwar nicht allein wegen seiner militärischen Kraft. Zu seinen bedeutendsten Leistungen gehört das «Corpus Iuris Civilis», die Sammlung und Systematisierung des römischen Rechts. Natürlich erscheint Justinian, von heute aus betrachtet, als ein Gewaltherrscher und sein Reich nicht eben als Rechtsstaat. Aber dieser Codex gab dem gesellschaftlichen Leben und der kaiserlichen Herrschaft einen rechtlichen Rahmen und richtete das Reich auf eine Rechtsidee aus. Verglichen damit wirken die Feinde Ostroms, die Perser, Germanen oder Hunnen, nur wie riesige Räuberbanden.

Parallel zu dieser rechtlichen Ordnung versuchte Justinian seinem Reich eine religiöse Legitimität zu geben. Er verstand sich als christlicher Herrscher, der einem göttlichen Auftrag gehorchte, eine universale Idee vertrat und eine moralische Verpflichtung hatte. Sein Reich war nicht nur von dieser Welt. Es sollte ein Friedensreich sein, in dem sich – wenn auch verzerrt – der Friede Gottes widerspiegelte. Dies war keine nur übergestülpte Ideologie. Justinian war ein sehr glaubenstreuer Mann. Beides, sein religionspolitisches Programm wie seine persönliche Frömmigkeit, führte dazu, dass für ihn – mehr noch als für Konstantin – der Kirchenbau der Inbegriff kaiserlichen Bauens war, Herrschaftszeichen und Glaubensmonument in einem. Zudem muss Justinian, obwohl selbst ein sehr hässlicher Mensch, einen ausgeprägten ästhetischen Sinn besessen haben. Das zeigte nicht nur die Wahl seine Ehefrau, der legendär schönen Theodora, einer ehemaligen Tänzerin und Zirkusartistin. Das zeigen vor allem seine Kirchenbauten, ganz besonders die Hagia Sophia von Konstantinopel. Sie war schlicht ein Weltwunder. Wer sich in ihre Geschichte versenkt, erahnt etwas von der herrlichen Weisheit Gottes, dem ersten Prinzip der Schöpfung und dem eigentlichen Geheimnis der Welt.

Aber wie hat dieser Neubau damals auf das Volk von Konstantinopel gewirkt? Wohl kaum als ein Zeichen des Friedens und der Versöhnung, eher als Triumphmal einer weltlich-geistlichen Herrschaft, deren Härte es eben erst zu spüren bekommen hatte. Die Schönheit dieser Kirche wird die Erinnerung an den Brand der alten Kathedrale und an die vielen Toten nicht überstrahlt haben. Der Respekt vor der Leistung ihres Bauherrn dürfte die Angst vor dem harten Herrscher wenig gemildert haben. Wahrscheinlich aber wird sie auch die Hinterbliebenen überwältigt haben. Und in dieser Überwältigung dürfte Verschiedenes zusammengeklungen haben: die Furcht vor einer unüberwindlichen Macht, zitternde Ehrfurcht, aber vielleicht auch das Ergriffensein von unfassbarer Schönheit.

Das Schicksal eines jeden Gebäudes entscheidet sich an seinem Fundament, besonders wenn es – wie die Hagia Sophia – in einem Erdbebengebiet steht. Alles, was vor Augen steht, hängt letztlich von dem ab, was man nicht sehen kann: dem Untergrund. Deshalb hatte schon Jesus seinen Jüngern empfohlen, ihr Lebenshaus nicht auf Sand, sondern auf Fels zu bauen. Der härteste Fels aber ist das Wort Gottes, seine heilige Weisheit. Wer sich darauf gründet, den wird kein Sturm fortwehen. Was für das Leben der Christen gilt, trifft auch auf ihre großen Sakralbauten zu. Auch sie brauchen ein festes Fundament. Die Hagia Sophia steht nun im Wortsinne auf Felsen. Das ersparte aufwendige Planierungsarbeiten. Doch neben dem geologischen Untergrund braucht eine solche Kirche noch andere Fundamente, vor allem eine geistliche Grundlage, die sich zusammensetzt aus einer klaren Glaubenslehre, einer festen Gottesdienstordnung und einem starken kirchlichen Amt. Dies wurde ergänzt durch einen weltlichen Unterbau, der wiederum aus verschiedenen Schichten besteht, nämlich der Einbindung in eine politische Ordnung, den materiellen Zuwendungen der Obrigkeit, aber auch dem Zugriff auf eine leistungsfähige Technik und viele gut ausgebildete Arbeiter. Doch im Fall der Hagia Sophia – und das sollte nicht vergessen werden – war dieser weltliche Unterbau kontaminiert: ein Stück verbrannte Erde, durchtränkt von Blut und Tränen. Dennoch stand diese Kirche fest, hielt schwersten Stürmen stand, überlebte viele Katastrophen und strahlt weit aus, bis heute.

Die Idee der Hagia Sophia und ihre Verwirklichung

Die Baugeschichte der Hagia Sophia nachzuerzählen, ist kein leichtes Unterfangen. Denn der erste Bau ist längst verloren. Die heutige Hagia Sophia ist das Ergebnis verschiedenster Rekonstruktionen und Restaurationen. Zum Glück hat der Hofhistoriker Prokopios von Caesarea einen ausführlichen und plastischen Bericht verfasst, der die Grundzüge des ursprünglichen Baus sichtbar macht.

Die Hagia Sophia war etwas epochal Neues. Mit ihr begann plötzlich eine andere Zeit. Im Westen dominierte immer noch die Basilika, der Längsbau, der bis ins Mittelalter und weit darüber hinaus das Grundmodell des Sakralbaus darstellen sollte. Selbst so innovative Stile wie die Romanik und die Gotik blieben der Basilika verpflichtet. Dem stellte die Hagia Sophia eine Alternative entgegen. Das Neue war dabei nicht die Erfindung eines gänzlich unbekannten Gebäudetyps. Auch die Hagia Sophia folgt insofern der Grundidee der Basilika, als sie ein nach vorn zum Altar ausgerichteter, hallenartiger Längsbau ist. Indem sie aber ein einzelnes Bauelement hervorhebt und fast ins Unermessliche steigert, entsteht etwas Neues. Die innovative Idee der Hagia Sophia ist die gewaltige Kuppel, die den gesamten Kirchenraum beherrscht, die Aufmerksamkeit vom Altar abzieht, das Gewicht des Baus in die Mitte verlagert und die Blicke nach oben lenkt. Diese Kuppel verändert die gesamte architektonische Struktur und eröffnet den Weg zu einem neuen Gebäudetyp, dem Zentralbau. Dieser sollte für die Kirchen des Ostens prägend werden. Ohne es zu wollen, bereitete die Hagia Sophia architektonisch die Trennung der westlichen und der östlichen Christenheit vor, die fünfhundert Jahre später im Kirchen-Schisma von 1054 auch theologisch und kirchenrechtlich vollzogen werden sollte.

Die neue Bauidee der Hagia Sophia hatte keine nennenswerten Vorläufer. Sie greift auf keine etablierten Vorbilder zurück. Zwar kannte man in der Spätantike größere Kuppeln etwa vom römischen Pantheon her sowie die verschiedensten Zentralbauten von Grabmälern, Bädern, Gartenhäusern und vor allem von Martyrien. Aber die Hagia Sophia war kein Martyrion, sie beherbergte kein Heiligengrab und markierte keinen Ort der Heilsgeschichte. Konstantinopel war ja im Unterschied zu Jerusalem oder Rom keine heilige Stadt. Die Hagia Sophia ist also nicht aus einer längeren Entwicklungsgeschichte organisch erwachsen, sondern verdankt sich dem individuellen Einfall und der spontanen Entscheidung sehr weniger Menschen, nämlich des Kaisers und seiner beiden Baumeister. Sie ist etwas ganz Neues. Das ist deshalb bemerkenswert, weil sie zum architektonischen Leitbild der orthodoxen Kirchen wurde, welche sich selbst als besonders traditionstreu verstehen und Neuerungen grundsätzlich mit Skepsis begegnen.

Überhaupt ging bei der Hagia Sophia alles sehr schnell. Schon vierzig Tage nach der Brandstiftung wurde mit dem Neubau begonnen. Justinian hatte dafür zwei Baumeister engagiert, Anthemios von Tralles und Isidoros von Milet. Beide waren Architekten neuen Typs, nämlich akademische Statiker, Physiker und Mathematiker, also eher Gelehrte als handfeste Baumeister. Auch wenn die damaligen Berufsbezeichnungen nur bedingt aussagekräftig sind, scheinen Anthemios und Isidoros vor allem konzeptionelle Gedanken mitgebracht und das Handwerkliche erst beim Bauen gelernt zu haben. Der Historiker Prokopios beschreibt es so:

> Der Kaiser nun scheute keine Ausgaben, er machte sich mit allem Eifer ans Werk und berief sämtliche Fachleute aus der ganzen Welt. Anthemios von Tralles, mit Abstand der glänzendste Ingenieur nicht nur der Gegenwart, sondern auch der Vergangenheit, unterstützte den kaiserlichen Eifer, indem er den Bauleuten ihre Aufgaben zuwies und die Pläne für die neuen Schöpfungen entwarf; mit ihm arbeitete zusammen ein weiterer Ingenieur namens Isidoros von Milet, auch sonst ein kluger Kopf und wert, einem Kaiser Justinian zu dienen. Es war aber auch dies ein Zeichen der Gnade Gottes für unseren Kaiser, dass er ihm die zu seinen Unternehmungen geeignetsten Männer an die Hand gab. Und auch die Klugheit des Kaisers selbst dürfte natürlich Bewunderung finden, deshalb weil er aus der ganzen Menschenschar die passendsten Helfer für die wichtigsten Werke auszuwählen verstand.

Es ist nicht überliefert, wie die eingesessenen Baumeister auf diese Berufungen reagierten. Aber sie dürften die Stirn gerunzelt haben, als sie sahen, gegen wie viele Erfahrungsregeln die beiden Quereinsteiger verstießen, um ein architektonisch ganz neuartiges Gebäude zu errichten, das die bedeutendste Kirche der Orthodoxie werden sollte. Denn nach ihrem Kenntnisstand musste die Kuppel einstürzen, gingen Anthemios und Isidoros doch an die Grenzen des damals für möglich Gehaltenen und darüber hinaus. Justinian ging ein hohes Risiko ein.

Damit dieses Bauvorhaben in kürzester Zeit vollendet werden konnte, ließ Justinian aus dem ganzen Reich kostbare Materialien herbeischaffen: Säulen, Marmor und unterschiedlichste Spolien, also Bauteile und Skulpturreste aus früheren Tempeln. Das meiste kam aus dem östlichen Mittelmeerraum, manches aber sogar von fernen Atlantikküsten. Ein Heer von Arbeitern wurde angeheuert. Sie mussten eingeteilt und mit genauen Aufträgen versehen werden. Es erwies sich als sinnvoll, zwei Teams von je fünftausend Arbeitern zu bilden, die von jeweils fünfzig Meistern angeleitet wurden und die die beiden Seiten wie in einem Wettstreit hochzogen. Der Bau der Hagia Sophia war nicht nur eine architektonische, sondern auch eine organisatorische Meisterleistung. In der unglaublich kurzen Zeit von sechs Jahren, zwischen 532 bis 537, wurde das Werk geschaffen.

Normalerweise brauchte man in vormodernen Epochen für Gebäude dieser

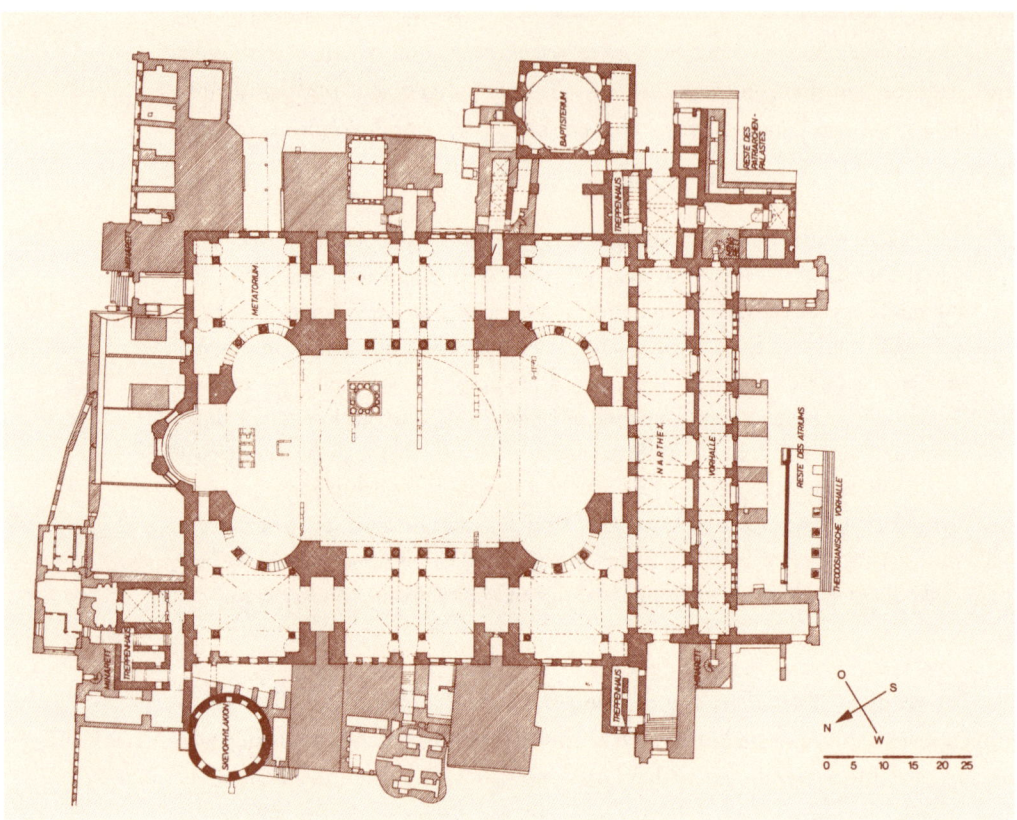

Art eine Bauzeit von mehr als einer Generation. Zum Vergleich: Die Kathedrale von Chartres wurde in zweiunddreißig Jahren gebaut, die Kathedrale von Salisbury benötigte sogar vierzig Jahre. Grund für diese Langsamkeit waren zum einen die eingeschränkten technischen Möglichkeiten, das Fehlen moderner Baumaschinen und Baumaterialien. Noch entscheidender aber war die Knappheit der finanziellen Mittel. Die Bauarbeiten mussten immer wieder für lange Zeit unterbrochen werden, weil das nötige Geld fehlte. Dass die Hagia Sophia so schnell hochgezogen werden konnte, lag vor allem daran, dass der Kaiser sein ganzes Reich für diesen Kirchenbau heranzog. Ein Historiker hat einmal versucht, die tatsächlichen Kosten zu überschlagen. Er kam auf eine Summe von umgerechnet 150 Millionen Dollar, die Justinian auf einen Schlag bereitstellte. Heute wäre dies etwa dreimal so viel, also 450 Millionen Dollar.

Die Grundidee der Hagia Sophia war vergleichsweise einfach. Sie bildet im Grundriss ein Rechteck von 70 mal 75 Metern, also etwa von der Größe eines

Die Hagia Sophia

heutigen Fußballfeldes. Über ihrer Mitte erhebt sich, getragen von vier riesigen Pfeilern, in etwa 56 Meter Höhe eine Kuppel von 31 Meter Durchmesser. Im Westen und Osten kommen weitere, deutlich kleinere Halbkuppeln hinzu. Wie bei der Basilika schließen an den Mittelraum Seitenschiffe mit Emporen an. Zwei Vorhallen im Westen öffnen den Weg in die Kirche. Doch diese nüchterne Aufzählung gibt nicht den Eindruck wieder, den vor allem die Kuppel hervorgerufen hat. Ihn schildert Prokopios:

> So bietet die Kirche den herrlichsten Anblick, überwältigend für den Betrachter, für diejenigen, die nur davon hören, ein Gegenstand ungläubigen Staunens; steigt doch das Gotteshaus fast zu himmlischer Höhe empor, und indem es sich wie von den übrigen Bauwerken fortschwebend löst, grüßt es von oben die übrige Stadt. Die Hagia Sophia ist deren Schmuck, da sie ihr zugehört, wird aber selbst auch von ihr verschönt, weil sie als Teil der Stadt und stolzer Höhepunkt so weit emporragt, dass man diese von hier wie von einer Warte aus überschauen kann. … Ihre Breite und Länge sind wohl aufeinander abgestimmt; man wird daher deren riesige Ausmaße nicht als störend bezeichnen können. In unaussprechlicher Schönheit bietet sie sich dar. Denn Glanz und Harmonie der Maße schmücken sie, kein Zuviel und kein Zuwenig ist an ihr festzustellen, da sie prunkvoller als das Gewohnte und zuchtvoller als das Maßlose ist; an Licht und Sonnengefunkel aber hat sie Überfluss. Man könnte nämlich meinen, der Innenraum werde nicht von außen her durch die Sonne erleuchtet, sondern empfange seine Helligkeit von sich aus, eine solche Lichtfülle ist über das Heiligtum ausgegossen.

Die Hagia Sophia ist schön. Aber diese Schönheit schenkt dem Betrachter keinen bloßen Schaugenuss, sondern raubt ihm den Atem. Diese Kirche ist bezaubernd und überwältigend. Sie löst Staunen aus, aber auch Schwindel. Sie weckt Ehrfurcht, das heißt sie erhebt in himmlische Sphären und flößt zugleich Furcht vor dem Heiligen ein. Diese doppelte Wirkung ist vor allem der Kuppel geschuldet – ihrer schieren Größe, aber auch ihrer besonderen Konstruktion. Denn sie scheint ohne Stützen auszukommen. Das ist natürlich nicht der Fall, nur sind die Stützen auf die Außenseite verlegt. Die Kuppel ruht nach Osten und Westen auf Halbkuppeln auf, die sich zu Apsen öffnen. Die übergroße Last der Kuppel wird von massiven äußeren Strebepfeilern getragen. Doch diese sind vom Innenraum aus nicht zu sehen. Zu sehen ist allein

> Das Revolutionäre ist manchmal das Einfache, die radikale Konzentration auf eine einzige Idee. Dies ist bei der Hagia Sophia die große, zentrale Kuppel. Sie erhebt sich über einem rechteckigen Grundfeld, an das sich die weiteren Gebäudeteile anlagern.

die immense Kuppel und der Kranz aus Fenstern, der ihren Fuß bildet und durch den das Sonnenlicht hereinströmt. Diese Fenster erwecken den Eindruck, als leuchte die Kirche aus sich selbst, als bilde sie die Sonne der göttlichen Weisheit ab, als schwebe sie auf einer Wolke von Licht. Prokopios schildert es so:

Die Hagia Sophia

Die riesige halbkugelige Kuppel ist wunderbar anzuschauen. Sie scheint gar nicht auf einem festen Unterbau aufzusitzen, sondern als goldene Kugel vom Himmel herabhängend den Raum zu überdecken. All das ist doch in der Luft scheinbar wider alle Vernunft zur Einheit zusammengefügt, hält sich gegenseitig in der Schwebe, indem es allein sich auf das nächste stützt, bewirkt eine einzige und außerordentliche Harmonie des Werks, lässt aber den Blick des Beschauers nicht lange bei Einzelheiten verweilen, sondern zieht das Auge immer wieder anderswohin, um es schließlich auf dasselbe zurückzuführen.

Wie Anthemios und Isidoros dies erreicht haben, wie sie auf diese Idee gekommen sind, wie sie die technischen Voraussetzungen dafür geschaffen, wie sie geplant und geprobt, gerechnet und gebaut haben, wie sie die unglaublichen Massen dieser Kuppel scheinbar widernatürlich in den Himmel gehoben haben, ist nicht mehr zu erfahren. Prokopios schreibt nur:

> Gaspare Fossati war nicht nur – gemeinsam mit seinem Bruder Giuseppe – der wichtigste moderne Restaurator der Hagia Sophia. Mit seinen Lithographien hat er auch das kanonische Bild dieser Kirche geschaffen. Hier ein Blick in das Innere nach Osten aus dem Jahr 1852.

> Mit vielen Kunstgriffen haben Kaiser Justinian und der Techniker Anthemios samt dem erwähnten Isidoros so erreicht, dass der Kirchenbau zugleich schwebt und auf gesicherter Grundlage ruht.

Im Vergleich zur Herrlichkeit der architektonischen Grundidee war die künstlerische Innenausgestaltung der Hagia Sophia zunächst bescheiden. Wahrscheinlich gab es keine gegenständlichen Wandmosaike, sondern nur Kreuze und Ornamente. Diese aber waren aus wertvollsten Materialien. Prokopios schreibt:

> Reines Gold überzieht die ganze Decke, auf der sich Prunk und Schönheit vermählen, es überstrahlt aber der aus den Steinen kommende Glanz den des Goldes. … Was außerdem Kaiser Justinian in dieser Kirche alles an goldenen, silbernen und aus wertvollen Edelsteinen gefertigten Kostbarkeiten weihte, lässt sich nicht genau aufzählen; nur an einer einzigen Tatsache sollen es meine Leser ermessen. … Für das Allerheiligste in der Kirche, das allein die Priester betreten dürfen, den sogenannten Opferaltar, sind 40 000 Pfund Silber verwendet.

Das ursprüngliche Fehlen von Bildern dürfte den herrlichen Gesamteindruck verstärkt haben. Hier wirkt allein der Raum. Seine von Licht durchflutete

Leere, die Höhe und Weite der Kuppel schaffen einen Eindruck von Unendlichkeit – so als schwebe der Himmel auf die Besucher herab. Auf den ersten Blick können sie den Raum nicht ganz erfassen. Denn er präsentiert sich ihnen nur in Teilperspektiven und Ausschnitten. Man muss bedenken, dass die gewöhnlichen Christen damals nur die Seitenschiffe und Emporen betreten durften. Sie konnten sich in der Hagia Sophia nicht – wie moderne Museumsbesucher – frei bewegen. Dies aber wird bei ihnen das Gefühl der Unermesslichkeit nur verstärkt haben. Mit diesem Gebäude ist man so bald nicht fertig. Oder, wie Prokopios es ausdrückt:

> Wenn einer das Heiligtum zum Beten betritt, so wird ihm alsbald bewusst, dass nicht menschliche Kraft oder Kunst, sondern Gottes Hilfe dieses Werk gestaltet hat; sein Sinn aber erhebt sich zu Gott und wandelt in der Höhe und glaubt daran, dass der Herr nicht ferne ist, sondern am liebsten in den Räumen weilt, die er sich selbst ausgewählt hat. Und dies ist der Eindruck nicht nur beim ersten Anblick, sondern er widerfährt gleichermaßen jedem Menschen zu jeder Zeit, gleich als beginne das Schauen immer wieder von neuem… Noch niemand hat sich je an diesem Wunderwerke satt gesehen, im Gegenteil, während ihrer Anwesenheit im Heiligtum freuen sich die Menschen am Geschauten, beim Weggehen aber rühmen sie es in ihren Gesprächen.

Die äußere Wirkung der Hagia Sophia fällt dagegen ab. Zwar liegt die Kirche an einer exponierten Stelle. Auf einem Hügel erhebt sie sich weithin sichtbar über dem Marmarameer und markiert die Grenze zwischen Europa und Asien. Doch von außen betrachtet erscheint sie eher wie ein ungestalteter Berg, eine Wucherung aus Kuppeln, Stützmauern, Galerien und Anbauten. Keine Fassade, kein Turm – die Minarette sind späte, muslimische Zutaten – verkündet eine religiös-architektonische Botschaft. Die Botschaft dieses Gebäudes ist ganz im Innenraum verborgen.

Am 27. Januar 537 wurde die Hagia Sophia geweiht. Doch sie blieb ein ewiges Bauprojekt. Nach nur zwei Jahrzehnten, im Mai 558, stürzte die Kuppel ein. Der Kalkmörtel, der die Ziegelsteine der Stützmauern hielt, hatte sich verschoben. Vor allem aber war die Kuppel zu flach und darum ihr Seitenschub zu stark. Hinzu kamen Erdbeben. Die herrliche Kuppel brach ein. Als Justinian dies erfuhr, eilte er sofort herbei, ohne auf sein Gefolge zu warten, das sonst jeden seiner Schritte begleitete. Er untersuchte die Katastrophe und erteilte die nötigen

Befehle. Isidoros, ein Neffe des ersten Isidoros, leitete den Wiederaufbau. Er erhöhte den Scheitel der Kuppel um sieben Meter und verstärkte die Stützmauern sowie die Treppenhäuser im Norden und Süden. Wiederum nach nur fünf Jahren wurde die Hagia Sophia am Heiligabend 563 erneut geweiht.

Es folgten weitere geologisch und politisch bedingte Zerstörungen. Im Jahr 989 brachte wieder ein starkes Erdbeben Teile der Kuppel zum Einsturz – ebenso wie 1346. Zu besonders üblen Verwüstungen führte der 4. Kreuzzug. Die westeuropäischen Kreuzritter stürzten sich diesmal nicht auf das Heilige Land, sondern auf die Hauptstadt des christlichen Ostens. 1204 eroberten sie Byzanz, plünderten die Stadt und raubten dabei auch die Hagia Sophia aus. Ein Chronist berichtet:

> Was soll ich als erstes, was als letztes aufzählen von dem, was diese blutbesudelten Männer zu tun sich vermaßen? O welche Schändung, als sie die verehrten Ikonen zu Boden schleuderten, als sie die Reliquien derer, die für Christus gelitten, auf abscheuliche Orte warfen! Wovor einem schaudert, wenn man davon bloß hört, das musste man damals sehen: das göttliche Blut, ausgegossen auf die Erde, den Leib Christi, gestreut in den Staub! Diese Vorläufer und Vorboten des Antichrist, die damals schon die gotteslästerlichen Untaten verbrachen, die jener einst tun soll, raubten die wertvollen Gefäße und Behältnisse des Heiligen, zerbrachen sie und steckten sie in ihre Taschen oder stellten sie als Brotkörbe und Trinkbecher auf ihre eigenen Tische… Der Altartisch, aus lauter edlen, im Feuer aneinander gefügten Stoffen, ein einziger, vielfarbiger Gipfel der Schönheit, wurde von den Plünderern zerstückelt und verteilt.

Nachdem sie die Reichskirche geplündert hatten, führten die Kreuzritter in ihr die römisch-katholische Liturgie ein. Erst 1261 konnten die Einheimischen die Kirche für sich zurückgewinnen. Das Trauma aber, von den eigenen christlichen Brüdern bezwungen und geschändet worden zu sein, war fast noch größer als die Katastrophe der muslimischen Eroberung.

1453 konnte sich das dahingeschmolzene oströmische Restreich nicht mehr halten und musste sich den Osmanen geschlagen geben. Nach einer siebenwöchigen Belagerung nahm Sultan Mehmet II. die Stadt ein. Sein erster Gang führte ihn in die Hagia Sophia. Dort ließ er von der Kanzel aus das muslimische Glaubensbekenntnis verkünden, stieg dann selbst auf den Altar und sprach nach Mekka gewandt sein Gebet zu Allah. Er erlaubte die Plünderung der Kirche. Doch anders als bei anderen großen Kirchen befahl er nicht, sie zu zerstören und durch einen neuen Moscheebau zu ersetzen. Er tauschte lediglich die christlichen

Bilder und Symbole durch Koranverse und Ornamente aus und setzte als Zeichen seines Triumphs vier Minarette außen an den Bau. So wurde die größte christliche Kirche der Antike mit wenigen Veränderungen zur Moschee umfunktioniert.

Lange Zeit geschah wenig an der Hagia Sophia. Sie verfiel und wurde im westlichen Europa vergessen. Bis Mitte des 19. Jahrhunderts der junge Sultan Abdülmecid, ein kunstsinniger, aufgeschlossener Herrscher, beschloss, sie zu restaurieren. Es gab sehr viel zu tun. Unwetter hatten eines der Seitengewölbe einbrechen lassen. Wiederholte Erdbeben hatten die Auswärtsneigung der Seitenwände gefährlich verstärkt. Der Innenbau musste endlich gesichert werden. Auch war es dringend geboten, ihn zu reinigen, zu restaurieren und neu auszustatten. Schließlich sollten überflüssige Anbauten abgerissen werden. Der Auftrag für all diese Arbeiten ging nicht an einheimische Baumeister, sondern an die Schweizer Architekten Caspare und Guiseppe Fossati, die schon erfolgreich in der Türkei gebaut hatten. Nachdem der Sultan konservative Opponenten auf eine Pilgerreise nach Mekka geschickt hatte, begannen die beiden Brüder im Mai 1847. Schon zwei Jahre später konnte der Abschluss der Restauration feierlich begangen werden. Die Leistung der Fossati-Brüder erschöpfte sich nicht in einer architektonisch-denkmalpflegerischen Wiederherstellung eines antiken Bauwerks. Indem sie diesen Sakralbau vor dem Verfall bewahrten, brachten sie dem westlichen Europa seine architektonische und religiöse Bedeutung wieder zu Bewusstsein. Nicht zuletzt die Farblithographien von Caspare Fossati trugen dazu bei, dass das Bild dieses christlich-muslimischen Sakralbaus lebendig blieb.

Doch seine Tage als heiliger Raum waren gezählt. Nachdem Kemal Atatürk die Macht ergriffen, das Kalifat abgeschafft und die moderne, säkulare Türkei gegründet hatte, entwidmete er die Hagia Sophia. Seit 1934 ist sie nur noch ein Museum. Seither werden hier keine Gottesdienste mehr gefeiert, weder christliche noch muslimische. Ein trauriges Schicksal.

Große Einzüge

Ohne die Gottesdienste, die in ihr gefeiert wurden, ist die Hagia Sophia nicht zu verstehen. Sie war weit mehr als bloß eine architektonische Ausnahmeleistung, deren Wirkung sich in einem außergewöhnlichen Raumerlebnis, in der kurzfristigen ästhetischen Überwältigung ihrer Besucher erschöpfte. Sie war ein Gottesdiensthaus, ein liturgischer Ort. Auch wenn man es nicht mehr erleben kann, weil hier schon seit Jahrhunderten keine christlichen Gottesdienste mehr gefeiert werden dürfen, zeigt doch der Blick in die schriftlichen Überlieferungen, dass Architektur und Liturgie in der Hagia Sophia eine einzigartige Symbiose eingegangen sind. Dabei lässt sich nicht mehr klären, was zuerst da war – die architektonische oder die liturgische Idee. Man wird davon ausgehen müssen, dass sich beide gemeinsam, in intensiver Wechselwirkung, gebildet haben – ein Glücksfall, der einen Kirchenbau erst wirklich gelingen lässt.

Prozessionen hatte es in den Gottesdiensten der antiken Christenheit schon seit langem gegeben. So wurde das Abendmahl damit begonnen, dass die Gemeinde Brot und Wein in einem feierlichen Zug zum Altar brachte. Doch mit der Zeit wurde diese ehrenvolle Aufgabe der Gemeinde entzogen und den Priestern vorbehalten. Folglich – etwa seit dem beginnenden 5. Jahrhundert – wurde das Kirchenschiff, durch das diese Prozession verlief, für den Klerus reserviert und die Gemeinde an den Rand gedrängt. Das Kirchenschiff wurde dadurch als liturgischer Ort aufgewertet. Es war nun mehr als nur ein Raum, in dem die Gemeinde untergebracht wurde. Hier wurde der «Kleine Einzug» begangen, mit dem der Bischof zu Beginn des Gottesdienstes zum Altar geleitet wurde. Hier wurde der «Große Einzug» begangen, bei dem die sakramentalen Gaben zum Altar getragen wurden. Das Kirchenschiff blieb zwar die übrige Zeit des Gottesdienstes leer. Doch wenn in ihm etwas geschah, war es für die ganze Gemeinde gut sichtbar. Das war deshalb so wichtig, weil sich etwa gleichzeitig eine andere einschneidende Entwicklung vollzog: Der Altarbereich wurde immer stärker als ein Allerheiligstes verstanden, das man vor den Augen der Gemeinde schützen musste. Beides – die Aufwertung des Kirchenschiffs als Prozessionsort und die Verhüllung des Altarraums – verlagerte das Gewicht des Kirchraums von der Stirnseite im Osten in die Mitte. Diese Entwicklung, die sich im östlichen Mittelmeerraum angebahnt hatte, fand in der Hagia Sophia einen frühen, krönenden Abschluss.

Es fällt auf, dass Anthemios und Isidoros dem Altarraum erstaunlich wenig Aufmerksamkeit geschenkt haben. Natürlich hatten sie ihn eingeplant und ihn – wie es schon Tradition war – an der Ostseite in einer halbrunden Apsis verortet. Dort stand der Altar und waren die Sitze des Patriarchen und seiner Priester in einem Halbkreis angebracht. Ein Chorraum, der dem Rang des Hauptstadtklerus entsprochen hätte, hätte anders ausgesehen. Aber die geringe Ausgestaltung des Altarraums dürfte weniger Ausdruck der Bescheidenheit als Folge davon gewesen sein, dass als eigentlicher Ort der priesterlichen Darstellung nun das Kirchenschiff, genauer gesagt der Platz unter der Kuppel, vorgesehen war. Hier ist der Hauptschauplatz für das «geistige Theater» – wie der größte Prediger der Antike, Johannes Chrysostomos, den Gottesdienst bezeichnet hat.

Diese Verschiebung der räumlichen Gewichtung ist von hoher symbolischer Bedeutung. Der Kirchenraum war nicht mehr nach vorn, nach Osten hin orientiert. Er war nicht mehr «eschatologisch» gedacht, das heißt auf die «letzte Zeit» hin ausgerichtet, in der das Reich Gottes kommen soll. Vielmehr verkündigte er eine «präsentische» Theologie, nach der das Heil schon gekommen und das Reich Gottes «mitten unter uns» ist. So wie die Kuppel der Hagia Sophia den Himmel auf die Erde brachte, stellte die Liturgie die Gegenwart Gottes dar. Unter dieser Kuppel, in der von reinem Licht erfüllten, scheinbar unendlichen Mitte der Kirche, vollzogen sich die beiden Einzüge. Der Kleine Einzug eröffnete den ersten Teil des Gottesdienstes, welcher der Verkündigung diente. Der Bischof wurde hineingeführt, das Evangelienbuch hereingetragen. Der Große Einzug eröffnete die eigentliche Messfeier. Er nahm seinen Anfang und fand sein Ende im Altarraum. Priester trugen den Teller mit Brot und den Kelch mit Wein. Sie verließen die Apsis, durchschritten das Kirchenschiff und kehrten durch die Mitte zum Altar zurück. Diese mit Gesängen und Gebeten feierlich ausgestaltete Prozession bildete den Einzug Jesu Christi nach Jerusalem ab. So wie der Erlöser von Bethanien in die Heilige Stadt gegangen war, bejubelt und gepriesen vom Volk, um sich selbst zum Opfer zu geben, so zogen die Priester mit den noch ungewandelten eucharistischen Gaben durch die Gemeinde zum Altar, an dem dieses Opfer vergegenwärtigt werden sollte. Dieser Einzug war ein beglückendes Ereignis, weniger ein gravitätisches Schreiten als ein freudiges Tanzen. Mit ihm erreichten die Gläubigen die Sphäre der Erlösung. Nun berührten sie den Himmel und traten ein in die Gemeinschaft der Heiligen. Dieses Wunder besingt der «Cherubinische Hymnus», ein Lobgesang der Engel, der seit dem Ende des 6. Jahrhunderts den Kern der Gesänge beim Großen Einzug bildete:

> Die wir die Cherubim zeichenhaft darstellen
> Und der Leben spendenden Dreifaltigkeit
> Den dreifachen Lobpreis singen,
> Lasst uns nun alle Sorge um das Leben abtun,
> Da wir doch den König des Alls jetzt empfangen,
> Den nicht sichtbar die Speere tragenden Engelheere geleiten,
> Halleluja.

Die Tradition der Einzüge, die in der Hagia Sophia eine erste Vollendung erreicht hatte, prägt bis heute die Gottesdienste der orthodoxen Kirchen. Wer ihre Schönheit erfahren will, ist gut beraten, selbst einen orthodoxen Gottesdienst zu besuchen. Dann kann man mit eigenen Ohren die herrlichen Gesänge hören und mit eigenen Augen die Priester in prächtigen Gewändern umherziehen sehen. Durch die Zuwanderung vieler Südost- und Osteuropäer nach Deutschland gibt es inzwischen in fast jeder deutschen Großstadt orthodoxe – vor allem griechische und russische – Gemeinden, die diese Möglichkeit bieten.

Doch der Gottesdienst war in der Hagia Sophia nie eine rein religiöse Angelegenheit. Was in der Hauptkirche des Kaisers geschah, hatte immer auch eine politische Bedeutung. Für die Hagia Sophia trifft zu, was für alle großen Sakralbauten galt: eines ihrer Bauprinzipien war die Staatskirche. Die Hagia Sophia war einerseits ein Himmel auf Erden, also nicht von dieser Welt. Andererseits gehörte sie als Zentralkirche des Römischen Reichs dem Herrn dieser Welt. Der Gottesdienst wurde meist vom Patriarchen geleitet. Aber der Kaiser als Stellvertreter Gottes auf Erden war fast immer anwesend. Kaiser und Patriarch galten als die «beiden Hälften Gottes». Die politische Bedeutung der Hagia Sophia wurde nun ebenfalls bei den Einzügen besonders sinnfällig.

Wie ein kaiserlicher Einzug aussah, hat ein großes Zeremonienbuch aus dem 10. Jahrhundert überliefert. Geschrieben hat es Konstantin VII. Porphyrogennetus. Er war ein vollkommen machtloser Kaiser und hatte deshalb Zeit und Muße, das religiös-politische Zeremonienwesen des Byzantinischen Reiches akribisch zu dokumentieren. Am Morgen eines großen Kirchenfestes wurde der Kaiser in seinem Palast feierlich eingekleidet. Dies schon war ein eigenes Ritual. Anschließend bildete sich ein feierlicher Zug mit vielen hohen Beamten und Militärs. Auf einem fest vorgezeichneten Weg bewegte er sich langsam auf die Kirche zu. Immer wieder wurde er angehalten, damit das Volk den Kaiser ehren konnte. Bei der Kirche angekommen, wurde dem Kaiser die Krone abgenommen. Dann wurde er in die Vorhalle geführt. Dort erwartete ihn der Patriarch mit seinem Gefolge. Der Kaiser verneigte sich vor dem Evangelienbuch, das ihm der Archidiakon vorhielt, und begrüßte den Patriarchen mit dem Friedenskuss. Nach einem Gebet zog er mit Kerzen in der Hand durch die mittlere, die wichtigste der drei Eingangstüren in den Kirchenraum. Der Patriarch ging mit seinen Priestern in den abgegrenzten Altarbereich. Der Kaiser folgte ihm. Er war der einzige Laie, dem es erlaubt war, das Allerheiligste zu betreten. Dort angekommen erwiesen alle dem Altar die Ehre – mit Weihrauch und wiederholtem dreifachen Verneigen.

Anschließend verließ der Kaiser den Altarraum und begab sich mit seinem Gefolge zu seinem Platz, von dem aus er den weiteren Gottesdienst verfolgte. Wenn alles endlich zur Kommunion bereit war, benachrichtigte der Zeremonienmeister den Oberkammerherrn und dieser den Kaiser. Dieser ging nun nach vorn und empfing als erster vom Patriarchen Brot und Wein. Anschließend kehrte er wieder an seinen Platz zurück. Sehr präzise mussten all diese komplizierten Schrittfolgen absolviert werden. Dies war eine Kunst für sich. Schließlich wurde bei diesen Ein- und Umzügen die religiös-politische Ordnung des Reiches, das heißt der ganzen zivilisierten, christlichen Welt, gefeiert und im Lot gehalten. Andächtig und ehrfürchtig schaute die Gemeinde zu, wie Kaiser und Patriarch ihre Synergie liturgisch begingen.

Ein anderer zeitgenössischer Zeuge, der Araber Harun-Ibn-Yahya, hat geschildert, wie der Kaiser zur Hagia Sophia zog, um dort einen Dankgottesdienst für den Sieg gegen die Muslime zu feiern:

Der Kaiser ordnet an, dass auf der Straße von dem Tor des Palastes zur Kirche für das ganze Volk Matten ausgebreitet werden und dass auf sie duftende Kräuter und grüne Zweige gestreut werden und dass zur Linken wie zur Rechten seines Weges die Mauern der Gebäude mit Brokat verkleidet werden. Dann ziehen ihm voraus zehntausend ältere Männer in Gewändern aus rotem Brokat. Hinter ihnen kommen in weißem Brokat zehntausend junge Männer. Dann kommen zehntausend Knaben in Gewändern aus grünem Brokat und darauf zehntausend Diener, die Kleider tragen von Brokat, der die Farbe des blauen Himmels hat. Ihnen folgen fünftausend Eunuchen, die persische Gewänder aus Halbseide tragen. Nach ihnen wieder kommen zehntausend türkische und persische Pagen mit gestreiften Brustplatten. Dann kommt die Gruppe der hundert sehr vornehmen Patrizier in Gewändern aus verschiedenfarbigem Brokat. Dann kommen die zwölf obersten Patrizier in golddurchwirkten Gewändern. Ihnen folgt eine Gruppe von hundert Pagen in purpurverbrämten, mit Perlen besetzten Gewändern. Schließlich unmittelbar vor dem Kaiser schreitet ein Mann, den man Silentiarius nennt, der dafür sorgt, dass das Volk ruhig ist, und der sagt: ‹Seid stille!› Dann kommt ein alter Mann, der in seinen Händen ein goldenes Waschbecken trägt und einen Krug, besetzt mit Perlen und Rubinen. Nun endlich kommt der Kaiser in seinem Festkleid, das sind seidene Gewänder, die mit Juwelen bestickt sind. Auf seinem Haupte trägt er eine Krone. Hinter ihm geht ein Minister. Immer, wenn der Kaiser zwei Schritte getan hat, sagt der Minister: ‹Denk an den Tod!› Vor der Kirche wäscht er wie Pilatus seine Hände in der Schüssel, die ihm der alte Mann hinhält.

Dieses luxuriöse Zeremonienwesen wurde bis zum bitteren Ende des Byzantinischen Reichs gepflegt. Ein russischer Pilger des 14. Jahrhunderts hat überliefert, wie die Krönung eines der letzten Kaiser begangen wurde. Hauptelement der Feier war ein unendlich langsamer Einzug. Fast drei Stunden soll es gedauert haben, bis der Kaiser von der großen Mitteltür der Hagia Sophia bis zu seinem Thron in der Kirche gelangte. Aber so aufwendig der Einzug, die Prozession mit den sakramentalen Gaben, die Segnung und Krönung des Kaisers im Allerheiligsten auch waren, so gab es doch auch Gegenmomente, die der weltlichen Macht eine Grenze aufzeigten. So beschwor der Patriarch den neuen Kaiser «die Rechtgläubigkeit und die kaiserlichen Rechte unwandelbar zu bewahren, nichts an den alten Gesetzen zu ändern, nichts zu nehmen, was ihm nicht gebühre, sondern Gott vor allem zu fürchten und des Todes zu gedenken.» Und nach dieser Mahnrede wurde der Kaiser sogleich von Steinmetzen und Grabbaumeistern umringt, die ihm Muster von Marmor und anderen Steinen vorlegten und ihn frech fragten: «Bei wem wird Ihre Majestät ihren Sarg bestellen?» Damit sollten sie ihn daran erinnern, dass auch der mächtigste aller Menschen, der politische Stellvertreter Gottes, ein sterbliches Wesen war, vergänglich, nur auf der Durchreise durch ein endliches, eitles armseliges Leben. Anschließend verließ der Kaiser die Kirche «in großer Demut, Milde und Gottesfurcht», während man Goldmünzen auf ihn herabregnen ließ, nach denen das Volk mit allen Händen griff.

Auch wenn einige orthodoxe Kirchen noch heute – besonders in Russland – eine für Westeuropäer befremdliche Nähe zur jeweiligen Staatsgewalt zu pflegen scheinen, gibt es eine solche liturgisch ausgeformte Verherrlichung der Obrigkeit nirgends mehr. Diese gottesdienstliche «Symphonie» von weltlicher und göttlicher Macht ist mit dem Byzantinischen Reich untergegangen. Es hat eine gewisse Logik, dass die Hagia Sophia nach dem Ende des christlichen Ostroms ihre ursprüngliche Bestimmung verloren und die Religionszugehörigkeit gewechselt hat. Und es ist nachvollziehbar, dass sie nach dem Eintritt der Türkei in die Moderne auch nicht mehr als Moschee genutzt werden konnte. Justinians Christentum, das in dieser Kirche seinen deutlichsten Ausdruck fand, ist Teil einer fernen, unwiederbringlichen Vergangenheit. Insofern ist es gut, dass die Hagia Sophia heute nur noch ein Museum ist.

Dennoch wurde in dieser Kirche ein gottesdienstliches Leben von einzigartiger ästhetischer Strahlkraft und von unvergleichlichem Frömmigkeitszauber ausgebildet, das bis heute die orthodoxen Nachfolgekirchen prägt und das immer noch westeuropäische Betrachter verzücken kann. Das geistliche Regiment Justi-

nians ist erloschen, aber der Hymnus, den er für seine Kirche verfasst hat, klingt
weiter:

> O eingeborener Sohn, o Gottes ewiges Wort,
> Unsterblich und von Urbeginn,
> Der uns zu retten sich herabließ,
> Fleisch zu werden aus Maria, der Gottesmutter,
> Der ewig Jungfräulichen,
> Unwandelbar zum Mensch geworden,
> Gleichwohl gekreuzigt, Christus unser Gott,
> Durch seinen Tod den Tod zertretend,
> Zusammen mit dem Vater und dem heiligen Geist verehrt,
> Errette uns!

Der Streit um die Bilder

Es ist eine Kunst, Gottesdienst zu feiern. Damit Menschen das Heilige erfahren können, genügt es nicht, sie über den Glauben an Gott zu belehren. Man
muss diesen Glauben auch in Szene setzen. Dies war den Christen spätestens seit
dem Bau der Basiliken bewusst. Doch erst die Architektur und die Liturgie der
Hagia Sophia offenbarten den unerschöpflichen Kosmos ästhetischer Möglichkeiten, der in einem christlichen Gottesdienst Wirklichkeit werden kann.

In einem wesentlichen Punkt bot die Hagia Sophia nur vage Ansätze. Doch
diese sollten in den Kirchenbauten, die ihrem Vorbild nacheiferten, breit und
prächtig entfaltet werden. Der auffälligste Einrichtungsgegenstand in orthodoxen
Kirchen ist die Ikonostase, die Bilderwand. Sie hat eine doppelte Aufgabe. Sie
trennt den Altarraum vom Kirchenschiff, und sie schenkt eine Anschauung von
der Erlösung. Eine solche Ikonostase gab es in der Hagia Sophia noch nicht. Die
Apsis war lediglich durch schön ausgeschmückte Altarschranken abgegrenzt.
Hinzu kam ein Vorhang. Dieser hing vom Architrav herab, dem mächtigen Quer-
balken, der die Säulen am linken und rechten Rand der Apsis verband. An diesem
Vorhang waren Bilder angebracht. Damit folgte die Hagia Sophia einer Entwick-
lung, die sich seit dem Ende des 4. Jahrhunderts angebahnt hatte. Die eigentliche
Ikonostase jedoch entstand erst im mittelalterlichen Russland. Hier wurde aus
Chorschranke und Stoffvorhang eine regelrechte Prunkfassade. Auf einer gemau-

erten Wand oder einem Holzgerüst wurden nach einem ausgefeilten Muster die goldglänzenden Ikonen angebracht, die der Gemeinde die Urbilder des Heils vor Augen führten und zugleich ihrem Blick das Geschehen am Altar entzogen.

Wie schon ihre Vorläuferin, die Chorschranke, hat die Ikonostase für den orthodoxen Gottesdienst eine unverzichtbare Funktion: Sie sondert die Kleriker von den Laien ab. Zwar ist die altkirchliche Einteilung in getaufte Christen und Katechumenen aufgehoben. Inzwischen sind alle getauft und dürfen also nicht nur am Verkündigungsgottesdienst, sondern auch an der Messfeier teilnehmen. Doch die hinfällig gewordene Unterscheidung von Getauften und Nicht-Getauften wird nun ersetzt durch die Unterscheidung von Laienchristen und Priestern. Deren Weihe wird nun gegenüber der gewöhnlichen Taufe als exklusives Würdezeichen verstanden. Die Laien sinken fast auf den Stand der früheren Katechumenen herab. Sie dürfen zwar im Kirchengebäude bleiben, aber das eigentliche sakramentale Geschehen ist ihnen durch die Bilderwand verborgen. Sie können weder dabei zuschauen noch zuhören, wie die Priester das Abendmahl einsetzen.

Doch wäre es ungerecht, wenn man in der Ikone nur eine Trennwand sehen würde, die dem Klerus einen privilegierten Zugang zum Heiligen verschaffte. Während der Altarraum den Himmel symbolisch darstellt und das Kirchenschiff die Erde repräsentiert, ist die Ikonostase der Ort, an dem beide Sphären einander berühren. Die Ikonostase ist keine undurchlässige Grenzmauer, sondern wird von drei Türen durchbrochen. Durch diese Türen ziehen die Priester ein und aus. Wenn sie in den Altarbereich hineingehen, tragen sie die Bitten und die Erlösungsbedürftigkeit der Gläubigen vor Gott. Wenn sie heraustreten, bringen sie die frohe Botschaft und die köstlichen Heilsgaben Gottes zum Kirchenvolk. In ihren Einzügen und Auftritten – oder sollte man besser sagen: ihren Erscheinungen? – stellen sie die Engel und ihre Hierarchien dar.

Die Ein- und Auszüge der Priester geben der liturgischen Feier einen eigenen Rhythmus. Ihr Verschwinden hinter der Ikonostase und ihr feierliches Hervortreten aus ihr besitzen einen theatralischen Effekt. Das ist kein Zufall. Denn das Vorbild der Ikonostase dürfte die antike Theaterwand gewesen sein. Dieses «Proskenion» war eine Kulisse, die Vorder- und Hinterbühne voneinander trennte und durch die Chor und Schauspieler zu ihren Auftritten schritten. Dazu passt, dass die Ikonostasen bis heute eigentlich nie architektonisch in den orthodoxen Kirchenbau eingefügt worden sind. Vielmehr wirken sie immer noch so, als habe man sie wie eine Kulisse bloß aufgestellt. Dass orthodoxe Gottesdienste wegen der Ikonostase etwas Theatralisches an sich haben, spricht aber nicht gegen sie.

Auch wenn dies den vorgeblich so bescheidenen Protestanten nicht geheuer sein mag, ist der Gottesdienst doch ein Theater besonderer Art, ein heiliges Spiel.

Die Ikonostase hat also vor allem die Aufgabe, dem Gottesdienst eine dramatische Form zu verleihen. Ihre Hauptfunktion besteht nicht darin, dass Bilder an ihr befestigt werden können. Aber natürlich hat der Schmuck der Altarwand mit Bildern mit der Zeit eine große Wirkung entfaltet. Eine orthodoxe Kirche ist heute ohne Ikonen nicht denkbar. Doch dies war nicht immer so. In den ersten Jahrhunderten standen die Christen religiösen Bildern überaus skeptisch gegenüber. Theologen wie Eusebios von Caesarea hielten das Malen von Christusbildern für einen heidnischen Brauch. Doch seit dem 6. Jahrhundert verlangte die Volksfrömmigkeit immer mehr nach einer bildlichen Anschauung Christi und aller Heiligen. Das zeigt sich an Legenden, die zu dieser Zeit aufkamen und die davon erzählen, wie einige dieser begehrten Bilder auf wundersame Weise und ohne Zutun eines Malers entstanden und allerlei Wunder wirkten.

In der gesamten Christentumsgeschichte lassen sich immer wieder heftige Pendelbewegungen zwischen Bilderkult und Bildersturm beobachten. Regelmäßig kam es zu Konflikten zwischen denen, die Bilder in Kirchen ausstellen und verehren wollten, und denen, die dies strikt ablehnten. Diese Spannung hat ihren Grund im christlichen Glauben selbst. Für ihn ist nämlich einerseits das alttestamentliche Bilderverbot weiterhin gültig, weil der eine, ewige, unsichtbare Gott von keinem menschlichen Bild eingefangen werden kann. Andererseits erkennt der christliche Glaube in Jesus von Nazareth das Ebenbild Gottes. In Jesus Christus hat Gott menschliche Gestalt angenommen und kann deshalb bildlich dargestellt werden.

Die erbitterte Debatte, ob es eine rechtmäßige Bilderverehrung gibt, ist aus der westeuropäischen Reformationszeit gut bekannt. Im 16. Jahrhundert zeigte sich der Gegensatz zwischen Katholiken und Protestanten, aber auch zwischen den verschiedenen protestantischen Konfessionen nirgends so deutlich wie in dieser Frage. Fast noch schroffer aber wurde der Bilderstreit knapp acht Jahrhunderte früher im Byzantinischen Reich durchgefochten. In der Mitte des 8. Jahrhunderts kam es zum «Ikonoklasmus», zum Bilderstreit, einem furchtbaren Zerwürfnis innerhalb der östlichen Christenheit über den Wert oder Unwert der Ikonen. Fast ein Jahrhundert lang hat er getobt. Es begann damit, dass ein Kaiser der Isaurischen Dynastie mit Hilfe einiger Bischöfe aus der kleinasiatischen Provinz ein Bilderverbot erließ. Seine Motive lassen sich nicht mehr präzise benennen. In der

Tat war es im Volk häufig zum abergläubischen Missbrauch der Ikonen gekommen. So ist überliefert, dass manche Eltern zur Taufe ihrer Kinder Ikonen als Paten in die Kirche trugen. Es bestand also grundsätzlicher Klärungsbedarf. Er wurde noch dringlicher durch die Auseinandersetzung mit dem streng bilderlosen Islam, aber auch durch den Einfluss christlicher Sekten. Bei den Isaurischen Kaisern mag zudem eine gewisse Kunstfeindlichkeit, eine Antipathie gegen die hellenistische Hauptstadtkultur, eine Rolle gespielt haben. Vor allem aber war der Bilderstreit ein religionspolitischer Konflikt. In Ostrom waren weltliche und geistliche Obrigkeit seit langem miteinander verwoben. Dies bedeutete aber, dass nicht nur der Kaiser großen Einfluss in der Kirche besaß, sondern dass auch der Klerus erhebliche politische Macht hatte. Wahrscheinlich war der Bilderstreit auch ein Vorwand der Isaurischen Kaiser, um eine antiklerikale Reaktion einzuleiten und gegen Priester und Mönche vorzugehen.

In mehreren Wellen wurden von 726 an Christus-Standbilder von öffentlichen Plätzen und Ikonen aus Kirchen entfernt. Willfährige Synoden erlaubten barbarische Säuberungsaktionen, denen auch Buchmalereien und selbst Märtyrerreliquien zum Opfer fielen. Diese puritanische Raserei stieß auf den erbitterten Widerstand des Volkes und des Mönchtums. Um ihn zu brechen, verfiel die weltliche Obrigkeit auf die alte Methode der Christenverfolgung und wandte sie nun gegen fromme Bilderdiener an. Viele von diesen ließen im Kampf für die geliebten Ikonen ihr Leben.

Endlich aber kamen Kaiserinnen, die der Bilderstürmerei ein Ende setzten. Die erste trug den Namen Irene. Sie bewegte bilderfreundliche Bischöfe dazu, im Jahr 787 auf dem 2. Konzil von Nicäa eine prinzipielle theologische Verständigung zu erarbeiten. Zwar folgte ein Rückschlag der Bilderstürmer, der dadurch begünstigt wurde, dass die bilderfeindlichen Kaiser militärisch erfolgreicher waren als die bilderfreundlichen. Doch die Kaiserin Theodora gewährte den Bilderverehrern im Jahr 843 die volle Religionsfreiheit. Dieser Tat wird von den Ostkirchen am ersten Sonntag der Fastenzeit, dem «Fest der Orthodoxie», immer noch feierlich gedacht. Als Ergebnis der fast einhundertjährigen Auseinandersetzung wurde schließlich auf dem 4. Konzil von Konstantinopel (869/70) festgelegt:

> Die Ikone Jesu Christi, unseres Herrn, des Befreiers und Heilandes aller, ist in gleicher Weise wie das Buch der Heiligen Evangelien zu verehren. Denn wie durch die aus Silben gefügten Worte, die in dem Buche überliefert werden, alle das Heil er-

langen, so werden durch die darstellende Kraft der Farben alle, die Weisen und die Unweisen, in dem, was man vor Augen hat, zu ihrem Gewinn erfreut. Denn was die Rede in ihren Silben verkündet, das verkündet und empfiehlt auch die Schrift, die aus Farben besteht. So ist es richtig, den Ikonen, gemäß vernünftiger Einsicht und auf Grund ältester Überlieferung, um ihrer Würde willen, da sie sich ja auf die Urbilder beziehen, gleichsam abgeleitet Ehre und Verehrung zu erweisen, genauso wie dem heiligen Buch der Heiligen Evangelien und der Gestalt des kostbaren Kreuzes. Wer also die Ikone Christi, des Heilandes, nicht verehrt, der soll auch nicht seine Gestalt schauen, wenn er in der väterlichen Glorie wiederkehrt, verherrlicht zu werden und seine Heiligen zu verherrlichen, sondern er soll draußen bleiben, fern von seiner Gemeinschaft und seiner Klarheit.

Da ist es kaum noch nachzuvollziehen, wie die Hagia Sophia ursprünglich fast ohne Bilder auskommen konnte. Schon bald wurde sie Stück für Stück ausgemalt. Von diesen Bildern haben sich einige Prachtstücke erhalten. So viel aber weiß man, dass auf der Schranke des Altarraums Silberreliefs Christus zwischen Engeln, Propheten, Aposteln und seiner Mutter Maria zeigten, dass in den Altarvorhang Christus zwischen Petrus und Paulus sowie Christus und Maria mit dem Kaiserpaar eingewebt waren und dass die Kuppel in ihrem Zenit ein Bild Christi enthielt, das ihn als «Pantokrator», d. h. Allesherrscher, darstellte. Anfangs war die Kuppel nur mit einem Kreuz geschmückt gewesen. Der «Pantokrator» wurde eines der wichtigsten Bildelemente in den östlichen wie den westlichen Kirchen der Vormoderne. Mit seinem majestätisch unbewegten Richtergesicht wirkt er ungeheuer streng. Doch die Härte der Augen und des Mundes wird aufgewogen durch die Milde, die seine rechte, segnende Hand ausstrahlt. Leider ist von diesem und all den übrigen Bildern kaum etwas erhalten. Nachdem schon die Kreuzritter die Kunstwerke der Hagia Sophia geplündert hatten, zerstörten und übermalten die Muslime das, was übrig geblieben war. In der Hagia Sophia also haben am Ende die Bilderfeinde gesiegt.

Für die orthodoxen Kirchenbauten jedoch, die in der Tradition der Hagia Sophia stehen, ist die Bildausstattung fast ebenso wichtig wie die Architektur insgesamt. Sie beherbergen einen überwältigenden Bilderreichtum, der die wundergläubige Volksfrömmigkeit zufriedenstellt. Vor allem aber sind die Ikonen selbst eine Form der Verkündigung. Dass die Predigt in diesen Kirchen keinen großen Stellenwert hat, wird dadurch aufgewogen, dass die ausgestellten Ikonen ebenso tiefsinnig wie sinnfällig die Wahrheiten des Glaubens formulieren.

Die Hagia Sophia

Für westeuropäische Betrachter haben die Ikonen der orthodoxen Christenheit einen exotischen Reiz. Aber sie sind für sie auch schwer verständlich. Mit einem modernen Verständnis von dem, was ein Kunstwerk ist, haben sie nichts zu tun. Denn eine Ikone ist nicht die originelle Kreation eines Künstlerindividuums, sondern ein Werk der Kirche, besser gesagt eine Schöpfung des Heiligen Geistes. Was eine Ikone zu zeigen und wie sie gestaltet zu sein hat, gibt eine strenge Tradition vor. Der Maler geht also ganz im Dienst an der Form auf.

Noch etwas kann ein heutiger Betrachter kaum nachvollziehen. Er selbst ist einer Flut von Bildern ausgesetzt. Medien aller Art überströmen ihn mit immer neuen visuellen Reizen. Das war in der Antike und im Mittelalter ganz anders. Damals sah ein Mensch vielleicht in seinem gesamten Leben so viele Bilder wie sein moderner Nachfahre an einem Tag. Damals waren die Kirchen fast die einzigen Orte, an denen es überhaupt Bilder anzuschauen gab. Wenn sie dann noch solch eine Schönheit und Aura besessen haben wie die Ikonen, dann müssen sie wie ein Vorgeschmack auf die Freuden des Paradieses gewirkt haben.

Was von einem Weltwunder bleibt

Die Theologie der Hagia Sophia ist heutigen Betrachtern ebenso fremd wie die Religion der Pyramiden. Allzu pharaonenhaft wirken der Kult um die religiös-politische Ordnung des Reiches, die Verehrung des Kaisers und die Heraushebung des Klerus. Dass der christliche Glaube alle Menschenmacht in Frage stellt, dass er ein zukünftiges Reich der Gerechtigkeit verheißt, dass er die Gleichheit aller Gotteskinder verkündet – viele seiner herrschaftskritischen Motive haben die Bauleute, die diese Kirche errichtet haben, und die Priester, die sie für ihre Gottesdienste nutzten, anscheinend nicht berücksichtigt.

Und doch kann man verstehen, dass Justinian bei seinem Besuch der fertiggestellten Kirche ausgerufen haben soll: «Ehre sei Gott, der mich für wert gehalten hat, dieses Werk zu vollenden. Salomo, ich habe dich übertroffen.» Diese Kirche ist ein Weltwunder. Sie zeugt von der Herrlichkeit des römischen Restreichs und von der Erlösungsfrömmigkeit der antiken Christenheit. In eine Welt voller furchtbarer Kriege, wütender Unruhen, schrecklicher Hungersnöte stellte sie eine Gegenwelt des Friedens, der Ordnung und der Schönheit. Wer sie betrat, war nicht mehr ganz in dieser Welt. Wer einen Gottesdienst in ihr feierte, hörte den Gesang der Engel, schaute das Licht der Ewigkeit und schmeckte die Gnade Gottes.

Wer will es den Abgesandten des Großfürsten Wladimir von Kiew verdenken, dass sie von einem Gottesdienst in der Hagia Sophia wie verzückt waren? Nach einer Legende hatte ihr Herrscher sie an der Wende vom 10. zum 11. Jahrhundert ausgesandt, um die beste Religion für sein Reich zu finden. Sie hatten die germanische Christenheit bereist, bei den muslimischen Ostbulgaren recherchiert, waren auch bei den jüdischen Chasaren zu Gast gewesen, aber erst in der Hauptkirche von Byzanz hatten sie einen Gottesdienst erlebt, der sie so hinriss, dass sie nicht mehr wussten, ob sie «im Himmel oder auf Erden» waren. Nach ihrem Bericht soll dem Großfürsten von Kiew die Glaubenswahl sehr leicht gefallen sein.

Für die orthodoxen Kirchen Süd- und Osteuropas wurde die Hagia Sophia architektonisch und liturgisch zum Modell. Besonders die Kirchenbauten in Griechenland und später in Russland folgten ihrem Vorbild. Aber auch nach Westen wirkte die Hagia Sophia. Bestes Beispiel hierfür ist der Markusdom in Venedig. Doch keiner der Nachfolgebauten war so riskant, so erstaunlich wie ihr Vorbild. Sie wirkten allesamt normaler, vernünftiger, konventioneller. Der zentral ausgelegte Grundriss wurde mit dem Aufriss des Kreuzes verknüpft. Die Kuppeln wurden deutlich kleiner, manchmal auch verspielter und mehr zu einem Element der Außengestaltung. Die Hagia Sophia setzte einen Standard und blieb selbst aber jenseits aller Standardisierung. Ihre gewagte Konstruktion und ihre schiere Größe wurden nie wieder erreicht.

Ohne Vergleich ist auch die Geschichte dieser Kirche. Wie keine andere war sie als Himmelshaus konzipiert und doch untrennbar mit der politischen Macht verschwistert und selbst Opfer böser Gewalt. Sie sollte ein Friedenstempel sein, wurde aber über den Trümmern des Nika-Aufstands errichtet. Sie sollte der sündigen Welt entrückt sein und wurde doch von irdischen Kaisern zur Selbstdarstellung genutzt. Sie sollte ein reines Abbild des himmlischen Jerusalems sein, musste aber ungezählte Schändungen erleben. Erlösung und Gewalt haben diese Kirche gleichermaßen bestimmt. Kaum nachvollziehbar, was die Gemeinde dieser Kirche bei der Eroberung durch die Kreuzritter durchgemacht hat. Und mit welchen Gefühlen mag sie am 29. Mai 1453 den letzten christlichen Gottesdienst gefeiert haben, bevor die Muslime die Stadt und ihre wichtigste Kirche in Besitz nahmen?

Aber seltsam, selbst die schlimmsten Zerstörungen hatten bei dieser Kirche auch fruchtbringende Nebenwirkungen. Die Plünderung durch die lateinischen Kreuzfahrer war eine grauenhafte Blasphemie. Doch der Kirchenraub führte auch dazu, dass die überlegene byzantinische Kunst nach West- und Nordeuropa kam und dort einen ästhetischen Fortschritt in Gang setzte. Und unter den Osmanen wurde die Hagia Sophia zum Maßstab, nach dem Moscheen gebaut wurden. Die bedeutenden Sakralbauten der neuen Herrscher in Istanbul, die Beyazit-Moschee oder die Suleymaniye-Moschee, zeugen davon. Mit einem ähnlichen Grundriss und einer großen Hauptkuppel folgen sie den Grundideen von Anthemios und Isidoros. Dabei ist die muslimische Moschee ein ganz anderer Architekturtyp als die orthodoxe Kirche, nämlich kein Sakralraum im strengen Sinne, sondern ein Multifunktionsgebäude mit einem zentralen Gebetsraum. Erst durch die Adaption der Hagia Sophia wurden auch Moscheen zu Sakralbauten mit religiöser Aura. Einige, wie die blaue Moschee gleich in der Nachbarschaft, reichen an die Schönheit und Größe der Hagia Sophia heran. Und doch bleibt diese in ihrer Imposanz ein Unikat.

Der Kampf der Kulturen ist das Schicksal der Hagia Sophia gewesen. So paradox es klingen mag, der Krieg und der Dialog der Religionen hängen enger zusammen, als man meinen sollte. Wäre es da nicht ein schönes Zeichen, wenn man die von Kemal Atatürk befohlene Zwangsmusealisierung dieser Kirche/Moschee einmal zurücknähme und wieder einen Gottesdienst in ihr feierte, zum Beispiel ein christlich-muslimisches Friedensgebet? Natürlich ist das ein ganz unrealistisches Gedankenspiel. Aber man wird ja noch Wünsche haben dürfen.

Der Dom zu Speyer

4. Der Dom zu Speyer

und die Romanik

Von Speyer nach Canossa und zurück

Einer der größten Sünder der Christentumsgeschichte war zugleich einer ihrer bedeutendsten Bauherren. Er musste büßen wie kein zweiter, schuf aber einen Dom, der alle Vergleiche übersteigen sollte. Wegen seines Gangs zur norditalienischen Burg Canossa ist der Name Heinrichs IV., des deutschen Königs und späteren Kaisers aus dem Haus der Salier, noch heute ein Begriff. Weniger bekannt ist, dass er seinen Bußzug in Speyer am Oberrhein begann und dort auch – nach einigen Umwegen – beendete. Für ihn führte der Weg zum Papst, ob dieser nun in Rom oder in Canossa weilte, immer über Speyer. Und stets kam Heinrich erst zur Ruhe, wenn er im Dom zu Speyer an den Gräbern seiner Vorfahren beten konnte. Wie er seine Buße in Canossa ableistete, ins Reich zurückkehrte, dort seine Feinde besiegte und endlich in Speyer den Dom zur größten und schönsten Kirche der Romanik vollenden ließ – das war ein langer, mühseliger Irrweg. Es lohnt sich, seine Etappen nachzuzeichnen, auch wenn die zeitgenössischen Berichte und späteren Erinnerungen an diese Reise von Feinden und Verehrern so hin und her gebogen wurden, dass man heute nicht mehr mit Gewissheit sagen kann, wie es eigentlich gewesen ist.

> Eine Kirche wie ein friedvoller Berg, wie eine feste Burg. Man spürt heute bei ihrem Anblick nichts mehr von den schrecklichen Konflikten, die ihre Baugeschichte prägten und damals die Grundfesten der europäischen Christenheit erschütterten. Blick auf den Dom zu Speyer von Südosten.

Das 11. Jahrhundert war eine Wendezeit. In dramatischen Konflikten – zumeist als «Investiturstreit» zusammengefasst – wurde das Verhältnis zwischen Papst und Kaiser grundlegend verändert. Aber auch die Beziehung zwischen Papst und Bischöfen gestaltete sich ganz neu. In diesen revolutionsartigen Streitigkeiten ging es um weit mehr als um die Detailfrage, ob der Kaiser das Recht zur Bischofsinvestitur habe, also Bischöfe auswählen, ernennen und mit ihren

Amtsinsignien – Stab und Ring – ausstatten dürfe. Im Kern wurde um eine radikale Reform der Kirche gerungen und um eine ganz neue Zuordnung zur weltlichen Macht. Die Freiheit der Kirche sollte erstritten und dem König das Recht verwehrt werden, Einfluss auf die inneren Angelegenheiten der Kirche zu nehmen.

Die Geschichte begann mit Konrad II., Heinrichs Großvater. Dieser war der erste König und Kaiser aus dem Haus der Salier, das zu Beginn des 11. Jahrhunderts die Ottonen, Karolinger und Merowinger als nächste große Herrscherfamilie des Mittelalters ablöste, bevor die Staufer das Zepter übernahmen. Wie seine Vorgänger hatte Konrad die Kirche als integralen Teil seiner Herrschaft aufgefasst. Er war es, der die Konzilien einberief, und die Bischöfe behandelte er, als wären sie seine Beamten. Er suchte sie aus und setzte sie ein. Darin sah er sein selbstverständliches Recht. Nach dem damals üblichen Eigenkirchenrecht durfte ein Grundherr auf die Kirchen, die sich in seinem Gebiet befanden, Einfluss nehmen. Der Kaiser verstand sich als Eigentümer aller Kirchen im Reichsgebiet und nahm für sich folglich in Anspruch, bei allen wichtigen Personalentscheidungen mitzubestimmen.

Dies war auch Ausdruck einer eigentümlichen politischen Religiosität, die heute nicht mehr verständlich ist, aber für das frühe und hohe Mittelalter prägend war. Nach ihr war der König nicht bloß der Inhaber eines weltlichen Amts, sondern selbst Gegenstand religiöser Verehrung. Er galt als Heilsbringer, als Messias, das heißt als Gesalbter, als Stellvertreter Christi auf Erden. Es lässt sich nicht mehr klären, ob dieser Glaube an den König ein germanisches Relikt oder ein Erbe der christlichen Spätantike war. Wahrscheinlich war er beides. Deutlich aber ist, dass er einen starken Zauber entfaltete und große politische Wirkungen zeitigte. Man muss bedenken, dass die mittelalterliche Gesellschaft kaum stabile Institutionen besaß und darum sehr störungsanfällig war. Umso mehr brauchte sie die Integrationskraft, die vom Glauben an den König ausging. Zugleich aber war diese politische Religion von tiefen inneren Spannungen durchzogen. Das Kriegerethos verlangte einen mächtigen Herrscher, der vor allem Kriege führen und gewinnen sollte. Dem widersprach das christliche Ethos, das in einem frommen und demütigen Friedensbringer den idealen König sah. Nur selten gelang es einem Würdenträger, beide Ansprüche miteinander zu verbinden.

Konrad scheint ein recht unfrommer Messias gewesen zu sein. Obwohl es in seiner Macht gestanden hätte, die Kirche zu stärken und zu reformieren, duldete er, dass sie verfiel. Verkommene Päpste ließ er gewähren. Das Übel der Simonie, also des käuflichen Erwerbs von kirchlichen Weihen und Ämtern, ließ er nicht nur zu. Er beteiligte sich an dieser Unsitte, indem er selbst Bistümer verkaufte. Dass Priesterschaft und Hierarchie dramatisch an Respekt verloren, scheint ihn nicht bekümmert zu haben.

Sein Sohn und Nachfolger Heinrich III. war dagegen ein tiefreligiöser Mann. Er hatte sich das Reformprogramm der Mönche von Cluny zu eigen gemacht und bekämpfte entschlossen die Simonie, aber auch die Missachtung des Zölibats in der Priesterschaft. Mutig ging er gegen eine Wurzel des Übels vor: Gleich drei unwürdige Päpste setzte er ab und legte damit den Grundstein für ein gereinigtes, starkes Papsttum. Damit aber bereitete er ungewollt einen Konflikt vor, der die Herrschaft seines Sohnes schwer belasten sollte. Als Heinrich III. im Jahr 1056 plötzlich verstarb und sein erst sechsjähriger Sohn Heinrich IV. – von unfähigen und uneinigen Vormündern schlecht geführt – sein Erbe antrat, war das Papsttum zu einem Machtfaktor herangewachsen, dem das geschwächte Königtum wenig entgegenzusetzen hatte.

Das erneuerte Papsttum verfolgte nicht nur das Ziel einer Reform der Kirche an Haupt und Gliedern, sondern kämpfte auch für die Befreiung der Kirche aus königlicher Bevormundung. Beide Ziele verbanden sich im Kampf gegen die Einsetzung der Bischöfe durch König oder Kaiser. Diese sollte nun ein rein geistlicher Akt sein – ohne jede Mitwirkung des Kaisers. Die sogenannte Laieninvestitur wurde mit der Simonie gleichgesetzt. Damit aber sagte man dem Kaisertum, das doch ein Motor der Kirchenreform gewesen war, den Kampf an. Im Jahr 1075 – Heinrich IV. war inzwischen 25 Jahre alt – verbot Gregor VII., der neue und außergewöhnlich machtbewusste Papst, die kaiserliche Investitur. Dies konnte Heinrich nicht hinnehmen. Denn die Bischöfe leisteten ihm bei der Investitur auch den Lehenseid. Hätte er auf dieses Gewohnheitsrecht verzichtet, wären sie, die ja auch weltliche Fürsten war, seiner Kontrolle entglitten. Gerade hatte Heinrich seine wichtigsten Widersacher im Reich, die Sachsen, niedergeworfen. Endlich verfügte er über unbestrittene Macht. Da sah er den Moment gekommen, dem Papst entgegenzutreten und für seine kirchlichen Rechte zu streiten. Doch Gregor nahm den Fehdehandschuh auf und drohte dem jungen König mit dem Kirchenbann. Das ließ dieser sich nicht bieten und versammelte im Januar 1076 die Mehrheit der Bischöfe seines Reiches in Worms. Auf sein Drängen hin verdammten sie den Papst. Sie setzten ihn nicht förmlich ab, forderten aber seinen Rücktritt und kündigten ihm den Gehorsam auf. Schon einen Monat später antwortete Gregor darauf, indem er in Rom eine Fastensynode einberief und nun seinerseits den König absetzte und seine Untertanen von ihrem Treueeid entband: «So spreche ich König Heinrich, der sich gegen die Kirche mit unerhörtem Hochmut erhoben hat, die Herrschaft über Deutschland und Italien ab, und ich löse alle Christen vom Eid, den sie ihm geleistet haben, und untersage, ihm fürderhin als König zu dienen.» Dies war eine Revolution. Umgekehrt war es schon mehrfach vorgekommen, dass Kaiser – wie Konrad II. – Päpste abgesetzt hatten. Aber dass nun ein Papst sich umgekehrt dieses Recht herausnahm, war unerhört. Um dies zu legitimieren, stellte Gregor die Amtsenthebung des Königs als Folge seiner kirchlichen Exkommunikation dar. Denn ein Recht zu einer politischen Einflussnahme besaß er eigentlich nicht. Dennoch, wie immer er es begründen mochte, es war ein Aufruf zum Aufruhr.

Und Gregor hatte Erfolg. Die meisten seiner Bischöfe und Fürsten wandten sich einer nach dem anderen von Heinrich ab. Die Sachsen, die er eben erst unterworfen hatte, erhoben sich erneut zum Widerstand. Die Fürsten stellten Heinrich ein Ultimatum: Entweder es gelingt ihm, binnen eines Jahres den Papst dazu zu bewegen, den Bann zu lösen, oder es wird ein neuer König gewählt. Heinrich erkannte, dass er zu weit gegangen war. Was sollte er nun tun? Er überlegte. Dann entschloss er sich, alles auf eine Karte zu setzen.

Im Winter 1077 zog er von Speyer nach Burgund, von dort über die Alpen nach Italien. Sein Plan war es, dem Papst in einer direkten Begegnung seine Bußfertigkeit zu dokumentieren, um ihn dazu zu zwingen, ihn wieder in die Kirche aufzunehmen und als König anzuerkennen. Doch dem Papst war der herbeigeeilte Büßer nicht geheuer. Deshalb zog er sich nach Canossa, eine uneinnehmbare Burg in Oberitalien, zurück. Am 25. Januar 1077, dem Tag der Bekehrung des Paulus, erschien Heinrich vor den Toren der Burgsiedlung. Da stand er nun – ohne königliche Herrschaftszeichen, in einem wollenen Büßergewand, barfuß. Er klopfte an, rief die Mauer empor, flehte um Einlass, Gehör und Vergebung, den ganzen Tag lang. Doch das Tor wurde nicht geöffnet. Am nächsten Morgen wiederholte sich das Schauspiel. Der Büßer erschien morgens vor dem Tor und harrte dort klopfend und flehend den ganzen Tag über aus, ohne dass ihm aufgetan worden wäre. Am nächsten Tag unterzog er sich dieser bitteren Übung ein drittes Mal, wieder vergeblich. Wie mag er das durchgestanden haben? Drei Tage ohne wetterfeste Kleidung in Schnee und Eis, ohne zu essen und zu trinken? Die Quellen berichten nichts von gesundheitlichen Folgeschäden, einer schweren Erkältung oder gar Erfrierungen. Die Menschen müssen damals aus einem anderen Holz geschnitzt gewesen sein. Dafür aber waren sie auch näher am Wasser gebaut.

Der Dom zu Speyer

Denn es wurde viel geweint in diesen Tagen, am meisten von dem verlorenen König selbst – wenn man den Quellen trauen darf, was von einigen heutigen Historikern bestritten wird.

Während Heinrich am Tor ausharrte, führten seine Berater hektisch Verhandlungen mit den Burginsassen. Es wurden Bedingungen gestellt und akzeptiert sowie dem Papst etliche Sicherheiten gegeben. Dann war es am vierten Tag endlich so weit. Das Tor öffnete sich. Heinrich trat mit wenigen Begleitern in die Burg und warf sich – wieder unter Tränen – vor dem Papst zu Boden, mit ausgebreiteten Armen das Kreuz nachahmend. Er bekannte seine Schuld und zeigte seine Reue. Der Papst konnte nun gar nicht anders, als ihm die Vergebung zuzusprechen, den apostolischen Segen zu erteilen und ihn dann in die Burgkapelle zur Messe und anschließend zu einem gemeinsamen Mahl zu führen. Da Heinrich ihm nicht als König und politischer Kontrahent, sondern als büßender Christ entgegengetreten war, musste er ihm als Seelsorger begegnen. Er konnte gar nicht anders, selbst wenn er gewollt hätte. Er konnte den Coup des Königs nur dadurch beantworten, dass er diese – nun wiederum unerhörte – Buße öffentlich machte und propagandistisch ausschlachtete. Dies tat er mit einem Rundschreiben an die deutschen Fürsten: «Während dreier Tage harrte er vor dem Tor der Burg ohne jede königliche Pracht elendig aus, nämlich unbeschuht und in wollener Kleidung, und hörte nicht eher auf, unter zahlreichen Tränen Hilfe und Trost des apostolischen Erbarmens zu erflehen, als bis er alle, die dort anwesend waren und zu denen diese Kunde gelangte, zu solchem Sanftmut und solch mitfühlender Barmherzigkeit bewog, dass sich alle unter vielen Bitten und Tränen für ihn einsetzten … Letztendlich wurden wir durch seine ständige Zerknirschung und solche Bitten aller Anwesenden besiegt, lösten die Fesseln des Banns und nahmen ihn wieder in die Gnade der Gemeinschaft und den Schoß der heiligen Mutter Kirche auf.»

Heinrich war nun zwar wieder in die Kirche aufgenommen und als rechtmäßiger König anerkannt, doch in der Zwischenzeit war im Reich ein Bürgerkrieg ausgebrochen und in Sachsen ein Gegenkönig ausgerufen worden. Heinrich sammelte seine Truppen und schlug zurück. Doch ein schneller Erfolg stellte sich nicht ein. Endlich bot sich am 15. Oktober 1080 die Gelegenheit zu einer entscheidenden Schlacht. Am Abend vorher versicherte sich Heinrich mit einer Stiftung an den Dom zu Speyer der Unterstützung der Gottesmutter Maria. Am nächsten Tag verließ er das Feld als Sieger. Er hatte sein Reich zurückgewonnen. Der Kampf mit dem Papst war zwar noch lange nicht zu Ende. Wieder wagte er,

eigenmächtig Bischöfe einzusetzen. Wieder wurde er exkommuniziert. Doch auch das schärfste Schwert wird stumpf, wenn man es zu oft gebraucht. Schon die zweite der insgesamt fünf Exkommunikationen, die Heinrich provozierte, hatte nicht mehr die Wirkung der ersten. Nun war es der Papst, der überzog und sich ins Unrecht setzte. Heinrich nutzte diese Schwäche und zog im Jahr 1084 – wieder von Speyer aus – nach Rom, nahm die heilige Stadt ein, setzte Gregor ab und den Gegenpapst Clemens III. ein und ließ sich von diesem zum Kaiser krönen. Als jedoch die Normannen, treue Anhänger Gregors, von Süden her anrückten, verließ Heinrich die Stadt fluchtartig. Anstatt aber den alten Papst wieder in sein

Der Dom zu Speyer

Recht zu setzen, plünderten und verwüsteten die Normannen Rom so furchtbar, dass Gregor sich dort nie wieder sehen lassen konnte. Er floh, um nicht mehr zurückzukehren. Am 5. Mai 1085 starb er. Aber auch das Siegesglück seines Lebensgegners hielt nicht ewig. Zwanzig Jahre später wurde Heinrich IV. von seinem eigenen Sohn, Heinrich V., entmachtet. Er musste sein Reich hergeben und verstarb im Jahr darauf.

Die Frage, wer den Investiturstreit gewonnen hat, lässt sich nur schwer beantworten. Der Papst hatte den König durch seinen Bann zur Buße gezwungen, der König aber hatte den Papst durch seine Bußfertigkeit zur Barmherzigkeit genötigt. Beide hatten sich durchgesetzt, aber um welchen Preis! Der Papst hatte die direkte Einmischung der weltlichen Obrigkeit in die inneren Angelegenheiten der Kirche unterbunden. Damit gehört er in die lange Vorgeschichte der Trennung von Staat und Kirche. Gregor aber hatte nicht nur für die Freiheit seiner Kirche, sondern darüber hinaus für die Weltherrschaft des Papsttums gekämpft. Damit hatte er den Bogen überspannt und die Idee des Papsttums als einer rein geistlichen Herrschaft unterminiert. Sein universalpolitischer Anspruch reizte zu Widerspruch und Widerstand. Insofern gehört er auch in die Vorgeschichte der Reformation und der Säkularisierung.

Der König dagegen mochte sich kurzfristig darüber freuen, dass seine fromme Erpressung des Papstes gelungen war. Dies rettete ihm persönlich die Herrschaft, schwächte aber das Königtum insgesamt. Zwar hatten sich Könige schon vor ihm öffentlichen Bußübungen unterzogen, aber was Heinrich in Canossa getan und erduldet hatte, war so krass, dass es das Königsbild umstürzte. Der Papst hatte ihm – und damit allen weltlichen Herrschern – den Anspruch auf eine besondere religiöse Würde genommen. Er hatte Heinrich – und allen seinen Nachfolgern – die Aura des Heiligen und Messianischen geraubt und ihn zu einem bloßen Laien degradiert. Der alte Königsglaube war damit im Prinzip an sein Ende gekommen. Canossa steht also für eine religionspolitische Revolution.

Erzsünder und großer Büßer, Kirchenkämpfer und Kirchenbauer: Kaiser Heinrich IV. (1050 bis 1106). Hier eine Darstellung aus dem Evangeliar Heinrichs V.: In der oberen Reihe steht der Salier-Kaiser in seltener Einmütigkeit zwischen seinen ungehorsamen Söhnen Heinrich V. und Konrad.

Heinrich scheint dies gespürt zu haben. Jedenfalls traf er bald danach einen architektonisch überaus anspruchsvollen Entschluss. Im Dezember 1080, unmittelbar nach der Entscheidungsschlacht gegen den sächsischen Gegenkönig, gab er den Auftrag, den Dom zu Speyer, in dem seine Vorfahren ihre Gräber hatten und in dem auch er bestattet werden wollte, in weiten Teilen einzureißen und neu zu errichten. Fast zwanzig Jahre dauerten die Arbeiten am größten Kirchenbau der Romanik, der größten Kirche nördlich der Alpen. Was mag Heinrichs Motiv dabei gewesen sein? Sollte der Dom zu Speyer ein Siegeszeichen sein? Oder wollte er mit diesem Monument seine Niederlagen zumindest architektonisch kompensieren? Fast trotzig, wie ein letztes Zeugnis des alten Königsglaubens kündet diese Kirche nicht nur von der Macht und dem Reichtum der Salier, sondern auch von ihrer besonderen Gottesnähe – so, als hätte es nie einen Kirchenkampf gegeben.

Der Wiederaufbau Europas aus dem Geist der Romanik

Das 11. Jahrhundert hat überraschend viele herrliche Kirchenbauten hervorgebracht, nicht nur den Dom zu Speyer. Schon im 9. und 10. Jahrhundert war eine große Zahl bedeutender Sakralbauten – wie der Aachener Kaiserdom – errichtet worden, doch nur wenige von ihnen sind erhalten geblieben. Von heute aus ist es schwer zu ermessen, was für eine Leistung diese früh- und hochmittelalterlichen Kirchenbauten darstellen, was für ein architektonisches Wunder sie sind. Man muss sich einmal ihre historischen Voraussetzungen vergegenwärtigen. Die Völkerwanderung, die das Römische Reich im 5. Jahrhundert unter sich begraben hatte, ist eine epochale Kulturkatastrophe gewesen. Das westliche Europa brauchte Jahrhunderte, um sich wie ein überaus schwerfälliger, flügellahmer Phönix aus der Asche der antiken Kultur zu erheben.

In einer schier endlosen Kette von Raubüberfällen und Kriegszügen hatten Germanen, Hunnen und Slawen die meisten Städte und Dörfer verwüstet. Weite Landstriche waren verwaist, weil die Bewohner entweder ermordet worden oder in die befestigten Siedlungen geflohen waren. Man schätzt, dass die Bevölkerung um ein Drittel sank. Kulturland wurde aufgegeben, Straßen und Brücken verfielen, Verkehr, auch Geldverkehr und Handel, kamen zum Erliegen. Industriebetriebe wie Steinbrüche, Ziegeleien und Erzgruben stellten den Betrieb ein. Die Menschen kehrten zu primitiver bäuerlicher Selbstversorgung zurück. Man kann sich das alltägliche Leben zur Zeit der Völkerwanderung und danach kaum vorstellen. Was für Massen an bedürftigen Menschen es damals gegeben haben muss: Arme und Hungernde, Witwen und Waisen, Verletzte und Versehrte, Traumatisierte und Wahnsinnige, die schreiend, stinkend und bettelnd umherzogen. Es muss so schlimm gewesen sein, dass sich sogar einige Bischöfe scharfe Hunde zugelegt haben sollen, um die Notleidenden auf Distanz zu halten.

In dieser apokalyptischen Welt war die Kirche fast die einzige Kraft, die einen gewissen Schutz gewährte, ein Mindestmaß an Ordnung herstellte, elementare Kulturtechniken vermittelte und Bruchstücke des antiken Erbes bewahrte. Aber auch sie war schwer beschädigt worden. Sie hatte ihren eigentlichen Nährboden – die Stadtkultur – verloren. Ihr fehlten Schulen, um den Priesternachwuchs auszubilden, aber auch ein Straßennetz und ein Postwesen, um die eigene Organisation aufrechtzuerhalten. Ja, es gab nicht einmal mehr Papyrus, um Bücher oder Briefe zu schreiben. Dennoch gelang es der Kirche, vor allem mit Hilfe des aufkommenden Mönchtums, eine europäische Zivilisation neu aufzubauen. Mit ihrer Mission gewann sie die fremden Völker für einen besseren Glauben, eine Hochreligion des Geistes und der Liebe. In den Klöstern und Kirchen wurde Bildung vermittelt, aber auch tätige Nächstenliebe geleistet. Es wurde überhaupt ein Bewusstsein dafür geweckt, dass es moralisch geboten sei, den Armen zu helfen und sich mit den Feinden zu versöhnen. Das waren Gedanken, die den Germanen – aber auch der heidnischen Antike – fremd gewesen sind.

Zu diesem Wiederaufbau gehörte auch die Errichtung von Kirchen. Diese waren nach der Zerstörung der alten Zivilisation die ersten großen Gebäude. Sie übernahmen deshalb häufig auch profane Aufgaben. Der Kirchenbau in der Zeit der Karolinger und Ottonen – also vom 8. bis zum 10. Jahrhundert – beschränkte sich nicht nur auf die Städte. Die meisten Menschen lebten ja auf dem Land. Endlich wurden auch in nennenswerter Zahl Landkirchen gebaut. Meist dürfte es sich dabei um ganz einfache Holzpfostenbauten gehandelt haben, etwa vier Meter breite und sechs Meter lange schlichte Säle, mit einer kleinen Absetzung des Altarbereichs. Architektonisch ganz unbedeutend, waren sie doch Keimzellen des dörflichen Lebens. Leider ist kaum etwas von ihnen erhalten geblieben. Diese Landkirchen entstanden anfangs wohl eher zufällig. Mit der Zeit folgte ihr Bau einem übergreifenden Plan. Eine der folgenreichsten Leistungen des Mittelalters bestand nämlich darin, dass die vielen Land- und Stadtkirchen in ein dichtes Netz von Pfarrgemeinden eingebunden wurden. Das kirchliche Europa wurde so aufgeteilt, dass es für jeden Ort und jeden Gläubigen eine zuständige Kirche mit einem Priester und einem Friedhof gab. Dieses «Parochial-System» gewährleistete, dass erstmals in der Christentumsgeschichte eine flächendeckende kirchliche Versorgung, aber auch Kontrolle der gesamten Bevölkerung gewährleistet war. Es fand seine Vollendung Anfang des 13. Jahrhunderts und bestimmt noch heute die kirchliche Organisation in Europa. Zudem war es natürlich eine entscheidende Voraussetzung für größere Kirchenbauprogramme.

So bewundernswert die Aufbauarbeit des frühen Mittelalters war, der Bau großer, schöner Kirchen begann erst im 11. Jahrhundert. Und dies gleich mit einer kaum überschaubaren Anzahl wunderbarster Gebäude, und zwar in zwei einander direkt folgenden Innovationsschüben: der Romanik und der Gotik. Für diesen rasanten Aufschwung gibt es Gründe.

Als erstes sind die materiellen Bedingungen zu nennen. Mit der Jahrtausendwende setzte ein milderes Klima ein. Das nutzte der Landwirtschaft, die sich auch technisch weiterentwickelt hatte. Die Produktivität stieg, zudem wuchsen die Chancen, die Erträge zu vermarkten. Der Handel erlebte einen merklichen Aufschwung, und mit ihm das Handwerk. Die Bevölkerung konnte sich besser und gesünder ernähren. Zudem blieben größere Seuchen aus. Viel mehr Menschen als bisher erreichten wieder das Erwachsenenalter. Der neue Wohlstand machte es möglich, dass die Menschen nicht mehr auf die Befriedigung ihrer unmittelbaren Bedürfnisse beschränkt blieben, sondern sich den Luxus leisten konnten, schöne und zweckfreie Gebäude zu errichten. Als zweites wirkten sich die politischen Fortschritte positiv aus. Zum Ende des 10. Jahrhunderts waren Friede und öffentliche Ordnung weitgehend wiederhergestellt. Die regelmäßigen Schreckensüberfälle der Ungarn, Sarazenen und Normannen gehörten endlich der Vergangenheit an. Die weltlichen Herren wollten ihre gesicherte Macht nun auch ausstellen, nicht zuletzt durch monumentale Sakralbauten. Als drittes muss die Entwicklung der Kirche selbst in Rechnung gestellt werden. Der allgemeine Aufschwung ging an ihr nicht vorbei. Auch sie verfügte jetzt über mehr Geld und über ein besser ausgebildetes Personal. Zudem brachte das Reformmönchtum von Cluny einen neuen Geist in die Kirche, der sich auch in neuen Sakralbauten Ausdruck verschaffte.

All die genannten Faktoren bewirkten, dass sich der architektonische Genius dieser Epoche in einer Fülle von Bauvorhaben ausleben konnte. Man fasst sie seit dem 19. Jahrhundert unter dem Stilbegriff «Romanik» zusammen. Doch nahe kommt man ihnen weniger mit Hilfe solch abstrakter Etiketten als dadurch, dass man ein einzelnes, individuelles Gebäude betrachtet, wie zum Beispiel den Dom zu Speyer.

Der Dom zu Speyer

Der erste Bau des Speyerer Doms

Speyer war eine kleine Stadt am Oberrhein. Doch die Salier erhoben ihren Heimatort zum Mittelpunkt des Reiches. Der neue Rang der Stadt musste sich natürlich in einer repräsentativen Kirche widerspiegeln. Konrad II. gab deshalb schon im zweiten Jahr seiner Herrschaft, also 1025, den Auftrag, einen Dom zu errichten. Dieser Bau durchzog das ganze Jahrhundert der Salier. Konrad sollte ebenso wenig wie sein Sohn Heinrich III. sein Ende erleben. Sein Enkel Heinrich IV. baute den Dom in weiten Teilen zurück und neu wieder auf, starb aber im Jahr der Fertigstellung. Es war ein gewaltiges Werk, eine riesige Kirche, die kaum in das Städtchen passte. Für diese Übergröße gab es Gründe. Der Dom wurde nicht etwa für die ungefähr 500 Einwohner Speyers oder gar für deren unbedeutenden Bischof gebaut, sondern für die salischen Kaiser und ihre Angehörigen, die hier ihre politische Macht und religiöse Würde zeigen, aber auch selbst Gottesdienst feiern und schließlich ihre letzte Ruhe finden wollten.

Die Baugeschichte gliedert sich in vier Etappen. Die erste, «Speyer I» genannt, ist eine frühromanische Anlage, die etwa von 1025 bis 1061 gebaut wurde. Ihr folgte «Speyer II», der hochromanische Bau Heinrichs IV., der sich etwa von 1080 bis 1106 hinzog. Im 17. Jahrhundert wurde der Dom sodann von französischen Truppen zerstört und musste wieder aufgebaut werden. Und im 19. Jahrhundert erfolgte eine umfassende neoromanische Restauration. Hier soll es nur um die ersten beiden Bauphasen gehen.

Wenn man ein hohes Gebäude betrachtet, geht der Blick normalerweise von oben nach unten. Speyer I aber erschließt sich nur, wenn man es von unten her betrachtet. Von unten wurde es gedacht, von unten wuchs es nach oben. Wie damals üblich, wurde der Bau im Osten begonnen, denn der Altarraum sollte als erstes fertig sein. Doch die eigentliche architektonische Idee lag unter dem Altar. Hier wurde eine unvergleichlich große, hohe und weite Hallenkrypta geschaffen. Sie besteht aus einer Vorkrypta, die zu einer Vierungskrypta führt, an die sich nach Norden und Süden hin jeweils ein Querarm sowie die Ostkrypta mit der Altarapsis anschließen. Um die ungeheuren Lasten zu tragen, wurde die Decke jedes dieser Segmente in drei mal drei Joche eingeteilt. Das sind quadratische Gewölbeabschnitte, die jeweils von vier Säulen oder Pfeilern getragen werden und durch sogenannte Gurtbögen miteinander verbunden sind. Diese Joche wurden als Kreuzgratgewölbe gestaltet. Die Decke der Krypta setzt sich also aus selb-

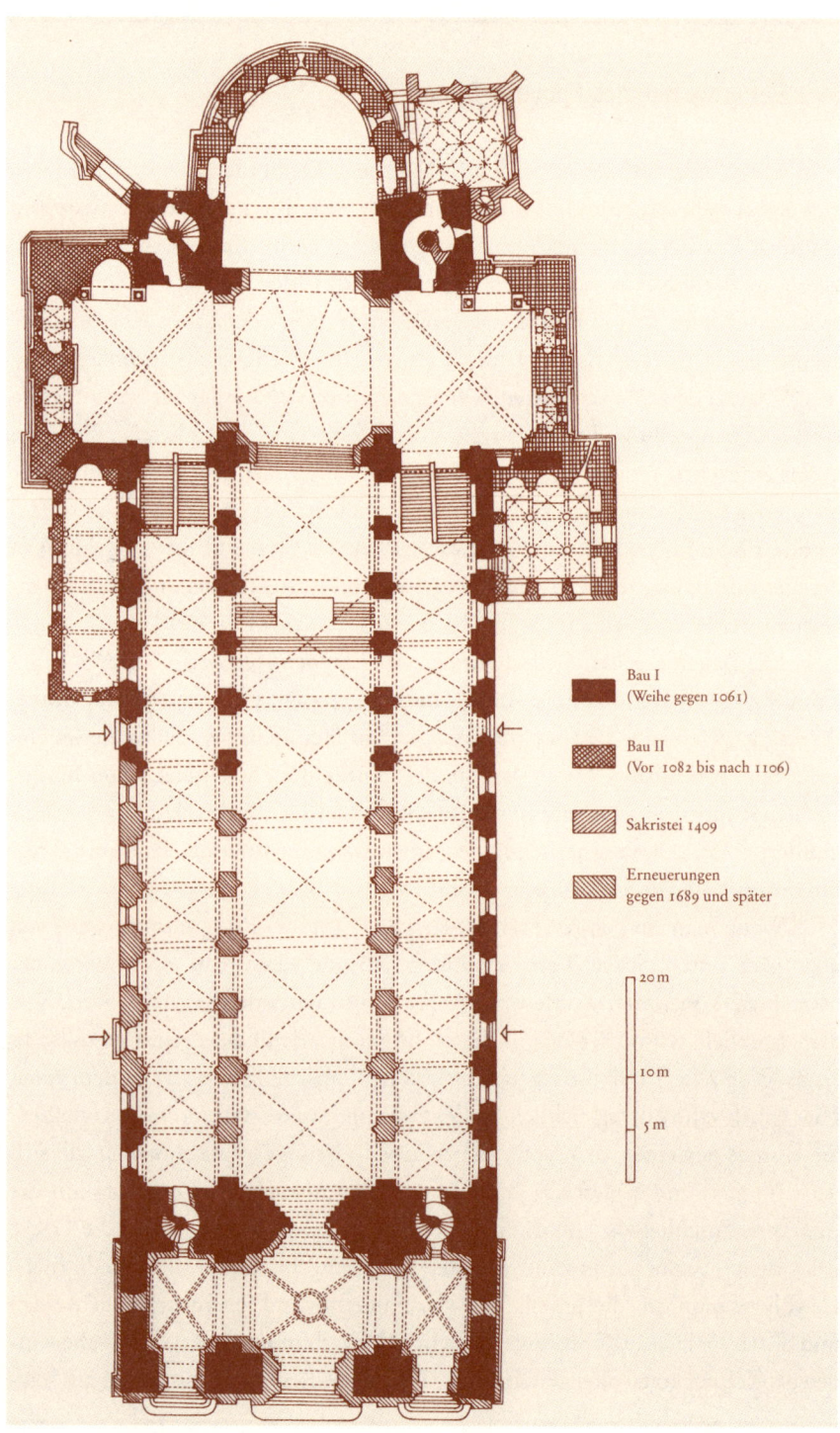

Bau I
(Weihe gegen 1061)

Bau II
(Vor 1082 bis nach 1106)

Sakristei 1409

Erneuerungen
gegen 1689 und später

20 m

10 m

5 m

Der Dom zu Speyer

ständigen Einheiten zusammen, die jeweils ein eigenes Zentrum besitzen und doch gemeinsam ein Ganzes ergeben. Dieses vielgliedrige Gewölbe ist nicht nur eine statische Meisterleistung. Es ist auch ein ästhetischer Geniestreich. Denn das Wölbungssystem verleiht dem ausgedehnten unterirdischen Raum eine schöne, regelmäßige Geschlossenheit. Dieser harmonische Gesamteindruck wird durch das Runde der Bögen und Wölbungen noch verstärkt. Aber diese runde Einheitlichkeit wirkt nicht eintönig und abgeschlossen. Die Krypta besitzt einen besonderen Raum-Rhythmus. Diesen verdankt sie insbesondere auch der Anordnung der Decken-stützen. Eckige Pfeiler und runde Säulen wechseln nach einem durchgehenden Muster: Pfeiler – Säule – Säule – Pfeiler. Dies ergibt keine mathematische Gleichförmigkeit,

> Der Grundriss eines zwei Mal gebauten Doms. Heinrich IV. ließ die Gebäude-teile, die unter seinem Großvater ent-standen waren, weitgehend abreißen und begann von neuem. «Speyer II» wurde trotz seiner immensen Größe ein mathematisch präzises, in sich ausge-wogenes Gebäude.

sondern einen architektonischen Taktschlag, der den tiefen Raum belebt und ihn bei aller Massigkeit und Festigkeit beschwingt. So wirkt dieser unterirdische Raum nicht wie ein Keller. Vielmehr erinnert die Krypta an ein aufgespanntes Zelt, besser gesagt an eine ganze Zeltstadt.

Im Jahr 1041 wurde diese einmalige Krypta geweiht. Aber wofür? Erstaun-licherweise ist kaum bekannt, für welche Nutzung sie vorgesehen war. Klassi-scherweise besteht die Aufgabe einer Krypta darin, das Grab eines Heiligen oder Märtyrers zu beherbergen. Dies scheint in Speyer keine besondere Rolle gespielt zu haben. Hier wurde die Krypta wohl eher als eine Art Unterkirche geplant, die mit sieben Altären Raum für ein reiches liturgisches Leben geboten hat, über das aber kaum etwas bekannt ist. Auf jeden Fall scheint die Krypta weit mehr gewesen zu sein als eine gottesdienstliche Notbühne für die Zeit der Bauarbeiten.

Im Eingang zur Krypta finden sich die Kaisergräber. Konrad II. war 1039 gestorben und in der Vorkrypta, genau in der Mittelachse des Doms, beigesetzt worden. Vier Jahre später verschied auch seine Frau Gisela und wurde an seiner Seite bestattet. Als ihnen ihr Sohn Heinrich III. nachfolgte, war die Symmetrie wieder hergestellt. So ehrwürdig der Ort auch gewesen sein mag, man halte sich vor Augen, dass diese Salier ihr Grab auf einer offenen Baustelle fanden. Um sie herum wurde noch Jahrzehnte lang geschafft und geschuftet.

Über der Krypta erhebt sich der Ostteil der Oberkirche. Von ihm sind noch die beiden seitlichen Chorwinkeltürme – zumindest bis zur Traufhöhe – erhalten. Gemeinsam mit dem Vierungsturm, also dem kleineren Turm auf dem Dach über dem quadratischen Vorraum vor der Apsis, ergeben sie eine Turmgruppe, die das

Altarhaus flankiert. Wozu dienen sie? Das ist keine sinnlose Frage, auch wenn heute der Turm als selbstverständlicher Teil eines jeden Kirchenbaus gilt. Doch die alten Basiliken waren ursprünglich ganz ohne Türme ausgekommen, und dies

Das eigentliche architektonische Wunder des Doms zu Speyer befindet sich unter der Erde. Die weiträumige Hallenkrypta ist nicht nur statisch eine Meisterleistung. Sie erbringt darüber hinaus den Beweis, wie abwechslungsreich ein einheitlich konzipierter Raum wirken kann, wenn er einen Rhythmus besitzt.

mit gutem biblischem Grund. Denn der Turm ist – wie das berüchtigte Beispiel aus Babel zeigt – keineswegs ein architektonisches Zeichen der Frömmigkeit, sondern der Selbstüberhebung des Menschen, der in den Himmel greifen will und deshalb göttliche Strafen verdient hat. Diese Geschichte scheint im Mittelalter außer Acht gelassen worden zu sein. Denn jetzt kamen die ersten Kirchtürme auf. Wer sie erfunden hat, lässt sich natürlich nicht mehr herausfinden. Auch ist es gar nicht leicht, zu sagen, was ihre Funktion war. Wahrscheinlich waren sie Hoheitszeichen, steinerne Signale, die von der Würde dieses Hauses und dem Prestige seines Erbauers kündeten. Zudem werden sie als Wehr- und Wachtürme genutzt worden sein. Auch trugen die meisten Türme der Romanik Glocken, die zum Gottesdienst riefen. Darüber hinaus aber hatten die Türme keine echte liturgische Funktion. Ob man sie als Glaubenssymbole – etwa als Wegweiser zum Himmel – aufgefasst hat, ist schwer zu sagen. Ganz unumstritten scheinen sie nicht gewesen zu sein, denn in Italien und Südfrankreich wahrte man noch lange Distanz zu ihnen und baute Kirchen ohne Türme, ohne dass diese vermisst worden wären. In Nordeuropa aber setzten sich die Türme bald durch. Doch scheint man sie zunächst nur äußerlich an das Hauptgebäude angefügt zu haben. Speyer I war einer der ersten Kirchenbauten, bei denen die Türme wirklich zum Baukonzept gehörten. Sie hatten die Aufgabe, den Ostteil einzurahmen. Sie schlossen das Gebäude sichtbar nach außen ab. Zugleich stützten sie das hohe Mauerwerk, verliehen dem Ganzen also ästhetisch und statisch Festigkeit und Geschlossenheit. Der Vierungsturm setzte dem die Krone auf, indem er – ohne jeden praktischen Nutzen – die Mitte des Innenraums auch nach außen sichtbar werden ließ.

Im Inneren des Ostteils bildete die Vierung mit ihren vier großen, gleich hohen Rundbögen das Zentrum. Sie führte nach Osten hin zur Apsis mit dem Altar und nach Westen zur lang gestreckten Basilika, einem Langhaus im Wortsinne. Die Wände der Seitenschiffe von Speyer I, die sich fast unverändert erhalten haben, waren wie diejenigen der Krypta durch einen Wechsel von Pfeilern und Säulen gekennzeichnet, aber weit weniger rhythmisch strukturiert als in der Unterkirche. Oben herrschte eher ein Eindruck abstrakter Flächigkeit vor, auch

wenn die Wände zum Dach hin von Arkaden und Fenstern durchbrochen wurden. Aber dieser Oberraum schien nicht zu schweben, sondern wirkte fest verankert und massig. Dies dürfte dadurch verstärkt worden sein, dass das Langhaus – im Unterschied zu den in seinen Jochen gewölbten Seitenschiffen – durch ein schlichtes, flaches Metalldach nach oben hin abgeschlossen wurde. Alles zusammen ergab einen kolossalen, zugleich hochkonzentrierten Raumkasten, technisch vielleicht wenig ambitioniert, dafür aber von einer besonders schönen Strenge.

Vom originalen Westbau ist nichts mehr erhalten geblieben. Er wurde von den Franzosen zerstört und sehr unbefriedigend wieder aufgebaut. Ursprünglich war er ein mächtiger, ganz ungegliederter Quader von jeweils 30 Meter Höhe und Länge, quer vor das Langhaus gesetzt. Drei große Bogentore führten hinein. Zwei zurückgesetzte Türme sicherten ihn ab. Eine der gewaltigsten Mauern dieser Zeit – sechs Meter dick, 30 Meter hoch und 30 Meter lang – verband ihn mit dem Langhaus, oder vielmehr: trennte ihn von diesem. Dieser Westbau war nach außen hin ganz ungegliedert. Er wirkte wie die Steilwand eines Bergmassivs. Warum so massig, so wehrhaft, so abweisend? Um als Abbild des göttlichen Wortes, das wie ein Fels allen Lebensstürmen trotzt, ein Gefühl der Glaubenssicherheit zu vermitteln? Oder um die Größe und Macht des salischen Kaisertums sichtbar auszustellen? 1061 wurde der Dom zu Speyer in seiner ersten Gestalt geweiht – in Anwesenheit des damals elfjährigen Heinrich IV.

Der zweite Bau des Speyerer Doms

Gerade einmal 19 Jahre lang hatte Speyer I Bestand. Dann wurden die Bauarbeiten wieder aufgenommen. Wirklich renovierungsbedürftig scheint das Gebäude aber nicht gewesen zu sein, auch wenn einzelne Teile wie das Tonnengewölbe des Altarhauses Schäden aufwiesen. Es wird der persönliche Wunsch Heinrichs IV. gewesen sein, das Werk seines Vaters und Großvaters fortzuführen und zu überbieten. Das neue Projekt dürfte für ihn – nach all den Kämpfen, vor allem nach der Demütigung von Canossa – ein Akt der Selbstbehauptung und ein Ausdruck seines christlichen Königsglaubens gewesen sein. Vielleicht waren es jedoch auch ästhetische Bedürfnisse, die ihn zu diesem großen Schritt bewogen. Denn der Ostteil von Speyer I war wenig gelungen. Der eigentliche Fluchtpunkt der Kirche, der heiligste Ort, dort wo am Altar die Eucharistie gefeiert wurde, fiel deutlich gegen das imposante Westwerk, das lange Mittelschiff und erst recht gegen die Krypta ab.

Mit der Bauleitung beauftragte Heinrich Bischof Benno von Osnabrück. Damit ist für Speyer II – anders als für Speyer I – der architektonisch Verantwortliche zumindest namentlich bekannt. Benno ließ sogleich ganze Bauteile abtragen und gab der Kirche vor allem durch zwei Innovationen ein neues Profil. Die erste große Veränderung betraf den Ostteil. Das alte Altarhaus wurde bis zu den Turmschäften abgerissen und in einer Weise neu gebaut, die vor allem auf eine gesteigerte Außenwirkung abzielte. Die Apsis wurde nun auch nach außen hin als Halbzylinder gestaltet. Durch die Türme, durch die Blendbögen, die vom Mittelschiff übertragen wurden, durch die Zwerggalerie – ein begehbarer Arkadengang unterhalb der Dachgaube der Apsis – sowie durch den nach außen geöffneten Laufgang auf der Höhe des Gewölbes erhielt der Ostteil eine reizvoll rhythmisierte Fassade. Sie strahlt weit über den Rhein hin aus. Umso mehr enttäuscht heute im Vergleich zu ihr der unbefriedigend restaurierte Westbau. Eigentlich müsste es umgekehrt sein. Der Westbau besitzt für den Gottesdienst keine besondere Funktion. Er ist nur Ein-, Aus- und Durchgang. Da er – anders als bei orthodoxen Kirchen – nicht die Bühne für prächtige Prozessionen ist, kann seine Innengestaltung vernachlässigt werden. Aber nach außen hin muss der Westbau wirken. Denn nach Westen hin öffnet sich die Kirche zur Stadt, präsentiert sie sich der Öffentlichkeit und wirbt um die Passanten. Der Ostteil dagegen beherbergt das Allerheiligste. Hier befindet sich die eigentliche gottesdienstliche Spielstätte. Also muss er auf eine großartige Innenwirkung hin gestaltet werden. Sein Äußeres jedoch besitzt keine größere Bedeutung. Mit seiner wunderbar gelungenen Ostfassade widerspricht Speyer II diesen Grundregeln. Der Speyerer Dom ist eine der wenigen Kirchen, deren Rückseite eine genauere Betrachtung verdient als ihre Vorderseite.

Die zweite entscheidende Veränderung vollzog sich im Innern: Das Mittelschiff wurde eingewölbt. Die alte Flachdecke wurde abgenommen und das Mittelschiff – ähnlich wie die Krypta – mit einem vielgliedrigen Gewölbesystem versehen. Ein Motiv hierfür mag die Angst vor Feuer gewesen sein. Flachdecken aus Holz und Metall waren viel brandgefährdeter als Steingewölbe. Der Gewinn an Feuerschutz war aber mit einem möglichen Verlust an Bausicherheit verknüpft. Denn ein Gewölbe stellte hohe statische Herausforderungen dar, besonders bei diesem Bau, der auf eine nachträgliche Einwölbung mit all den Lasten, die sie mit sich brachte, gar nicht eingerichtet war. Auch in ästhetischer Hinsicht gab es

Gründe gegen eine Einwölbung. Denn sie passte eigentlich nicht zu einer Basilika wie dem Speyerer Dom. Die klassische Basilika besaß eine flache Decke, das Gewölbe gehörte dagegen zum antiken und byzantinischen Zentralbau. Insofern war die Einwölbung eine ebenso riskante wie innovative Idee ohne direkte Vorbilder. Sie schien aber so verlockende ästhetische Möglichkeiten zu bieten, dass man das statische und ästhetische Wagnis auf sich nahm. Das neue Gewölbe stellt eine solch umwälzende Neuerung dar, dass manche in ihm schon einen Vorgriff auf die Gotik sehen wollten. Doch das wäre überinterpretiert, außerdem eine Verkennung und Missachtung des Genies, das es auch zu romanischer Zeit gab. Und dieses Genie bewirkte am Speyerer Dom – und nicht nur dort – einen Umschwung des Stilgefühls.

Der romanische Kirchenbau beginnt mit flachen Decken über einem basilikalen Grundriss. Mit der Zeit kamen Gewölbebauten auf. Zunächst waren es Tonnengewölbe, die man erfand oder wiederfand – es ist ja nicht bekannt, welche antiken Bautraditionen sich durchgehalten hatten und wo das Mittelalter ganz neu und von vorn beginnen musste. Das Tonnengewölbe hatten schon die Römer gekannt, die es allerdings aus Beton gegossen hatten. Eine spätere Innovation war das Kreuzgratgewölbe. Es gliederte sich in Joche und bedurfte der Gurte und Stützen. Diese waren aber nicht nur Hilfen, die Lasten zu verteilen und zu tragen, sondern auch ästhetische Instrumente, die nicht nur der Decke, sondern dem ganzen Raum eine differenzierte Struktur, ein nuanciertes Profil gaben. Auch deshalb waren sie für Speyer II die gebotene Form. Ein einfaches Tonnengewölbe wäre zudem nicht in der Lage gewesen, eine mit 14 Metern ungewöhnlich breite Decke zu tragen.

So wie Speyer I sich von unten, von der Krypta her erklärt, so erschließt sich Speyer II von oben, vom neuen Gewölbe her. Es war nicht einfach eine neue Decke, die eingezogen wurde, sondern ein neues Gliederungsmodell, das auch die Wände veränderte. Im Unterschied zum Flachdach und zum Tonnengewölbe ist das Kreuzgratgewölbe nicht lediglich – wie ein Deckel oder eine Glocke – auf die Mauern aufgesetzt, sondern es wächst aus den Wänden, ihren Säulen und Pfeilern empor. Das Kastenartige verschwindet. Nun erobern die Rundbögen und die Joche, die schon die Krypta und die Seitenschiffe geprägt hatten, auch das Mittel- und Querschiff. Das Kircheninnere ist nicht mehr ein monotoner Block, sondern aus einer Vielzahl von Segmenten harmonisch zusammengefügt. Das Mittelschiff

Wie wenig die üblichen Etiketten aussagen, zeigt der Blick ins Innere des Doms zu Speyer, hier durch das Mittelschiff zur Apsis. Das Weite, Hohe, in den Himmel Ausgreifende war nicht erst eine Erfindung der ‹Gotik›, sondern schon ein Kennzeichen der ‹Romanik›. Entscheidend hierfür war das neuartige Gewölbe.

wirkt jetzt leichter und eleganter, aber auch organischer, denn die seitlichen Mauern sind über das Dach, sein schweres Material und seine feine Struktur miteinander verbunden. Die Mauern selbst erhalten vom Gewölbe her ein Relief, sie werden plastisch geformt. Wegen der Pfeiler und Bögen müssen die Mauern zudem nicht ganz ausgegossen werden, sondern es eröffnet sich die Möglichkeit, Freiräume und Leerstellen auszusparen und mit großen Fenstern auszufüllen. Die Mauer ist keine geschlossene Steinanhäufung mehr, sondern eine Art Skelett. Das gibt weitere architektonische Chancen für neue Auflockerungen und Rhythmisierungen der Wände.

Das Mittelschiff mit seinen 72 Metern Länge, 14 Metern Breite und 33 Metern Höhe ist – wie schon gesagt – einer der größten Räume des Mittelalters gewesen. Durch das neue Gewölbe wurde es auch eines der ästhetisch erstaunlichsten. Das Gewicht des Materials hat sich verflüchtigt, die Steine haben ihre Schwere, das Dumpfe und Dunkle verloren. Speyer II ist dank der neuen Decke ein «gestufter Raum», «geformte und gegliederte Masse», beschwingt von einem «Elan des Vertikalen», eine «Architektur des Lichts» (Hans Erich Kubach). Es ist eines der großartigsten Gebäude der Romanik und übersteigt sie zugleich. Denn die meisten anderen Kirchenbauten des 11. und 12. Jahrhunderts bleiben bei der flachen Decke und der Idee des Raumkastens. Speyer II ist also ein exklusives, einsames Sonderstück kaiserlichen Bauens geblieben.

Im Kontrast zum Raum selbst dürfte die ursprüngliche Einrichtung der Kirche enttäuschend ausgefallen sein. Von bedeutenden Kunstgegenständen oder einem besonderen Bauschmuck ist kaum etwas bekannt oder bewahrt worden. Nur einige Wand- und Säulenverzierungen nach antiken Vorbildern aus Speyer II haben sich erhalten. Überhaupt scheint die deutsche Romanik wenig hervorgebracht zu haben, was einem Vergleich mit der Gotik standhielte. Die Altäre in Speyer dürften recht bescheiden ausgefallen sein. Selbst der Fußboden war nur ein bloßer Mörtelstrich. In französischen Kirchen vor allem der Hochromanik findet man dagegen schon prachtvoll entfaltete Bildprogramme. Man denke nur an die dortigen Tympana, die bogenförmigen Reliefbilder über den Kircheingängen. Etwas Ähnliches hat der Speyerer Dom nicht zu bieten.

Aus Bau I und Bau II ist der Dom zu Speyer erwachsen. Er gilt als die romanische Monumentalkirche schlechthin. Was hatte der Dom zu Speyer, dass er zum Sinnbild einer Epoche werden konnte? Sprichwörtlich ist das Runde der Romanik geworden. Es verbindet zweierlei: Schwere und Massivität einerseits sowie Harmonie und Erhabenheit andererseits. Das Wuchtige der Mauern und

Pfeiler fügt sich zu einem Schwung. Das nimmt der Monumentalität ihren Schrecken, verhindert, dass sie sich zur Monstrosität steigert. Zugleich ist diese Größe mit einer eigentümlichen Schlichtheit verbunden. Natürlich, die architektonischen Ideen sind ingeniös und ausgefeilt, keineswegs einfach. Aber der Dom entfaltet keine vordergründige Pracht. Radikal wurde auf Ornamente verzichtet. Man ließ den Bau für sich selbst sprechen. So bietet er etwas, das ganz modern erscheint: eine reine Architektur. Hölderlin prägte den Ausdruck «heilige Nüchternheit». Das passt, ebenso wie Rodins Wort vom «schweren Schweigen». Diese Reduktion auf das Wesentliche, diese formale Disziplin ist weit entfernt von inspirationsloser Monotonie oder puritanischer Geschmacksarmut. Die schmucklose Strenge ist verbunden mit einem runden Schwung und einem Taktschlag aus unterschiedlichen Raumgliedern. Die gewaltige Baumasse wird nicht versteckt. Sie ist sichtbar und fühlbar, wird aber zugleich geformt, akzentuiert und von der eigenen Last befreit. So erdrückt der Raum nicht, sondern erfüllt den Betrachter mit Ehrfurcht. Und diese Ehrfurcht ist ein gemischtes Gefühl. In ihr schwingt Furcht mit, ein Erschrecken vor dem Ewigen und der eigenen Begrenztheit. Doch diese Furcht hat nichts Beängstigendes. Sie euphorisiert, erhebt denjenigen, der sie empfindet, über sein alltägliches Leben hinaus und stellt ihn in einen unendlichen Zusammenhang hinein. Sie beglückt, denn in dieser besonderen Form der Furcht ist ein Genuss von Schönheit enthalten und die Erfahrung überweltlicher Liebe verborgen. Diese Ehrfrucht ist das Grundgefühl des christlichen Glaubens. Etwas von ihr vermittelt der Dom zu Speyer. Er ist eine große und feste Burg, aber ein Kastell ohne Kerker, ohne Kampf und Krieg, eine Friedensburg, das Abbild einer Ewigkeit, die ebenfalls groß und schwer ist, aber doch von einer inneren Harmonie bewegt und von einer unhörbaren Musik erfüllt. Da der Dom zu Speyer diese Ehrfurcht vor der Ewigkeit Gottes auf einzigartige Weise architektonisch Gestalt werden lässt, ist er – wie ein Humanist aus dem 15. Jahrhundert geschrieben hat – «die Krone aller Kirchen».

Die Kirche als Friedhof und als moralische Anstalt

Zeit seines Lebens hat Heinrich IV. den Speyerer Dom mit großer Regelmäßigkeit aufgesucht. Als er älter wurde, nahmen diese Kirchgänge noch weiter zu. Ein Motiv war die Fürsorge für die Gräber und die Seelen seiner Angehörigen. Er achtete darauf, dass ihre letzte Ruhestätte eine angemessene Gestalt gewann und dass für ihr ewiges Heil gebetet wurde. So bestimmte er zum Beispiel, dass für das Jahresgedächtnis seiner Großmutter, der Kaiserin Gisela, das gesamte Domkapitel Vigilien und die Morgenmesse lesen müsse, danach angemessen festlich beköstigt werden sollte und anschließend auch 200 Arme zu speisen seien. Der Dom zu Speyer war zunächst und vor allem keine Gemeindekirche, sondern eine Grablege. Ihn als «Pyramide der Salier» zu bezeichnen, mag übertrieben sein, schließlich fand hier ja auch ein normales gottesdienstliches Leben statt. Aber dass eine Kirche als Sammelgrab einer einzigen Dynastie errichtet wurde, war neu und ungewöhnlich. Es zeugt von dem besonderen Familienbewusstsein der Salier, aber auch von dem allgemein gestiegenen Bedürfnis, der Toten zu gedenken, und von dem besonderen Ewigkeitsglauben, der zu dieser Zeit an Einfluss gewann.

Die Verknüpfung von Kirche und Friedhof, die Bestattung von Toten in und um Kirchen war keine Erfindung der Romanik, sondern christliche Tradition. Die heidnische Antike hatte die Toten ausgesiedelt und in Friedhöfen untergebracht, die – zum Teil weit – vor den Toren der Stadt lagen. Die junge Christenheit dagegen pflegte ein vertrautes Verhältnis zu ihren Toten und suchte deren Nähe. Sie versammelte sich an den Gräbern der Märtyrer, später baute sie ihre Kirchen über diesen Gräbern, wobei sie den Altar meist genau über die Ruhestätte des Heiligen setzte, weil sie – wie Kirchenvater Ambrosius schrieb – glaubte, dass «die Seelen der Märtyrer am Fuße des himmlischen Altars ruhen». Der Tod hatte für die Christen seinen Schrecken vielleicht nicht ganz verloren. Doch hatten sie ihn im Glauben an die Auferstehung innerlich so überwunden, dass er ihnen fast wie eine Verheißung erschien, als ein Tor zum Heil. Da wäre es nicht sinnvoll gewesen, sich die Toten vom Leibe zu halten.

Seit dem Frühmittelalter wurden hochgestellte Personen in Kirchen bestattet. Zunächst natürlich die Bischöfe, dann aber auch die weltliche Obrigkeit. Dies war ein wichtiges Indiz dafür, dass sich das Christentum bei den germanischen Völkern durchsetzte: Die Adligen gaben ihre gesonderten Fürstengräber auf und ließen sich in den Kulträumen der neuen Religion beerdigen. Aber auch das gemeine Volk fand jetzt seine letzte Ruhestätte in geweihter Erde. Das Parochial-System sah vor, dass in jedem Dorf eine Kirche stand und diese von einem Friedhof umgeben war. Seit dem 8. Jahrhundert durften Beerdigungen nur noch bei den Kirchen stattfinden. So bildete sich – im Idealfall – eine Siedlungsform aus konzentrischen Kreisen: in der Mitte die Kirche, um sie herum das Gräberfeld, dann die Häuser und Höfe, Arbeitsstätten und Wege. In diesen konzentrischen Kreisen entstand eine intime Lebensgemeinschaft aus Verstorbenen und Lebenden. Jeder Gang zur Sonntagsmesse führte über den Friedhof. Um zum Festsaal des Glaubens zu gelangen, musste man zunächst den Ort des Todes durchschreiten. Bei jedem Gottesdienst waren die verblichenen Verwandten und Nachbarn gegenwärtig und in Rufweite. Sie feierten mit. Ihrer wurde gedacht, und für sie wurde gebetet. Der Glaube an das ewige Leben aus Gottes Hand war ein Band, das Tote und Lebende zu einer ungeteilten Gemeinde machte.

Doch diese anrührende Nähe zwischen Lebenden und Toten barg auch ein düsteres Moment in sich. Das Gebet für die Toten war auch ein Anzeichen von Angst. Dass sie der Fürsprache bedurften, zeigte, dass sie das ewige Heil nicht erlangt hatten, noch lange nicht zur Ruhe gekommen waren. Ihre Zukunft war unsicher, ihre Seele in Gefahr. Der Auferstehungsglaube hatte auch eine dunkle Seite. Denn Christus galt als ein gestrenger Herr, der von den ihm anvertrauten Menschen Wohlverhalten, gute Werke und innere Reinheit forderte. Und er prüfte, wenn sie zu ihm kamen, ob sie ihrer Bestimmung auch gerecht geworden oder ihm etwas schuldig geblieben waren. Wen er für zu leicht befand, den ließ er nicht in den himmlischen Festsaal emporsteigen, sondern hinab in die Hölle oder deren Vorraum, das Fegefeuer, fallen. Die Kirchen mit ihren Friedhöfen waren also nicht nur heilige Orte und Stätten des Glaubens, der Liebe und der Hoffnung, sondern auch Schulen der Angst.

Um diese Angst zu bändigen, beteten die Lebenden für die Seelen ihrer Toten, ein hingebungs- und verzweiflungsvoller Akt der Nächstenliebe und der menschlichen Solidarität gegenüber einem ungnädigen Gott. Nicht selten steigerte sich dies zu zwanghaften Gebetspraktiken. Theologen entwarfen minutiöse Bestimmungen, wie, was, wann, von wem und wie oft gebetet werden musste, um der Seele den steilen Weg zum Himmel zu ebnen. Priester protokollierten wie Buchhalter, ob die vorgeschriebenen, stellvertretenden Frömmigkeitsleistungen für die Toten ordnungsgemäß vollbracht worden waren. Hatte man den Moment des Ablebens abgepasst, am Beerdigungstag alles richtig gemacht, den Jahrestag des Todes bedacht, keinen einzelnen beim Sammelgedenken zu Allerseelen vergessen? Die Aufmerksamkeit der Priester wurde von den vielen Toten fast vollständig in Anspruch genommen. Die Sorge für die Seelen der Lebenden, die Tröstung der Trauernden, die Hilfe für die Hinterbliebenen musste da zurückstehen. In manchen Klöstern, wie etwa Cluny, nahm die Sorge um das Seelenheil der Toten zeitweise solche Ausmaße an, dass für einen normalen Gottesdienst kaum mehr Zeit war. Alles wurde überlagert von den Totenfürbitten, den Namenslesungen und Sondermessen. Eine erdrückende Gebetslast nahm den Lebenden die Luft zum Atmen. Die finstere Höllenfurcht schien die helle Auferstehungshoffnung manchmal ganz eingetrübt zu haben.

Wer darf hinein, wer muss draußen bleiben? Die Frage betraf nicht nur die ewige Bleibe. Sie stellte sich schon für das Diesseits. Wer durfte auf kirchlichem Grund, wer durfte gar in einer Kirche beerdigt werden? Niemand jedenfalls, der sich als unwürdig erwiesen hatte. Dazu gab es seit dem 9. Jahrhundert präzise kirchenrechtliche Bestimmungen. Interessant ist dabei, dass die weltlichen Herrscher meist nicht erwähnt wurden. Eigentlich hätte man erwarten können, dass der Innenraum der Kirche denen vorbehalten blieb, die ein heiliges Leben geführt hatten, also Geistlichen, die ihrer Aufgabe gerecht geworden waren. Aber ein archaischer Adelsgedanke ließ es als unmöglich erscheinen, dass die Hohen gleich neben den Niedrigen in demselben Grund und Boden bestattet wurden. Deshalb erhielten sie wie selbstverständlich ein Grab in der Kirche. Das sollte sich erst bei Heinrich IV. ändern.

Als Heinrich IV. am 7. August 1106 in Lüttich gestorben war, konnte er, da der Papst ihn gebannt hatte, nicht im Speyerer Dom beigesetzt werden. Dabei hatte er diese Kirche doch auch für diesen Zweck neu bauen lassen. Aber es gab eine Notlösung. Der Dom besaß eine Nebenkapelle. Diese Afra-Kapelle war noch nicht geweiht worden. Deshalb konnte der aus der Gemeinschaft der Gläubigen so oft verstoßene Kaiser in ihr beigesetzt werden. So belastet das Verhältnis zu seinem Sohn auch gewesen war, Heinrich V. bemühte sich darum, dass die Kirche den Bann nachträglich aufhob. Nach langen Verhandlungen gelang dies auch, und sein Vater konnte im Jahr 1111 endlich in die Mitte seines Doms verlegt werden.

Im Jahr 1125 starb auch Heinrich V., der letzte Kaiser aus dem Haus der Salier. Er wurde in die Grablege der Familie getragen und, weil der Platz dort begrenzt war, über seinen ungeliebten Vater gelegt. So hatten die Salier ihre letzte Stätte gefunden, mitten in einem großartigen Dom, an einem zentralen liturgischen Ort mit eigenem Altar und Chorgestühl. Eine sogenannte Stuhlbrüderschaft tat hier ihren Dienst eines täglichen, immerwährenden Gebets für das Seelenheil der verstorbenen Kaiser – noch viele Jahrhunderte lang. Vor allem Heinrich IV. wird diese unendliche Fürbitte nötig gehabt haben, hatten sich in seinem Leben und Wirken doch zwei Glaubensgedanken durchkreuzt: der alte, schützende Glaube an die religiöse Berufung und Heilsmacht des Königs sowie die neue, erschreckende Erfahrung, dass auch Könige einfache Sünder sind, die der Vergebung bitter bedürfen und dafür schwer büßen müssen.

Der Wechsel von Sünde und Vergebung, Bann und Buße, Exkommunikation und Wiederaufnahme gab dem Leben Heinrichs IV. einen verstörenden Rhythmus – sogar über den Tod hinaus. Auch damit markiert er eine neue Epoche des Christentums und seiner Kirchen. In der Alten Kirche war eine Buße eigentlich nicht vorgesehen. Denn die Taufe wurde als eine neue Geburt verstanden. Der alte Adam wurde ertränkt und ein neuer Adam geboren. Der Täufling entstieg dem heiligen Wasser rein gewaschen und bereit, ein Leben ganz im Geist zu führen. Doch mit der Zeit stellte sich der Kirche immer dringlicher die Aufgabe, zwei Gedanken miteinander zu verbinden: Zum einen musste sie an ihrem hohen moralischen Standard festhalten, zum anderen durfte sie ihre Botschaft von der Vergebung nicht vernachlässigen. Sie musste die Menschen zur moralischen Besserung anhalten und zugleich deren schwache Natur berücksichtigen. Es war ein schmaler Grat, der zwischen Überforderung und Nachgiebigkeit hindurchführte. Dieser Grat war die Buße. Sie bot die Möglichkeit, die eigene Schuld vor Gott und sich selbst einzugestehen, sie zu bearbeiten, um Vergebung zu erfahren und ein besseres Leben beginnen zu können.

Dieses Instrument wurde in der Antike noch sehr zurückhaltend eingesetzt. Nur nach schweren Vergehen wie einem Sakrileg oder Mord, einem Ehebruch oder Raub gab es eine einmalige Chance, sich wieder mit Gott und der Kirche zu versöhnen. Und dies geschah so: Der Sünder wurde öffentlich in der Kirche bloßgestellt, indem man ihn in den Büßerstand versetzte. Vor dem eigentlichen Hauptgottesdienst, der Eucharistie, wurde er mit den Taufbewerbern des Kirchraums verwiesen. Damit war er exkommuniziert. Er durfte nicht mehr mit Gott «kommunizieren», das heißt am Abendmahl teilnehmen. Ein erster Schritt zurück in die Gemeinschaft der Gläubigen war das Bekenntnis der Sünde. Dieses geschah geheim. In einem seelsorgerlich geschützten Raum legte der Sünder vor dem Bischof sein Geständnis ab. Das Abbüßen jedoch geschah in der Gemeindeöffentlichkeit und war deshalb besonders schmerzlich. Manchen wurden lange – jahrelange – Strafen auferlegt, asketische Einschränkungen oder soziale Pflichten. War die auferlegte Bußstrafe überstanden, wurde dem Sünder, der echte Reue gezeigt und durch gute Taten seinen Willen zum Guten bewiesen hatte, die Vergebung zugesprochen. Dieses Verfahren war nicht wiederholbar. Die Folge war – wie am Beispiel Kaiser Konstantins schon gezeigt – der Taufaufschub.

Die altkirchliche Buße war so etwas wie eine zweite Bekehrung oder wie eine Therapie, die den Sünder von einer schweren Krankheit heilte und in eine ganz neue Gesundheit entließ. Dieses starke Medikament wirkte langfristig eigentlich nur bei Mönchen. Denn nur weil sie Armut, Keuschheit und Gehorsam gelobt hatten, besaßen sie die Aussicht auf ein Leben ohne Sünde. Was aber machte man mit den übrigen Christen? Man entwickelte im frühen Mittelalter die Buße weiter. Die erste Neuerung: Die Buße ließ sich beliebig oft wiederholen. Sie wurde zu einer regelmäßigen Übung. Die zweite Neuerung: Die Buße wurde im Geheimen vollzogen; vor der Öffentlichkeit verborgen, bekannte der Sünder dem priesterlichen Ohr seine Schuld, erhielt vom Kleriker insgeheim ein Bußwerk auferlegt und die Vergebung zugesprochen. Die dritte Neuerung: Die Bußleistungen wurden nach einem festen Tarif bemessen, wie er in eigenen Rechnungsbüchern verzeichnet war. Der Sünder sollte mit Gebeten, Fasten und Almosen «Böses durch das gute Gegenteil heilen». Doch mindestens so stark wie das Motiv der Besserung war der Strafcharakter dieser Werke. Denn: «Bei Gott bleibt keine Sünde ungestraft.»

Diese neue Form der Buße war ursprünglich von irischen Mönchen entwickelt und dann von Irland nach Kontinentaleuropa importiert worden, in die Klöster und Gemeindekirchen. So bildete sich diese Beichtordnung heraus: Der Sünder legt vor dem Priester – anfangs in einem privaten Raum des Priesters, dann aber in der Kirche vor dem Altar, erst viel später in einem Beichtstuhl – ein ausführliches und geheimes Bekenntnis ab; dabei unterstützt und prüft der Priester ihn, indem er ihm einen Sündenkatalog vorliest; daraufhin spricht der Priester – je nach Schwere der Schuld, aber auch unter Berücksichtigung der Umstände – ein Urteil und setzt das Strafpensum fest; schließlich sagt er unter Handauflegung die Versöhnung zu und spricht ein Gebet. Das verlorene Schaf ist wieder in die Herde zurückgeführt. Aber es muss noch lange drückende Lasten tragen. Doch dabei hilft ihm der Priester, indem er Fürbitten spricht und seelsorgerliche Begleitung anbietet. Darüber hinaus gibt es zwei Erleichterungen. Zum einen die Kommutation, das heißt die Abkürzung der Bußzeit durch Sonderleistungen. Einen Fastentag konnte ein Büßer zum Beispiel durch 70 Psalmengebete oder durch 50 Psalmen mit zusätzlichen Kniebeugen ersetzen. Die andere Hilfe war die Redemption, das heißt die Stellvertretung durch andere. So konnte ein Büßer gegen eine Gebühr seine Strafarbeiten an einen Mönch abgeben, der sie dann für ihn erbrachte.

So fremd diese Praxis heute anmutet, stellte sie doch eine große Leistung dar. Zum einen gab sie eine Antwort auf die theologisch-seelsorgerliche Meister-frage, wie man die Reinheit der göttlichen Gebote bewahren und zugleich Rück-sicht auf die Schwäche der menschlichen Natur nehmen kann. Zum anderen war die Buße ein unschätzbares Instrument zur moralischen Erziehung der Völker und ihrer Könige. Das letzte Ziel war die Besserung, nicht die Demütigung des Menschen. Zugegeben, es war eine harte Schule, aber in ihr lernte man die Be-deutung moralischer Prinzipien kennen und übte sich in der Kunst der mora-lischen Selbstbeobachtung, Selbstkritik, Selbstkontrolle und Selbststeuerung. In einer nur teilweise christianisierten Kultur und in einer sehr unzivilen Gesell-schaft war die kirchliche Bußordnung ein wichtiger Faktor der Besserung und des Fortschritts. Sie half, die Lebensführung des einzelnen zu stabilisieren und das Wachsen einer europäischen Zivilisation zu fördern.

Aber die mittelalterliche Bußpraxis hatte auch ihre Schattenseiten. Dazu gehört ihr veräußerlichter Charakter. Die Buße lenkte den Blick fort von den in-neren Voraussetzungen des Bösen wie des Guten und fokussierte sich viel zu sehr auf die äußeren Taten. Das mag für primitive Frömmigkeitskulturen typisch sein, stellt aber gegenüber dem Neuen Testament und seiner Frage nach der Gesinnung des Menschen einen Rückschritt dar. Düster wirken auch die Härte der Strafen und die rigide Leistungsmoral dieser Bußpraxis. Fast noch schlimmer aber ist die damit verbundene Doppelmoral. Es wurden hohe Strafen ausgeteilt, aber man konnte sie sich gegen Geldzahlungen abnehmen lassen. Darin zeigt sich eine be-denkliche Inkonsequenz. Vielleicht aber war diese Inkonsequenz auch gewollt. Denn diese Buße war schließlich auch ein Herrschaftsinstrument, beförderte und befestigte sie doch die Herrschaft der Priester über die Laien.

Die neue Bußpraxis blieb nicht ohne Folgen für die Kirchengebäude, auch deren Funktion veränderte sich. Die Kirchen erschienen nun in einem anderen Licht. Sie waren nicht allein Räume des Gebets, Stätten eines – unblutigen – Opfers, Bühnen eines heiligen Spiels, sondern auch Erziehungseinrichtungen und Besserungsanstalten, Schulen für ein gutes Leben, aber eben auch Gerichts-säle, Häuser der Scham und der Schmerzen. Am Ende aber waren sie hoffentlich doch vor allem Orte, an denen Menschen Vergebung und Ruhe erfahren konn-ten, so wie Heinrich IV. schließlich seinen ewigen Frieden im Dom zu Speyer gefunden hat.

Kirchen als Ausdruck ihrer Zeit

Hegel hat von seinem Fach gesagt, die Philosophie sei «ihre Zeit in Gedanken gefasst». Entsprechend könnte man sagen, Kirchen sind «ihre Zeit in Stein gebaut». Denn Kirchen sind Ausdruck ihrer Zeit, dies aber in einem doppelten Sinn. Ein Kirchenbau offenbart zum einen die technischen und geistigen Möglichkeiten einer Epoche. Er zeigt, welche konstruktiven, ästhetischen und religiösen Leistungen sie zu vollbringen vermag. Insofern gibt der Dom zu Speyer in seiner Größe und Genialität einen Eindruck davon, welche Herrlichkeit und Dynamik im mittleren Mittelalter angelegt war. Man täusche sich nicht, die Zeit der Romanik war keineswegs weniger als die so fortschrittsbewegte Neuzeit eine Epoche großer europäischer Erfindungsfreude und Innovationskraft. Und zu dieser Fortschrittlichkeit gehören auch die Streitigkeiten, welche die Entstehung dieses Dom begleitet haben. Dass sich mit der Romanik das Gravitationszentrum der architektonischen Innovation von Süden und Osten nach Norden und Westen, von Italien und Byzanz nach Nordeuropa verschob, hing auch mit den Konflikten zusammen, die damals dort herrschten. Denn diese hatten nicht nur etwas Zerstörerisches, sondern waren auch eine Kraftquelle. Wäre Heinrich IV. wohl auf die Idee gekommen, dieses Bauvorhaben zu wagen, wenn er sich nicht im Kampf gegen den Papst auch religiös hätte behaupten müssen?

Ein Kirchenbau ist aber auch deshalb Ausdruck seiner Zeit, weil er offenlegt, was diese sich gewünscht und ersehnt, aber nicht besessen hat. Er legt unfreiwillig davon Zeugnis ab, was dieser Epoche fehlte. Insofern ist der Dom zu Speyer ein Abbild der unerfüllten Bedürfnisse seiner Zeit. Er steht so groß und fest da, überwältigt durch seine Massivität und Raffinesse, strahlt solch eine Harmonie und Ruhe aus. Doch man vergesse nicht, unter welchen Umständen er entstanden ist. Das 11. Jahrhundert war voller Auf- und Umbrüche, erschüttert durch religiöse Revolutionen und unlösbare Konflikte. Vielleicht stellt er gerade deswegen das Bild einer Gegenwelt vor, in welcher die Macht und der Glaube miteinander versöhnt sind.

Ein Kirchenbau ist «seine Zeit in Steine gefasst». Aber er geht nicht in ihr auf. Ein bedeutender Kirchenbau entwickelt ein eigenes Leben. Er wächst über die Gegenwart seiner Entstehung, die doch bald vergangen ist, hinaus und löst sich von den Motiven, aus denen er geplant und errichtet wurde. Wenn alle gestorben sind, die an ihm gebaut und um ihn herum gestritten haben, wenn ihre

Namen verweht sind, wenn die Konflikte, die diesen Bau eingerahmt haben, ganz vergessen sind oder nur ein leises Nachbeben von ihnen geblieben ist, dann steht er noch immer da und spricht für sich selbst: als Denkmal einer Überwelt, als Zeugnis des christlichen Glaubens, als Sinnbild der göttlichen Ewigkeit.

Die Kathedrale von Amiens

5. Die Kathedrale von Amiens

und die Gotik

Sie bauten viele Kathedralen

Das Mittelalter durchlitt viele Epidemien. Zumeist waren dies schreckliche Krankheiten und Pestilenzen, die ungezählten Menschen das Leben verdarben und raubten. Aber das Mittelalter erlebte auch Seuchen in einem übertragenen Sinn: rauschhafte Massenaufwallungen, religiöse Begeisterungsfluten, höchst ansteckende Frömmigkeitsbewegungen. Man denke nur an die Pilgerscharen und Kreuzfahrerheere, die Büßer und Geißler, die Katharer und Liebhaber der Armut, die Ablasskäufer und Reliquienfetischisten, die mystischen Bruder- und Schwesterschaften, die Judenmörder und Ketzerjäger. Neben diesen rätselhaften religiösen Epidemien, die dem Mittelalter eine finstere Faszination verleihen, gab es noch eine weitere, höchst erstaunliche Krankheit. Sie kam gegen Ende des 12. Jahrhunderts in Frankreich auf, erlebte dort im 13. Jahrhundert ihre Blüte und breitete

> Höher, größer, weiter! Ein Gipfel christlichen Kirchenbaus findet sich in einem heute fast vergessenen Städtchen in Nordfrankreich. Die Kathedrale von Amiens, der immer noch größte Sakralbau des Landes, zeugt von vergangenem Reichtum und verflossener Frömmigkeit, hat aber seine Strahlkraft nicht verloren.

sich sodann fast über den ganzen Kontinent aus. Zu einer kurzen Atempause kam es in der zweiten Hälfte des 14. Jahrhunderts, denn andere Schrecken drängten sie zurück: der Hundertjährige Krieg zwischen Frankreich und England, die große Pest, der Ansturm der Türken und Tartaren. Dann aber flammte die Krankheit im 15. Jahrhundert wieder auf und wirkte weiter, bis sie im 17. Jahrhundert langsam abklang.

Die Symptome wurden sehr früh in Chartres beobachtet, wie der Chronist Robert von Mont-Saint-Michel berichtet:

> In diesem Jahr (1144) sah man zum ersten Mal zu Chartres die Gläubigen sich vor Karren spannen, die mit Steinen, Holz, Getreide und wessen man sonst bei den

Arbeiten an der Kathedrale bedurfte, beladen waren. Wie durch Zaubermacht wuchsen ihre Türme in die Höhe. So geschah es nicht nur hier, sondern fast allenthalben in Franken und der Normandie und andernorts. Überall demütigten sich die Menschen, überall taten sie Buße, überall vergaben sie ihren Feinden. Männer und Frauen sah man schwere Lasten durch Sümpfe schleppen und unter Gesängen die Wunder Gottes preisen, die er vor ihren Augen verrichtete.

Selbst Angehörige der Oberschicht waren infiziert, wie ein Abt in einem Brief mitteilte:

Wer sah jemals, wer hörte von vergangenen Generationen, dass Tyrannen, Fürsten, Mächtige, die in dieser Welt an Reichtümern und Ehren ganz aufgebläht sind, dass Frauen und Männer adliger Geburt ihre stolzen und von Einbildung geschwollenen Häupter gebeugt und sich vor die Riemen der Karren gespannt haben und sie, beladen mit Wein, Getreide, Öl, Kalk, Steinen, Holz und anderen zum Leben oder zum Bauen nützlichen Dingen, zum Zufluchtsort Christi wie Zugtiere gezogen?

Zeitgenossen, denen dieses Treiben unheimlich war, gaben ihm den Namen «morbus aedificandi» – Kirchenbau-Krankheit. Sie nahm im 13. Jahrhundert fürwahr epidemische Ausmaße an. Schon vorher waren in Europa viele Kirchen gebaut worden. Doch nun kam es zu einer regelrechten Bauexplosion. Innerhalb von einhundert Jahren wurden im französischen Kronland fast zwanzig riesige Kathedralen gebaut. Im Umkreis von nur 150 Kilometern, also von fünf – damaligen – Tagesreisen, entstanden in Paris, Chartres, Rouen, Amiens, Beauvais, Soissons, Reims, Troyes, Sens und Orléans monumentale Sakralbauten. Hinzu kamen Hunderte von Abtei- und Stiftskirchen sowie Tausende von kleineren Kirchen. Die etwa 1300 Kirchen, die sich aus dem 12. und 13. Jahrhundert im ehemaligen französischen Kronland erhalten haben, stellen nicht einmal die Hälfte des damals Gebauten dar.

Alle Schichten des Volkes scheinen von einer historisch einmaligen Lust am Kirchenbau gepackt worden zu sein, der König und seine Fürsten, die Bischöfe und ihre Domkapitel, die Bürger und das einfache Volk. Aus Auxerre berichtete man:

Zu dieser Zeit brannte die Frömmigkeit des Volkes darauf, neue Kirchen zu errichten. Als nun der Bischof von Auxerre sah, dass seine Kathedrale von alter und wenig geordneter Architektur an Schmutz und Altersschwäche litt, während rundherum andere Kathedralen ihr Haupt in wunderbarer Schönheit erhoben, beschloss er, seine Kirche mit einem neuen Bau und der höchsten Kunst der in der Baukunst Kundigen zu schmücken, damit sie den anderen Kirchenbauten nicht an Aussehen und Bemühung ungleich sei. Er ließ sie abreißen, damit sie nach Ablegung des Schmutzes ihrer Altertümlichkeit zu einer eleganteren und neueren Art verjüngt werde.

Es kamen viele, zum Teil widersprüchliche Motive zusammen, um eine Stadt zu solch einem Bauvorhaben anzutreiben. Zum einen war der Kirchenbau genuiner Ausdruck christlicher Frömmigkeit. Er war eine Bußleistung, aber auch ein Lob Gottes, ein Dankopfer sowie der Versuch, dem Gottesdienst einen möglichst angemessen Raum zu schenken. Zugleich wirkte in der Baubegeisterung eine ungeheure Lust am Neuen. Man war der alten, hinfälligen Kirchen überdrüssig. Man sehnte sich nach frischen, jungen Sakralgebäuden, die nicht mehr Zeugen einer dunklen, überwundenen Vergangenheit waren, sondern öffentlich ausstellten, welche lichtvollen Perspektiven die eigene Gegenwart besaß und zu welchen Leistungen sie in der Lage war. Das eigene technische, künstlerische und wirtschaftliche Vermögen sollte vorgezeigt werden. Und schließlich wollte man auf eine religiös erlaubte Weise Schönheit, künstlerische Eleganz und architektonische Raffinesse genießen. Fromme und weniger fromme Absichten spielten also zusammen. Die Demut vor Gott schuf gemeinsam mit dem Stolz auf eigene Fähigkeiten die Triebkraft, die es brauchte, um ein ganzes Volk zu fast übermenschlichen Anstrengungen anzustacheln. Auch wenn sich die Bauarbeiten über viele Jahrzehnte hinzogen, ließ man nicht ab, zahlte und zahlte und zahlte und legte selbst mit Hand an. Allerdings wurde letzteres zunehmend schwieriger, weil die Arbeitsteilung und die Professionalisierung im Baugewerbe mit der Zeit sehr an Bedeutung gewannen.

Es gab auch Kritik am «morbus aedificandi». Der Pariser Domdekan Petrus Cantor sprach sogar von einer «libido aedificandi», einer sündigen Bau-Wollust. Wer so große und prächtige Kirchen baue, habe zu wenig Interesse an einfacher Frömmigkeit und schlichter Nächstenliebe, sei unwillig, den Armen zu helfen, wie es einem Christen eigentlich aufgetragen sei. Die Bauwollust sei ein bedenkliches Anzeichen dafür, dass die Christen nicht mehr nach der wahren Glückseligkeit im Jenseits strebten, sondern sich allzu sehr darauf konzentrierten, sich in dieser endlichen Welt schön und prächtig einzurichten: «Wenn die Erbauer

glaubten, dass die Welt ein Ende nehmen wird, würden sie nicht so hohe Stein-massen bis in den Himmel auftürmen, würden sie auch nicht die Fundamente bis in solche Abgründe, bis zur Hölle senken.» Doch solche Kritik drang nicht durch. Zu groß war diese Wollust. Krankhaft an ihr war, dass sie zu einem geradezu

Die Kathedrale von Amiens

suchtähnlichen Verhalten führte. Denn sie wurde «durch das Bauen nicht behoben, sondern gesteigert». Die Gier nach herrlicheren Kathedralen ließ sich nicht stillen. Jede neue Großkirche stachelte zu noch größeren, teureren, gewagteren Bauvorhaben an. Was in der Nachbarstadt gebaut wurde, musste man unbedingt übertrumpfen, und indem man es tat, gab man wiederum der nächsten Stadt Anlass zu Neid und Überbietungsgelüsten.

Wie man in vormodernen Zeiten Kirchen baute, zeigt ein französisches Bild aus dem Jahr 1448. Man beginnt im Osten mit dem Altarbereich. Ist dieser fertiggestellt, wird er in Betrieb genommen, während im Westen weitergearbeitet werden muss – dies aber schon in einem ausgefeilten arbeitsteiligen Verfahren.

Den Wettstreit, den der «morbus aedificandi» auslöste, nennt man für gewöhnlich «Gotik». Sie nahm ihren Anfang in der Mitte des 12. Jahrhunderts in einer Kleinstadt nördlich von Paris. Abt Suger baute die Abteikirche von Saint-Denis auf eine höchst innovative Weise neu und gab damit das Startzeichen für eine neue Epoche der Architekturgeschichte. Die sogenannte Frühgotik entfaltete sich dann in der zweiten Hälfte des 12. Jahrhunderts nördlich der Loire. Vielerorts wurden die alten Holzkirchen ersetzt und große Kathedralen gebaut, wie in Senlis, Noyon, Laon oder Paris. Das 13. Jahrhundert wurde dann die klassische Periode, in der sich der gotische Stil voll entfaltete. In Chartres wurden neue Maßstäbe gesetzt, die in Soissons, Reims und Amiens übernommen und überboten wurden. Jede Kirche nahm die Einflüsse der vorherigen Kirche auf und versuchte zugleich, sie zu übertreffen. Als der Chor von Chartres fertig gestellt war und die Bauarbeiten in Reims in vollem Gange waren, wurde in Amiens wieder ein größerer Schritt gewagt. Das Gewölbe des Hauptschiffs von Chartres war 38 Meter hoch, das des Langhauses von Reims sogar 40 Meter, das von Amiens sollte nun 42,5 Meter messen. In Beauvais aber wollte man den Menschen von Amiens nicht das Glück gönnen, die größte Kirche des Landes zu besitzen. Man baute noch höher. 48 Meter Gewölbehöhe wollte man erreichen, und dies mit Hilfe ausgesprochen schlanker Pfeiler. Doch als man im Jahr 1284 in der noch unfertigen Kirche den Ostergottesdienst feierte, hörte man ein bedenkliches Knirschen und Rumpeln im Gewölbe. Die Chorpfeiler begannen zu schwanken, das Gewölbe stürzte auf die Gläubigen, die nicht schnell genug geflohen waren. Dies war der Höhe- und Endpunkt eines Wettkampfes, den Beauvais nun verloren hatte. Die dortige Kathedrale war am eigenen Anspruch gescheitert und ist eine Ruine geblieben.

Doch auch nach diesem «Ikarusflug der Gotik» (Georg Dehio) war die Geschichte der Gotik noch nicht zu Ende. Die Sehnsucht nach einer Steigerung der Ausmaße, das «Höher-Größer-Weiter» wurde abgelöst durch einen zunehmenden ornamentalen Reichtum und mehr Raffinesse. Dabei übernahm England um 1300 von Frankreich die Führungsrolle. Aber auch in Deutschland, Böhmen, Spanien und Portugal kam es zu Weiterentwicklungen, die den ursprünglich französischen Stil den eigenen Vorstellungen und Gegebenheiten anpassten und ihn so zu einem europäischen Allgemeingut machten. Nur Italien scheint – warum auch immer – gegen die gotische Krankheit weitgehend immun gewesen zu sein. Der gotische Stil war so überzeugend und dazu so wandlungsfähig, dass er die Baubedürfnisse in den unterschiedlichsten Regionen Europas sehr lange zu befriedigen vermochte und deshalb auch von neuen Stilen wie der Renaissance nicht verdrängt werden konnte. Erst die Gegenreformation machte ihm ein Ende.

Der «morbus aedificandi» war eine seltsame Krankheit. Er muss ungeheure Finanzmittel verschlungen und ganze Landstriche über Generationen hinweg gebunden haben. Aber er war eine Krankheit, welche die schönsten Blüten trieb und die herrlichsten Früchte hervorbrachte. Die Gotik war der wunderbare Versuch, Häuser zu bauen, in denen Menschen sich zu Gott erheben können und in denen Gott bei ihnen wohnt. Sie war vom Wunsch beseelt, Orte reiner Christlichkeit zu schaffen – und dies nur mit den Mitteln der Schönheit, also ganz ohne Zwang und Waffengewalt. Vergleicht man den gotischen Morbus mit den anderen religiösen Epidemien dieser Zeit – dem finstern, natur- und kulturfeindlichen Glauben der Katharer oder dem schwarzen, blutig-brutalen Gewaltfanatismus der Kreuzritter –, zeigt sich, wie licht, wie strahlend hell das Mittelalter auch sein konnte.

Eine gotische Kathedrale ist keine fromme Herzensergießung, sondern ein Triumph der Geometrie, der Sieg reiner Konstruktivität über die Erdenschwere des Baumaterials – zur Ehre Gottes und zum Ruhm der Stadt. Grundriss der Kathedrale von Amiens.

Vorsprung durch Technik

Aus der Konkurrenz der Kathedralen ging also Amiens als Siegerin hervor. Die Bischofskirche dieser kleinen nordfranzösischen Stadt übertraf an Länge, Höhe und Breite alle anderen gotischen Bauten. Nur die dritte Abteikirche von Cluny, das Monument der französischen Romanik, war größer, aber eben nicht höher. Vom Boden bis zum Schlussstein des Gewölbes sind es in Amiens 42,3 Meter. Das entspricht ungefähr der Höhe eines fünfzehnstöckigen Hauses. Nur der Kölner Dom, der dem Vorbild von Amiens nachgebildet ist, ist noch höher. Zur

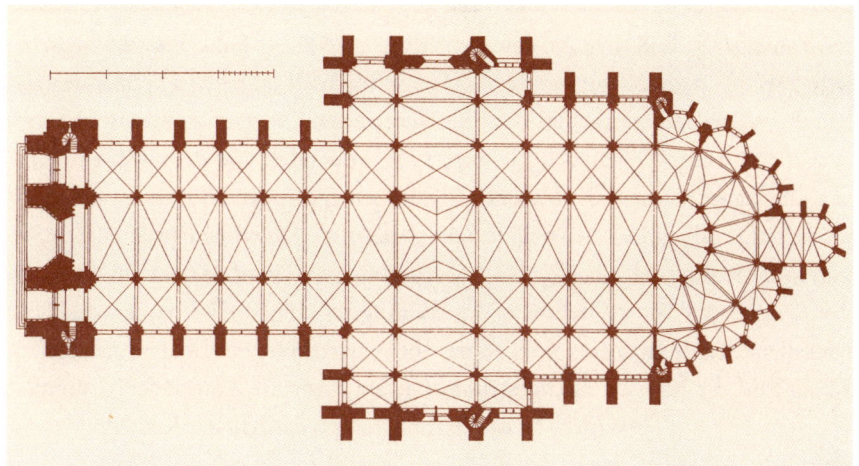

Zeit ihrer Erbauung war die Kathedrale von Amiens also das höchste Gebäude der bekannten Welt, ein sakraler Wolkenkratzer, ein Himmelshochhaus. Niemand sollte es wagen, diese bautechnische Spitzenleistung zu überbieten, diesen architektonischen Höhenrausch zu wiederholen. Der Einsturz von Beauvais war Abschreckung genug. Aber nicht nur wegen seiner Ausmaße ist Amiens ein Inbegriff gotischen Bauens. Diese Kathedrale weist eine besondere stilistische Geschlossenheit auf, was auch der kurzen Bauzeit von nur 44 Jahren geschuldet ist.

Das heute unscheinbare Amiens war im Mittelalter ein Zentrum der Textilwirtschaft und eine der reichsten Städte des Königreichs. Im Jahr 1218 hatte es in der Kathedrale gebrannt, die – wiederum nach einem Brand – erst 1137 erbaut worden war. «Aufgrund unserer Sünden erlaubte Gott die Zerstörung unserer Kirche durch einen Brand, zu unserer Besserung, wie wir glauben», heißt es in einer alten Urkunde. Doch diese Himmelsstrafe scheint den Menschen in Amiens ganz willkommen gewesen zu sein. Denn wahrscheinlich war die vergleichsweise neue Kirche gar nicht völlig ausgebrannt. Man hätte sie sanieren können. Aber die Bauprojekte in Reims und Chartres waren in Amiens nicht unbemerkt geblieben. Wahrscheinlich hatte man für einen Neubau im gotischen Stil sogar schon Pläne gemacht und Geld angespart.

Recht schnell, zwei Jahre später, konnte nach den notwendigen Aufräumarbeiten und Ausschachtungen der Grundstein gelegt werden. Wiederum zwei Jahre später, 1222, waren die riesigen Fundamente fertiggestellt. Nun wurde mit dem Langhaus und der Westfassade begonnen. Das ist ungewöhnlich, fing man doch gewöhnlich mit dem Chor an. Doch in Amiens war der Bauplatz im Osten noch nicht frei. Ein Hospital musste verlegt werden, und die Insassen wehrten sich. Das war damals kaum anders als heute. Nach elf Jahren, 1233, standen das Langhaus sowie die westlichen Teile des Querhauses. Die reich ausgestaltete Westfassade war nach weiteren zehn Jahren, 1243, vollendet, und die Glocken konnten aufgehängt werden. Bis hierher war alles gut gegangen. Nun traten Geldprobleme auf. Ludwig IX., der heilige König, bereitete seinen fatalen Kreuzzug vor und forderte Abgaben ein. Der Bischof von Amiens, Gérard de Conchy, wollte an der Kriegsexpedition teilnehmen, was die Angelegenheit weiter verteuerte. Und nach dem Scheitern dieses unheiligen Abenteuers mussten für den gefangenen König und die anderen hochgestellten Geiseln immense Lösegelder gesammelt werden. Es ist erstaunlich, dass der Bau der Kathedrale nicht eingestellt, sondern nur verzögert wurde. Im Jahr 1264 war es endlich so weit: Die Kathedrale war vollendet. Die Altäre konnten geweiht werden. Die eigentliche Weihe der ganzen Kirche aber wurde zunächst verschoben, dann lange Zeit vergessen und schließlich 1483 nachgeholt.

Erhabener kann man nicht bauen. Die Decke ist in lichte Höhen gezogen, die Wände sind aufgelöst zugunsten einer freien, offenen Konstruktion. Eine Architektur von symbolischem Tiefsinn und paradiesischer Eleganz. Das Innere der Kathedrale von Amiens, Blick nach Westen.

Das vergleichsweise zügige Bauen war nur möglich, weil die ganze Stadt sich engagierte. Die Initiative dürfte vom Bischof ausgegangen sein, allerdings in enger Abstimmung mit dem Domkapitel, dem leitenden Gremium der Bischofskirche. Dieses hatte eine erhebliche Macht und hätte diese auch gegen den Bischof ausspielen können. Finanzierung und Durchführung von Bauvorhaben unterstanden ihm. Aber nicht nur Bischof und Domkapitel mussten eng zusammenarbeiten. Auch die Bürger der Stadt mussten sich beteiligen. Und sie scheinen es gern und großzügig getan zu haben. Erhebliche Summen wurden von ihnen bereitgestellt, wie man zum Beispiel an den Fenstern sehen kann, die zumeist von Bürgermeister und Zunftmeistern gestiftet wurden. Auch der König leistete einen Beitrag, dessen Höhe aber nicht belegt ist. Amiens war ein königliches Bistum. Zudem war der König den Bürgern und der Kirche ein Verbündeter gegen die übermächtigen Feudalherren. Diese Kirche war also ein Gemeinschaftswerk der Kirche, der Stadt sowie des Königreiches.

Worin aber bestand die architektonische Leistung – jenseits der ungeheuren Ausmaße? Was ist das Gotische an der Kathedrale von Amiens? In dem neuen Stil verbanden sich drei Grundideen. Die erste ist das spitz nach oben zulaufende Kreuzrippengewölbe. Die Decke ist untergliedert in eine Vielzahl von Jochen. Jedes von ihnen wird von zwei spitzbogigen Rippen getragen, die sich im Schei-

telpunkt des Gewölbes überschneiden. Diese Gewölbeform entfaltet eine besondere ästhetische Wirkung, indem sie wie von selbst den Betrachter nach oben, zum Himmel emporzieht. Zudem stellt sie eine statische Innovation mit großen Auswirkungen dar. Die beiden Rippen leiten den Druck von oben sehr präzise auf die vier Pfeiler nach unten ab, auf die sie an ihren Enden zulaufen. Der Schub eines jeden Gewölbejochs muss also kaum noch von den Außenmauern mitgetragen werden. Das eröffnet dem Architekten eine ungeahnte Gestaltungsfreiheit, denn er muss, wenn er in die Höhe bauen will, nicht mehr massive Wände hochmauern lassen.

Das Kreuzrippengewölbe selbst war keine Erfindung der Gotik. Auch wenn man mit dem Vorläufer-Stil, der Romanik, gemeinhin den runden Bogen verbindet, wurden Spitzbogen und Kreuzrippengewölbe schon in Cluny und Speyer virtuos eingesetzt. Dass das Gewölbe nicht aus einem Kreis entwickelt wird, sondern aus zwei sich überschneidenden Bögen, war im Orient sogar schon sehr viel länger bekannt. Auch dass die Raumlogik sich durch das Joch definiert, war schon bei den großen romanischen Kirchen zu beobachten gewesen. Speyer II ist ein klassisches Beispiel dafür, wie das Joch als Grundelement in vielfachen Wiederholungen das Raumganze bildet. So wurde schon in den besten romanischen Bauten die Kirche von oben, vom Gewölbe her gestaltet. Aber große Erfindungen bestehen selten darin, dass sie etwas in die Welt setzen, das es vorher nirgends gegeben hätte. Vielmehr nehmen sie vorgegebene Ideen auf und formen sie um, vereinfachen und radikalisieren sie, setzen sie besser und konsequenter ein und um. Deshalb spricht es nicht gegen den Erfindungsgeist der gotischen Baumeister, dass das Kreuzrippengewölbe schon lange vor ihrer Zeit gebaut wurde. Ihr Ingenium zeigt sich darin, wie sie mit seiner Hilfe ganz neue, so noch nie gesehene Räume schufen.

Dieser Schnitt zeigt die konstruktive Genialität gotischer Architektur. Die massiven Mauern sind ersetzt durch eine feine gedoppelte Struktur, die den Druck über Strebebögen und Strebepfeiler ableitet. Rekonstruktion von Eugène-Emmanuel Viollet-le-Duc, einem der ersten Gotik-Forscher.

In der Gestaltung des Innenraums zeigt sich die zweite Grundidee der Gotik: Die Wände werden zu feinsinnig durchgliederten Lichtflächen. Die Fenster sind nicht mehr bloße Maueröffnungen und Wandlücken, die für das benötigte Licht sorgen sollen, aber nicht zu groß werden dürfen, um die Gebäudesicherheit nicht zu gefährden. Jetzt ersetzen sie weite Teile der Wand und werden zu einem Raumelement ganz eigener Qualität. Diese Möglichkeit, große Fensterflächen zu schaffen, verbindet sich in der Gotik mit einem genauen Gespür für die Dramaturgie eines Innenraums. Die gotischen Wände

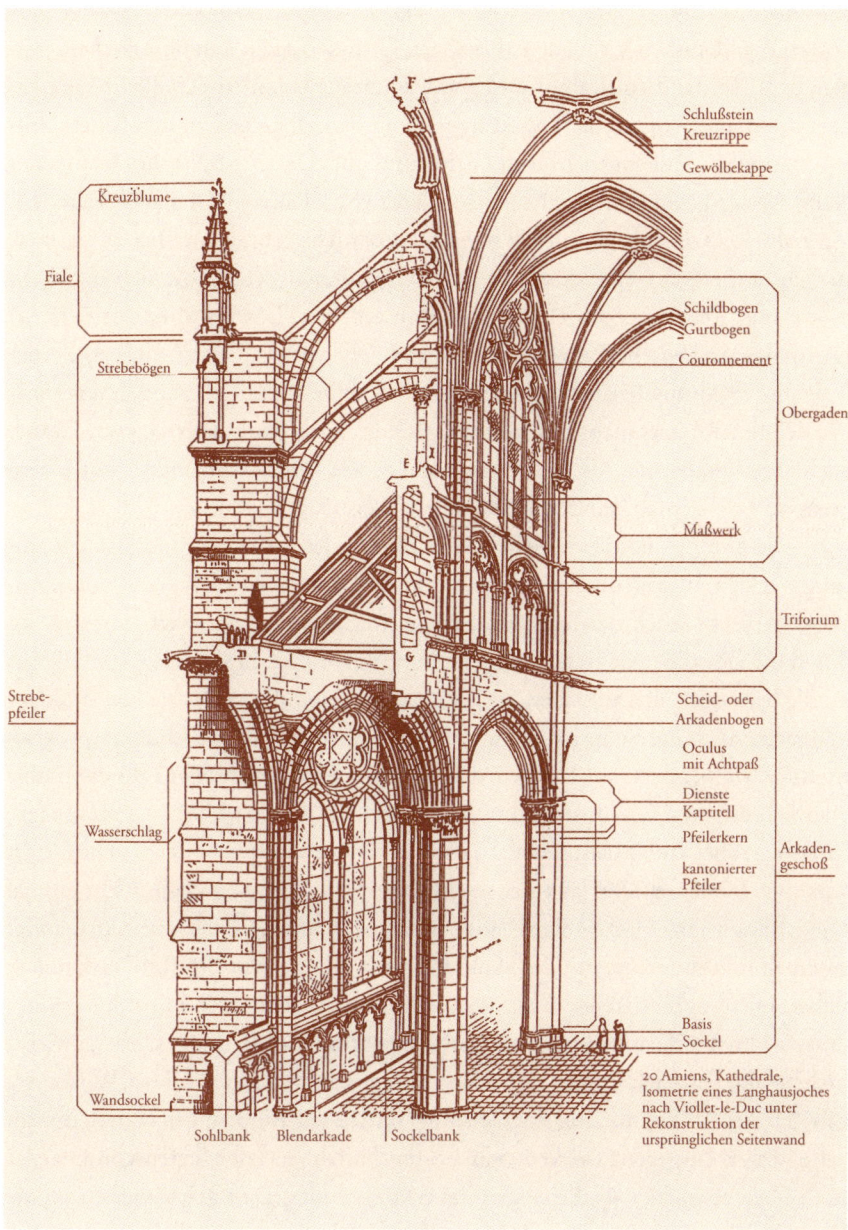

Schlußstein
Kreuzrippe
Gewölbekappe

Kreuzblume

Fiale

Strebebögen

Schildbogen
Gurtbogen
Couronnement

Obergaden

Maßwerk

Triforium

Strebe-
pfeiler

Scheid- oder
Arkadenbogen

Oculus
mit Achtpaß

Dienste
Kaptitell

Pfeilerkern

kantonierter
Pfeiler

Arkaden-
geschoß

Wasserschlag

Basis
Sockel

20 Amiens, Kathedrale,
Isometrie eines Langhausjoches
nach Viollet-le-Duc unter
Rekonstruktion der
ursprünglichen Seitenwand

Wandsockel

Sohlbank   Blendarkade   Sockelbank

überfluteten die Betrachter nicht einfach mit Licht und führten sie nicht direkt in schwindelnde Höhen. Wie in Amiens gut zu sehen ist, ist die gotische Wand gegliedert und gestuft. Echte Geschosse und Etagen sind bautechnisch nicht mehr notwendig, dennoch kann aus ästhetischen Gründen nicht darauf verzichtet werden, den Wandaufbau zu rhythmisieren. Zu unterst befinden sich die Pfeilerarkaden, die einen Großteil der Lasten tragen und den Übergang zu den Seitenschiffen markieren. Auf ihnen ruht das Triforium auf. Dieses ist ein durchlaufender Gang, besser gesagt ein durchgängiges Band von kleineren Dreifachbögen, den sogenannten Triforen. Eigentlich hätte man es nicht gebraucht, aber es ist unerlässlich, um einen Gegenakzent zu den Obergaden zu setzen, die sich mit ihren hohen und weiten Fensterflächen über ihm erheben. Das Triforium ist eine Art Lichtschranke zwischen Pfeilerarkaden und Obergaden. Durch diese Skelettierung und rhythmische Durchgliederung der Wände wirken gotische Innenräume wie der von Amiens nicht nur leichter, sondern auch strukturierter, man könnte auch sagen grafischer. Sie sind nicht mehr – wie in der Romanik – mit einem breiten Pinsel gemalt, sondern mit spitzem Bleistift gezeichnet.

Die Umsetzung dieser beiden Grundideen der Gewölbe- und Wandgestaltung war sehr anspruchsvoll. Nicht nur galt es, extrem hohe Pfeiler und durchbrochene Mauern hochzuziehen, sondern in waghalsigen Manövern mussten sie durch die Gewölbeteile miteinander verbunden werden. Besonders schwierig war es, die Seitengewölbe zu bauen, weil sie die Mittelschiffe einzudrücken drohten. Wahrscheinlich hat man sich damit beholfen, über dem Mittelschiff ein provisorisches Zwischendach aus Holz einzuziehen, um während des Baus für die nötige Stabilität zu sorgen. Um das Mittelschiff und die Seitenschiffe zu stabilisieren, hatte man aber zudem festgestellt, dass man nicht weniger, sondern mehr Druck von oben brauchte. Dies lässt sich leicht nachvollziehen, wenn man selbst einmal versucht, mit Holzklötzen einen Turm zu bauen. Hat man die Klötze aufeinander gestapelt und drückt sie mit der Hand fest nach unten, steht der Turm erstaunlich sicher. Diese stabilisierende Kraft der Auflast nutzte man auch in Amiens. Allerdings wirkte hier – anders als beim Holzklotzturm – der Druck des Obergewichts nicht senkrecht nach unten. Der Schub verlief schräg seitlich. Dieser Winkel ergab sich aus der Krümmung des Gewölbes und seiner Rippen. Ein Mittel, diesem Seitendruck entgegenzuwirken, war es, die Spitzbögen der Seitenschiffe steiler nach oben zu ziehen als diejenigen des Mittelschiffes. Dadurch näherten sie die Drucklinien der Senkrechte an. Dieses Prinzip der Auflast und ihrer Steuerung hatte man zuerst in Chartres angewandt. In Amiens wurde es weiter ausgefeilt.

Aber das Streben in die höchsten Höhen musste durch eine weitere Maßnahme abgesichert werden. Sie stellt die dritte Grundidee der Gotik dar: An die hohen Außenmauern des Mittelschiffs wurden Stützen angebracht, und diese

Stützen wurden durch zwei Strebebögen mit der Mauer verbunden. Obwohl selbst relativ dünn, sorgen Stützen und zweifacher Strebebogen für die nötige Absicherung. Anders als in der Romanik wurde die Standfestigkeit des Gebäudes nicht dadurch gewährleistet, dass man mehr Masse einsetzte, sondern indem man feinere, aber dafür gedoppelte Strukturen einfügte. Dieses doppelte Strebewerk ist die dritte große Idee der Gotik. Es erlaubt, durch bloßes «Auswägen und Ausgleichen von Kräften» (Kimpel/Suckale) hohe und große Gebäude zu errichten, ohne noch mehr Steine aufeinanderzutürmen. Nicht, dass es den gotischen Baumeistern gelingen sollte, die Schwerkraft ganz zu überwinden. Aber ihre Kathedralen sind hoch und mächtig und haben dennoch etwas sehr Leichtes, fast Schwebendes. So wirken sie wie eine Architektur der Erlösung.

Doch gotische Kathedralen sind alles andere als unmittelbarer Ausdruck eines religiösen Gefühls, einer frommen Aufwallung. Sie sind vor allem und zunächst bautechnische Meisterleistungen und Höhepunkte gelingender Geometrie und aufgehender Berechnung. Gotische Kathedralen sind beides zugleich: technischer Fortschritt und künstlerische Vollendung. Das zeigt sich auch in ihrer inneren Durchgliederung. Die viereckigen Grundflächen des Gewölbes und die drei Stufen der Wände teilen den Innenraum in Raumzellen auf, die zusammen ein reich differenziertes System bilden. Das Raumganze ist keine schlichte Einheit, sondern die Summe vieler, vielfältiger Teile. Das gab es so vorher noch nicht, weder im frühen Mittelalter noch in der Antike.

Es ist immer gut, sich zu vergegenwärtigen, was man damals alles in Amiens noch nicht zur Verfügung hatte. Immerhin, es gab schon ausgereifte Werkzeuge zum Bearbeiten der Steine, auch Winden und große Laufräder zum Heben der schweren Lasten. Auch gab es ausgebildete und spezialisierte Handwerker sowie Bauhütten, in denen sie sich organisieren sowie ihre Arbeit ganzjährig tun konnten. Unentbehrlich waren die Steinmetze, welche die Steine zunächst mit der Steinaxt grob zurechtschlugen und anschließend mit dem Meißel passgenau zuschnitten. Unter ihnen wiederum gab es Spezialisten für einfache Quader, Gesimse oder Skulpturen. Was sie in Serie vorbereitet hatten, wurde anschließend von den Maurern aufeinandergeschichtet. Die serielle Fertigung sorgte für deutlich mehr Gleichmäßigkeit des Baumaterials, und die Arbeitsteilung steigerte die Effizienz. Doch sie veränderte auch das Leben auf der Großbaustelle. Hierarchien bildeten sich nun heraus. Einige Handwerker verwandelten sich in wahre Künstler, die ein größeres Prestige und einen höheren Lohn für sich beanspruchten. Andere dagegen, wie die Maurer und einfachen Steinhauer, mussten fast im Akkord schuften. Der Qualität und dem Tempo jedoch kamen diese Veränderungen zugute. Aber noch einmal: Was hatte man damals nicht? Keine der modernen Baumaschinen, keines der modernen Baumaterialien, keines der modernen Bauverfahren. Wie schwer muss das Arbeiten für die Steinmetze und Maurer gewesen sein – und wie gefährlich! Man denke auch an die Zimmerleute, die in schwindelnden Höhen die Gewölbe und Strebebögen zu errichten hatten. Vollgerüste, die von unten bis nach oben führten, waren nicht zu bezahlen. Holz war kostbar und knapp. Zudem wäre es für diese Höhen zu labil gewesen. So mussten die Zimmerleute die Lehrbögen von schwankenden Teilgerüsten aus anbringen, die sie am Boden skizziert, gebaut und zusammengesetzt hatten, damit auf ihnen die Kreuzrippen, Gewölbekappen und Strebewerke gebaut werden konnten. Das war eine ebenso gefährliche wie anspruchsvolle Arbeit, die jeden Fehlgriff und jeden Planungsfehler hart bestrafte.

So schwer es schon ist, die Leistung der Bauarbeiter präzise zu würdigen, so ist es fast unmöglich, sich auch nur ein ungefähres Bild davon zu machen, wie es den Architekten gelingen konnte, den immensen Anforderungen gerecht zu werden, ohne auf das zurückgreifen zu können, was ihren heutigen Nachfolgern selbstverständlich ist. Wer brachte ihnen bei, die Drucklinien zu berechnen? Wer klärte sie darüber auf, welche Windverhältnisse in 40 Metern Höhe herrschen? An den wenigen Universitäten, die es damals gab und die sie nicht besucht hatten, wurde natürlich noch keine Architektur gelehrt. Grundkenntnisse in Geometrie mochten sie erworben haben, aber es fehlte an Forschungs- und Ausbildungsstätten, die sie angemessen auf ihre Projekte hätten vorbereiten können. Deshalb mussten die Baustellen selbst Weiterbildungseinrichtungen werden. Die Baumeister scheinen sich intensiv untereinander ausgetauscht zu haben. Im 13. Jahrhundert konnten sie vergleichsweise gut und sicher reisen. Sie konnten also viele Baustellen aufsuchen, entweder um dort selbst zu arbeiten oder um Beobachtungen und neue Ideen zu sammeln. Besonders anziehend waren für sie eingestürzte Gebäude. An ihnen ließ sich lernen, wie man es nicht machen sollte. Die Baumeister der gotischen Kathedralen mussten zugleich Universalgenies und Autodidakten sein. Wie sie diesen Spagat bewältigten, liegt ebenso im Dunkeln wie ihre Lebensläufe und Persönlichkeiten. Man kennt die Namen der Baumeister von Amiens. Aber über das technische und konzeptionelle Wissen, das Robert de Luzarches sowie seine Nachfolger Thomas und Regnault de Cormont für diesen Bau mitbrachten, weiß man viel zu wenig.

Die Kathedrale von Amiens

Mehr Licht

Auch die gotische Kathedrale ist primär – wie könnte es anders sein – dafür da, dem Gottesdienst einen angemessenen Ort und der Eucharistie eine prächtige Bühne zu bereiten. Um diese liturgische Aufgabe zu erfüllen, lenkt und reizt sie den Besucher. Sie zieht seine Aufmerksamkeit nach vorn und nach oben. Sie überwältigt und begeistert ihn, weckt Empfindungen von Ehrfurcht und Andacht, berührt ihn emotional, versucht aber auch, ihn gedanklich zu packen und in eine geistliche Ordnung einzufügen. Man hat die gotische Kathedrale deshalb auch als «anagogische Architektur» bezeichnet, weil sie den Betrachter in eine andere Welt, eine höhere Wahrheit hinaufführen will.

Aber die gotische Kathedrale will nicht nur hinführen, sondern selbst etwas darstellen. Wie die Hagia Sophia ist sie ein Abbild des himmlischen Jerusalems, also die symbolische Verkörperung einer geistlichen Wirklichkeit, selbst eine Stadt Gottes auf Erden. Das Überirdische, Himmelsstürmende an ihr, das Phantastische und Exorbitante ist kein bloßer Luxus, sondern hat die Aufgabe, die Grenze zwischen Erde und Himmel zu überwinden und den Gläubigen eine Ahnung davon zu schenken, was es heißen könnte, Gott zu schauen. Darum ist alles auf das Schauen ausgerichtet.

Abt Suger hatte den neuen Stil in Saint Denis aus der Taufe gehoben. Der Name dieser Stadt und ihrer wichtigsten Kirche hat – zufälligerweise – eine tiefere Bedeutung. «Saint Denis» – das ist die französische Variante von «Dionysius». Die Kirche dieser Stadt war Dionysius, dem ersten Bischof von Paris, gewidmet, der im 3. Jahrhundert das Martyrium erlitten hatte. Es gab aber noch einen anderen Dionysius, der für diesen Kirchenbau und alle, die ihm nachfolgten, bestimmender gewesen sein dürfte: Dionysius Areopagita. Mit diesem Namen bezeichnete man den – eigentlich anonymen – Autor philosophisch-theologischer Schriften, die zu Beginn des sechsten Jahrhunderts im Nahen Osten, vielleicht in Syrien, entstanden sind. In seinen Büchern hatte er eine religiös-philosophische Lehre vom Licht entfaltet, die – nachdem sie im 9. Jahrhundert wiederentdeckt worden waren – zu einem Brunnen wurde, aus dem die Mystiker des Mittelalters, vielleicht aber auch gotische Bauherrn wie Abt Suger, begierig schöpften.

Die Lehren des Dionysius sind fremdartig und klingen paradox. Es ist nicht leicht, sie zusammenzufassen. Vielleicht geht es so: Gott ist das Gute an sich, ein reines Sein jenseits allen Seins. Er manifestiert sich als Licht, als ein geistig-geistliches Licht. Aus diesem Licht ist alles geschaffen, an diesem Licht hat jede Kreatur Anteil, aber nicht gleichermaßen, sondern abgestuft nach einer Hierarchie der Schöpfung, in einer Stufenleiter des Seins. An ihrer Spitze befindet sich Gott als ein überfließendes Licht, das sich wie ein römischer Brunnen ergießt, herabfließt in tiefer liegende Schalen, bis es ganz unten, auf der Stufe der bloßen Materie, angelangt ist. Ziel allen geistigen Lebens muss es sein, zum obersten, reinen Licht zurückzukehren und in diesem Licht Erleuchtung und Erlösung zu finden.

Wenn Abt Suger – was aber natürlich umstritten ist – die Schriften des Dionysius gelesen und sich zu Herzen genommen hat, dann dürften sie ihm die hohe symbolische Bedeutung des Lichts für den Glauben, den Gottesdienst und den Kirchenbau aufgewiesen haben. Gott ist unsichtbar, und doch sehnen sich die Gläubigen danach, ihn zu schauen. Wie und wo soll das möglich sein? Doch nur im Licht, aber in einem besonderen Licht, nicht dem natürlichen Sonnenlicht, sondern einem Symbollicht, das kein Bestandteil dieser Welt ist, diese aber erleuchtet und durchläutert. Dieses Licht ist strahlend hell, zugleich aber auch das Gegenteil davon, nämlich abgründig und dunkel. Denn es ist ein Licht jenseits allen Lichts, ein Licht, das man eigentlich nur mit inneren Augen schauen kann.

Einige dieser Grundmotive dürften Abt Suger schon aus der Bibel vertraut gewesen sein. Die erste Tat Gottes, von der die Heilige Schrift berichtet, ist sein Ruf in die Dunkelheit: «Es werde Licht». Aus dem Licht und mit dem Licht hat Gott alles Leben erschaffen. Das Johannes-Evangelium nimmt dies auf und bezieht es auf den Erlöser: Jesus Christus ist das Licht der Welt. Er ist eins mit dem göttlichen Schöpfungswort am Anfang der Zeiten und zugleich das Licht, das Tod, Sünde und Unheil überwindet und alle Menschen, die an ihn glauben, in ein ewiges, unendlich lichtes Leben in Gott führt. Zugleich aber findet sich in der Bibel auch das Gegenteil zu diesem Lichtglauben, nämlich die Vorstellung, dass Gott im Dunkeln wohnen und sich in der tiefsten Finsternis, dem Kreuzestod, offenbaren will. Aus beidem, der Einsicht in die Heilsbedeutung des Lichts wie der Dunkelheit, haben Abt Suger und seine Nachfolger die Inspiration für eine einzigartige architektonisch-theologische Lichtführung gewonnen.

Die gotische Auflösung der Wände schuf die einmalige Gelegenheit, das Kircheninnere in einem bisher ungeahnten Maße mit Licht zu füllen. Natürlich gibt es noch Wände, aber sie sind kaum noch zu sehen, so groß und dominant sind die Maueröffnungen – jetzt wahre Lichtschleusen – geworden. Doch konnte es nicht allein darum gehen, einfach mehr Helligkeit hineinzulassen. Ziel war es,

Die Kathedrale von Amiens

das Licht als eigenständiges Gestaltungselement einzusetzen. Dazu musste man es selbst gestalten, also Lichttöne, Lichtfarben und Lichtbilder in die Kirche einbauen. Diese Aufgabe fiel den Fenstern zu. Sie führen die Bilderpredigten fort, welche die Portale mit ihren wunderbaren Reliefs und Skulpturen dem Gottesdienstbesucher vor dem Eintreten in die Kathedrale hielten, und steigern sie durch überwältigende Lichteffekte und Farbenspiele.

Um die Bedeutung dieser Erfindung auch nur halbwegs einzuschätzen, muss man bedenken, dass Glas damals noch keineswegs ein übliches Baumaterial war. Die Fenster der meisten Häuser waren einfache Lüftungsspalten mit Holzläden davor, die bei Regen oder Kälte geschlossen waren. Entsprechend dunkel muss es drinnen gewesen sein. Die Reichen hatten immerhin Fensterscheiben aus poliertem Horn oder Gitterrahmen, die mit einem harzgetränkten Leinen bespannt waren. Aber auch sie werden nur einen trüben Lichteinfall genossen haben. Demgegenüber müssen die neuen Kathedralen wie Lichterdome gewirkt haben. Auch hier scheint es einen Wettbewerb zwischen den Kathedralen gegeben zu haben. Jede wollte mit noch größeren und prächtigeren Fenstern prunken. Chartres führte die Konkurrenz lange Zeit mit 2600 Quadratmetern Fensterfläche an. Doch war es nicht allein die ungeheure Menge an Licht, die Staunen erregte. Das neue Gestaltungsmittel musste auch präzise eingesetzt werden. Und dies gelang, indem man das Licht wohl dosierte und genau lenkte. So gaben die Obergaden viel mehr Licht als die Seitenschiffe. Denn die Kirche sollte nach oben hin heller werden, und der Blick sollte nach oben und nach vorn gezogen werden. Das Querhaus wiederum, das den Übergang vom Mittelschiff zum Altarraum bildet, war oft dunkler gehalten. Es diente als eine Art Licht-Lücke, so dass das Chorhaus als das eigentliche Zentrum umso kräftiger erstrahlte. Hier traf den Kirchgänger das Licht frontal und mit großer Macht. Sogar das Triforium war hier mit Fenstern durchsetzt. Diese besondere Helligkeit hatte natürlich auch den praktischen Grund, die Messfeier gut auszuleuchten. Aber sie steht darüber hinaus für eine neue Theologie des Lichts und eine Sakralität des Sehens, in der das Schauen und Zuschauen zu einem Glaubensakt wird.

Das steinerne Maßwerk – eine gotische Erfindung – gliedert die Fenster in kleinteilige, geometrisch ausgefeilte Raster. Dies sorgt nicht nur für die nötige Stabilität, sondern ermöglicht es auch, die Fensterflächen zu Kompositionen auszugestalten. Die Fenster sollen nicht bloß Helligkeit einlassen, sie sollen das natürliche Sonnenlicht brechen und formen, es zu einem Bedeutungsträger machen. Darum sind die Fenster immer farbig und zumeist recht dunkel. Sie brechen und dämpfen das Licht. Aber dabei – und das ist ein besonderes Wunder – schwächen sie es nicht ab, sondern intensivieren es. Die Folge ist, dass die gotischen Fenster weniger leuchten als vielmehr glühen. Niemals wieder wurde ein so warmes Blau geschaffen wie damals in Chartres. Leider kann man dies heute kaum noch erleben. Die zahlreichen Aufhellungen, die seit der Zeit der Aufklärung vorgenommen wurden, verhindern dies. Zudem wurden viele Fenster in Nordfrankreich und Flandern während der letzten beiden Weltkriege durch deutsche Bombardements zerstört.

Dennoch lässt sich der Zauber der gotischen Fenster – ihre geometrische Konstruktion, ihre einzigartige Farbigkeit und ihre geheimnisvolle Sinnbotschaft – immer noch an vielen der großen «Rosen» genannten Rundfenster anschauen und genießen. Besonders prachtvoll – und verhältnismäßig gut erhalten – sind die Rosen von Reims und Chartres. Ursprünglich nannte man sie nur «Rad» oder «O». Sie spielen auf unterschiedliche Bedeutungen an: auf das heidnische Glücksrad der Fortuna, auf den Kreis als Inbegriff geometrischer Vollendung, auf die Rose als Sinnbild der Liebe und als Mariensymbol. Ebenso vielfältig sind auch die bildlichen Anspielungen. Manche Rosen stellen die Zyklen des Lebens dar, die Jahreszeiten, die Himmelsrichtungen, die Planeten und feiern die Harmonie des Kosmos. Andere präsentieren in Allegorien die menschliche Weisheit, ihre Künste und Wissenschaften oder die christlichen Tugenden. Andere preisen Christus als das Licht der Welt und die Sonne des Heils. Sie zeigen die Stufen seines Lebens, die zugleich die Stationen der Erlösung sind. Dabei fällt auf, dass relativ wenige Christus als Gekreuzigten, deutlich mehr ihn aber als den Richter des Jüngsten Gerichts vorstellen. Da in der Gotik auch die Marienfrömmigkeit einen Höhepunkt erreichte, sind viele Fensterrosen der Himmelsrose und Gottesmutter gewidmet. Andere schließlich wirken in ihrer kaum zu überschauenden Struktur wie Labyrinthe, wie verschlungene Pfade in die Ewigkeit. Sie lassen sich aus der Ferne nur schwer überblicken und deuten, scheinen kaum noch eine Botschaft zu verkünden, sondern erscheinen wie freie Ornamente, die sich selbst genug sind. Das sollte man nicht kritisieren, eröffnen diese virtuosen Wanddekorationen und flamboyanten Glaskreationen doch den Weg zu einer reinen Kunst, wie es sie damals sonst nur in der islamischen und – sehr viel später – im 20. Jahrhundert in der abstrakten Kunst gab.

Die Kathedrale von Amiens

Offenkundig war ein Motiv der gotischen Lichtbegeisterung und Fensterkunst auch die Lust an Pracht und Prunk, die Freude am reinen Luxus. Ihr entsprechen die herrlichen Reliquienschreine, die aus purem Gold gemacht und mit
Edelsteinen übersät sind. Sie verwandeln die Kirchen in zauberhafte, berau-
schende Schatzkammern. In den strahlenden Farben von oben und den funkeln-
den Juwelen von unten kommen zwei Tendenzen der damaligen Zeit zusammen,

die sich eigentlich widersprechen müssten. Die Reliquienfrömmigkeit – ebenso wie die Verehrung der Hostie – steht für eine Verdinglichung des Glaubens, in der das Göttliche als materialer Gegenstand, geradezu handgreiflich, erfahren wird. Die Fensterkunst der gotischen Kathedralen dagegen steht für eine Sublimierung des Glaubens, in der das Göttliche nur symbolisch vorgestellt und rein geistlich geschaut wird. Die Spannung zwischen diesen beiden Tendenzen kann man nicht dadurch auflösen, dass man erklärt, die verdinglichte Darstellungsform sei für die ungebildeten Massen bestimmt und die sublime Darstellung sei den Theologen und höheren Geistlichen vorbehalten gewesen. Wahrscheinlicher ist es, dass man damals beides – relativ problemlos – zugleich gewollt und genossen hat, unbekümmert darum, ob dies in späteren Zeiten als Widerspruch empfunden werden könnte.

Wenn man sich heute die farbdurchfluteten Kathedralen mit ihren edelsteinverzierten Schreinen vorstellt, braucht man sich nicht unbedingt in die Schriften des Pseudo-Dionysius mit ihrer neuplatonischen, halbchristianisierten Erlösungslehre zu vertiefen, um den religiösen Sinn dieser Gesamtkunstwerke zu erahnen. Ein Blick in das letzte Buch der Bibel täte es auch. Dort berichtet der Seher Johannes, wie ihm ein Bild des himmlischen Jerusalems offenbart wurde. Seine Vision ist eine überreiche Tröstung aller Mühseligen und Beladenen, das überschwängliche Versprechen, dass die Gläubigen erlöst werden sollen von allen Bosheiten und Hässlichkeiten dieser Welt. Wie eine geschmückte Braut, so stellt es sich Johannes dar, wird das himmlische Jerusalem herabkommen, eine Hütte Gottes bei den Menschen, in der es kein Leid mehr geben wird noch Geschrei oder Schmerz. Alle Tränen werden hier abgewischt und alle Dunkelheiten vertrieben. Diese Stadt erstrahlt in einem reinen Licht, das dem Glanz der edelsten Juwelen gleicht. Das Mauerwerk ist nicht aus dumpfem Stein, sondern aus Jaspis gebaut. Die Grundsteine sind geschmückt mit Jaspis, Saphir, Chalzedon, Smaragd, Sardonyx, Sarder, Chryolith, Beryll, Topas, Chrysopras, Hyazinth und Amethyst. Die Tore sind aus Perlen. Diese Stadt braucht keine Sonne und keinen Mond über sich, in ihr ist alle Finsternis vertrieben, denn die Herrlichkeit des Herrn beleuchtet und erleuchtet sie. In ihr scheint das Licht dieser und jener Welt auf: Jesus Christus, das Lamm Gottes.

Dieser Vision des Sehers Johannes eifern die gotischen Kathedralen nach und bekennen: Gott ist Licht, Gott ist Farbe, Gott ist schön, Gott ist da.

Die Kathedrale von Amiens

Heiliges und unheiliges Treiben

Der Wirkung einer gotischen Kathedrale wie derjenigen von Amiens kann man sich nicht entziehen. Sie überwältigt und erfreut, lässt einen staunen und Ehrfurcht empfinden. Zugleich ist die Gefahr groß, der gotischen Kathedrale mit einer einseitigen, übertriebenen Ehrfurcht zu begegnen. Deshalb sollte man sich stets vor Augen halten, dass sie früher keineswegs ein ausgesonderter Ort reiner Frömmigkeit oder ein Sonderbezirk abstrakter Heiligkeit gewesen ist.

Man bedenke nur, was für eine kleine Stadt zum Beispiel Amiens war. Mitten in sie hinein wurde dieses gewaltige Gebäude gesetzt. Von allen Seiten war sie von Häusern aller Art umgeben, in denen Menschen ihr profanes Leben führten, also wohnten und arbeiteten, schliefen und aßen, sich liebten und hassten, Geschäfte machten und Freundschaften pflegten. Die Kirche stand mitten im Leben, fast mehr, als gut für sie war. Wie hätte es angesichts der drangvollen Enge, die in einer mittelalterlichen Stadt nun eben herrschte, auch anders sein können, als dass der Alltag tief in die Kirche eindrang. Es war ganz unmöglich, dass die Kathedrale ein Raum der Stille geblieben wäre, in dem Menschen sich selbst hätten völlig vergessen und ganz in Gott versenken können, in dem nur das «Heilig, Heilig, Heilig» frommer Sänger zu hören gewesen wäre. Mitten in die Stadt hineingebaut, konnte die gotische Kathedrale kein Asyl für fromme Weltflüchtlinge sein. Sie war eher wie ein Jahrmarkt. Hier wurde gehandelt und gefeilscht, gekauft und weiterverkauft. Auch im übertragenen Sinn war die Kathedrale wie ein Marktplatz, ein Basar sozialer Beziehungen, ein Jahrmarkt der Eitelkeiten, ein Treffpunkt für alle Bürger, nicht zuletzt einer der Orte, an denen Männer und Frauen sich relativ frei begegnen konnten, weshalb die Kathedrale neben ihren religiösen, wirtschaftlichen, politischen und gesellschaftlichen Funktionen auch eine erotische Dimension besaß.

Noch gab es keine strikte Trennung des Sakralen vom Profanen. Beides ging munter durcheinander. Das Heilige und die Heiligen waren nicht in der Kirche eingesperrt, um nur am Sonntag den Menschen zu begegnen. Sie waren im Alltag allgegenwärtig. Ihnen waren die Städte und Straßen, die Häuser, Märkte und Feste zugeeignet. Alles war vom Heiligen durchsäuert. Das Profane war immer für das Sakrale offen, so wie die Kirche stets geöffnet war. Jeden Tag und auch nachts. Es wurden viele Gottesdienste gefeiert, tags wie nachts. Über die Hälfte des Jahres bestand aus Festtagen, die Anlass für Messfeiern boten. So war die Kirche fast ununterbrochen in Betrieb. Ihre Tore mussten aufgesperrt bleiben. Wer die Kirche aber so weit öffnet, darf sich nicht wundern, wenn vielerlei in sie hineinströmt.

Natürlich war die Hauptfunktion der Kathedrale eine liturgische. Sie war der Ort, an dem Messfeiern zelebriert, die Festtage begangen, die Stundengebete gebetet wurden und die Prozessionen ihr Ziel fanden. Doch die vielen Menschen, die zu diesen Anlässen in die Kathedrale kamen, schleppten auch ihre profanen Bedürfnisse in das Heiligtum hinein. Viele Gottesdienstbesucher, die von weit hergewandert waren, wollten in der Kirche nachts schlafen. In Chartres gab es vorn beim Lettner, der Schranke vor dem Altarbereich, sogar Schlafkabinen. Eine wirkliche Lösung war dies nicht. Zu hohen Festtagen war die Kirche voll mit Familien, die hier aßen, schliefen und spielten, schreienden Kindern und stillenden Müttern. Manchmal kam es sogar zu Schlägereien, weil jeder am nächsten beim Altar schlafen wollte. Dies galt nämlich als heilswirksam und gesundheitsfördernd. Außer den Pilgern hatten auch Asylsuchende und Kranke in der Kirche ihr Quartier aufgeschlagen, weil sie Schutz oder Heilung suchten. Es war also durchaus sinnvoll, dass in die Kirche ein Lettner eingezogen wurde, der die Leute vom Hochaltar fernhielt.

Eine stille Andacht war kaum möglich. Die Gottesdienste waren auch viel zu lang, als dass die Menschen nicht ins Schwätzen gekommen wären, die Kleriker ebenso wie die Laien. Viele promenierten währenddessen frei umher. Adlige ergingen sich mit ihren Hunden und Falken. Manche kürzten ihre Gänge zum oder vom Markt ab und trieben ihre Schweine, Hühner und Schafe quer durch die Kirche, unbekümmert darüber, ob gerade ein Gottesdienst stattfand. Bei schlechtem Wetter zogen die Händler, die ihre Stände vor dem Portal hatten, in die Kirche und betrieben ihre Geschäfte nun im Trockenen. Auch die Prostituierten boten sich lieber im Schutz der Kirchmauern an. Nicht selten zankten sie sich lautstark um die besten Stehplätze. Und wenn ihre Geschäfte gut liefen, spendeten sie einen guten Teil ihres sündigen Lohns – zur nicht geringen Verlegenheit der Geistlichen.

Bevor man darüber die Nase rümpft, sollte man bedenken, dass auch diese Auswüchse ein Zeichen dafür waren, dass die Kathedrale sich damals – nicht nur räumlich – in der Mitte der Gesellschaft befand. Sie besaß nicht allein religiöse Funktionen, war nicht bloß den Klerikern und besonders Frommen vorbehalten, sondern bildete das Zentrum des ganzen Lebens. Auch darin blieb sie dem Grundmodell der Basilika verpflichtet, die ja ursprünglich eine Markthalle gewesen war.

In der Kathedrale ging es lebhaft zu, laut und bunt. Wenn Menschen zum Gottesdienst kamen, waren sie nicht darauf eingestellt, still zu sitzen und fromme Gehirnarbeit zu leisten. Sie erwarteten Wunder und Spektakel. Sie wollten Spiele. Und die bekamen sie auch. Es gab nicht nur etwas zu hören, sondern auch zu sehen. Zu Pfingsten etwa wurde brennendes Werg vom Gewölbe geworfen, um die Ausgießung des Heiligen Geistes zu versinnbildlichen. Und zu Himmelfahrt schüttete man Körbe mit Blütenblättern über der Gemeinde aus. Geheimnisvolle Labyrinthe waren – in Amiens oder Chartres – kunstvoll in den Boden eingelassen. Dasjenige von Sens bot bei einem Durchmesser von nur zehn Metern eine Wegstrecke von fast 2000 Metern. Wer sie – auf Knien rutschend und dabei Psalmen singend – entlangkroch, konnte die Pilgerfahrt nach Jerusalem nachstellen. Auch die Kleriker wollten nicht nur sitzen und beten. Sie tanzten mit körperlicher Lust und frommer Inbrunst, im Kreuzgang, aber auch in der Kirche. Dass diese liturgischen Tänze von Kirchenführern und Theologen heftig bekämpft wurden, zeigt nur, wie verbreitet und beliebt sie waren.

Die Kathedrale war eine Bühne. Hier wurden – da es sonst kein Theater gab – Schauspiele aufgeführt. Diese waren die eigentliche Armenbibel – weit mehr als die Altarbilder, die durch den Lettner abgeschirmt wurden, weit mehr auch als die Rosenfenster, die zu hoch angebracht und zu verästelt gestaltet waren, als dass das ungebildete Volk sie hätte gut anschauen und wirklich verstehen können. Im Unterschied zu ihnen waren die Mysterienspiele für die einfache Gemeinde gedacht und gemacht. Zunächst waren es «Lebende Bilder». Zum Beispiel beim Epiphaniasfest, wenn drei Kanoniker die Anbetung des Jesuskindes durch Könige aus dem Morgenland nachstellten: in farbigen Gewändern, mit Palmzweigen und goldenen Kronen, manchmal auch mit einer kurzen Prozession durch die Kirche und mit einem Silberstern im Chor, der den Königen den Weg zum Christuskind wies. So wurden zu Weihnachten, in der Passionszeit und zu Ostern die Stationen des Lebens- und Leidensweges Jesu bildhaft dargestellt. Aber auch Marienlegenden waren sehr beliebt. Die «Lebenden Bilder» waren ein gutes pädagogisches Mittel, um – wie heute im Kindergottesdienst – den Menschen, die nicht lesen konnten, die Heilsgeschichten so vorzuführen, dass sie sie verstehen konnten und von ihnen ergriffen wurden. In der damaligen, visuell so reizarmen Welt boten diese Mysterienbilder reichlich Stoff zum Staunen und Erschrecken, Lachen und Weinen.

Mit der Zeit lernten die «Lebenden Bilder» laufen und wurden im 15. Jahrhundert zu groß angelegten Mysterienspielen. Sie beschränkten sich nicht mehr darauf, als Hilfsmittel für die Predigt einzelne Szenen abzubilden, sondern arbeiteten die biblischen Geschichten und Heiligen-Legenden zu regelrechten Theaterstücken mit langen Dialogen und neu hinzuerfundenen Figuren aus. Immer ausgefeilter wurden die Textvorlagen, immer raffinierter die Inszenierungen, immer größer der Aufwand. Manche Mysterienspiele bildeten Zyklen, deren Aufführung vier bis fünf Tage in Anspruch nahm. Die Kathedrale wurde den Schauspielern zu eng, so verlagerten sie große Teile ihrer Stücke auf den Kirchhof und durchzogen anschließend in Prozessionen die Plätze, Straßen und Gassen. Die Mysterienspiele eroberten die Stadt. Um einen möglichst intensiven Eindruck zu erzielen, wurden viele Register gezogen. Damit das fromme Spektakel nicht allzu ernst wurde, baute man lustige Figuren und derben Humor ein. Aber auch dunkle Gefühle wollte man erzeugen. Theatermaschinen stellten Teufel, Dämonen und Feuer speiende Drachen dar, um den Zuschauern Höllenangst einzujagen. Und um die rechte Anteilnahme am Leiden Jesu hervorzurufen, ließ man mit Hilfe eines *special effect* aus der Seite des Schauspielers, der den Gekreuzigten gab, unaufhörlich eine blutrote Flüssigkeit fließen.

Für die Organisation und Finanzierung dieser Spiele sorgten oft besondere Bruder- und Schwesternschaften. Zum Beispiel die Puy-Gesellschaften, religiös-literarische Zirkel, die neben den Passionsmysterien auch Poesie-Wettbewerbe zu Marias Ehren veranstalteten. Auch in Amiens gab es solch einen Puy. Sein Oberhaupt trug die Verantwortung dafür, dass zu besonderen Ereignissen Balladen auf die Gottesmutter gedichtet und vorgetragen wurden. Außerdem musste er die «Brotversammlung» vorbereiten und leiten. Dies war eine Kirmes, bei der man Nahrungsmittel an das Volk verschenkte und ein «Schönredner» ausgezeichnet wurde. Schließlich hatte das Puy-Oberhaupt an Maria Lichtmess ein Festmahl auszurichten, in dessen Rahmen ein Mysterienspiel geboten wurde. Von diesem Stück wurde ein Gemälde angefertigt, das dann in der Kathedrale von Amiens ein Jahr lang ausgestellt wurde.

Billig wird all dies nicht gewesen sein. Deshalb brauchte man städtische Subventionen. So ist belegt, dass die Stadt Amiens der Bruderschaft vom heiligen Sakrament im Jahr 1413 drei Livres bewilligte, um ihren Mitgliedern zu helfen, «die hohen Ausgaben zu tragen, die ihnen durch die Vorbereitung der Feste zur Passion und Auferstehung unseres Herrn entstanden sind, desgleichen auch die Kosten bei der Errichtung von Estraden, auf denen die Amtmänner, der Bürgermeister und Gemeinderäte der Stadt ihre Plätze hatten». Manchmal war es unumgänglich, Sondersteuern zu erheben. Im Jahr 1451 zahlten die Magistraten der

Stadt Amiens sogar zweihundert Livres aus, damit «dem Volk das Mysterium der Passion unseres Herrn Jesus Christus sowie die hohen Ereignisse des Pfingstfestes dargestellt werden, auf dass man nicht sage noch wider sie raune, sie wären schuld, dass es nicht gespielt und dem Volk nicht gezeigt würde, sondern alle froh sind, dass es statthaben kann». Natürlich kam es auch bei den Mysterienspielen zu einem frommen Wettstreit der Städte und Kathedralen, weil jeder die schönsten, längsten und teuersten Spiele bieten wollte.

Die Spielfreude war kaum zu bändigen. Neben die ernsthaften Mysterienspiele gesellten sich höchst unernste Ableger: die Narrenfeste. Es mag Zufall sein oder auch nicht, aber sie erlebten ungefähr zur selben Zeit und im selben Gebiet wie die Gotik ihre größte Verbreitung: im Nordfrankreich des 13. und 14. Jahrhunderts. Besonders beliebt und ausgestaltet waren die Narrenfeste zum Jahresende, in der frohen Weihnachtszeit. Das passte nicht schlecht, denn zu Weihnachten feierte die Kirche das Jesuskind und stellte – in ihm – alle Kinder, alle Schwachen und Schutzlosen in den Mittelpunkt. Das Weihnachtsfest proklamiert eine Umwertung aller Werte, es stürzt die weltlichen und geistlichen Hierarchien und erhöht die Demütigen, die kleinen Leute. Dieses gut biblische Motiv griffen vor allem die unzähligen kleinen Kleriker, die Chorknaben und Kanoniker auf und nahmen es als Freibrief, großen und manchmal auch groben Schabernack zu treiben.

Am 28. Dezember, dem Tag der Unschuldigen Kinder, der an den Kindermord zu Bethlehem erinnert, nahmen sich die Chorknaben das Recht, die Rollen zu tauschen. Sie übernahmen die Gewänder und die Sitzplätze der Älteren und Ranghöheren. An diesem Tag beschränkten sie sich nicht darauf, niedere liturgische Hilfsdienste zu leisten, sondern lasen selbst die Messe. Besonders bunt muss es zugegangen sein, wenn der Kinderbischof inthronisiert wurde. Man führte einen kleinen Knaben in den Chor, setzte ihm feierlich eine Mitra auf den Kopf, reichte ihm weitere bischöfliche Insignien wie Krummstab und Ring und erteilte ihm den Segen. Anschließend zogen alle mit ihm durch die Stadt – nicht selten unter Absingen schmutziger Lieder. Was anfangs ein unschuldiges Spiel gewesen sein mag, wurde mancherorts zur pietätlosen Verhöhnung des Heiligen und zum Anlass, mitten in der Kathedrale Grillfeste zu geben.

Über Jahrhunderte kämpfte die kirchliche Obrigkeit vergeblich gegen die Narrenfeste und Kinderbischöfe. Doch der niedere Klerus und der geistliche Nachwuchs konnten ihr Recht verteidigen, diese Satyrspiele zu feiern. Erst im 17. Jahrhundert endeten diese unfrommen Belustigungen in den Kathedralen.

Denn die Gegenreformation bekämpfte nicht nur die protestantische Konkurrenz, sondern setzte auch innerhalb der katholischen Kirche eine Reinigung durch und sorgte für eine strengere Scheidung des Sakralen vom Profanen, des Kultus vom Alltag, des Ernsten vom Heiteren.

Auf dem Gipfel

Die großen Krankheiten des Mittelalters sind längst vergessen, verweht – wie die Menschen, die ihnen zum Opfer fielen. Die Erinnerung an die eine oder andere Seuche – die Kreuzzüge, das Ketzermorden, den «schwarzen Tod» – mag noch von ferne einen leisen Schauer auslösen. Doch sie sind besiegt, versiegt oder durch andere Epidemien, Ideologien und Todsünden ersetzt. Von ihnen ist nichts geblieben. Nur der «morbus aedificandi» hat etwas hinterlassen, das immer noch Bestand hat. Gott sei Dank, denn die großen Kathedralen, welche die wundersame Bau-Wut der Gotik geschaffen hat, stellen den Höhepunkt in der Geschichte des Kirchenbaus dar.

Die gotische Kathedrale ist der Gipfel des Kirchenbaus. Natürlich ist diese Einschätzung selbst wiederum historisch. Es gab auch Zeiten, als man sich in einer modischen Gotik-Verachtung gefiel. Die Italiener der Renaissance spotten im 16. Jahrhundert über die «maniera tedesca», diesen barbarischen Stil, den sie zugunsten einer Wiedergeburt der Antike überwinden wollten, und auch die Aufklärer des 18. Jahrhunderts konnten sich für diese Ausgeburten des finsteren Mittelalters nicht begeistern. Erst im 19. Jahrhundert lernte man die gotischen Kathedralen wieder lieben. Ganz rein und ungetrübt war diese Liebe bedauerlicherweise nicht, meinte man doch vor allem in Deutschland, die Gotik für einen übersteigerten Nationalismus und einen klerikalen Antimodernismus in Dienst nehmen zu können. Aber sowohl die klassizistisch-rationalistische Gotik-Verachtung wie auch die chauvinistische Gotik-Verherrlichung sind inzwischen Vergangenheit. Geblieben ist die Einschätzung, dass die Gotik – als ein gesamteuropäisches Phänomen – den Gipfel christlicher Sakralarchitektur bildet. Wenn man dies sagt, muss man allerdings die Metapher ernst nehmen: Ein Gipfel ist Teil eines Gebirges, bezogen auf weite, allmählich sich entwickelnde Höhezüge, aus denen er langsam erwächst und auf die er dann in seiner voll entfalteten Herrlichkeit ausstrahlt. Ohne die vielen vorbereitenden Hügelketten, die weiten Hochplateaus und die ersten Aufgipfelungen wäre er nichts. Ohne ihn jedoch würden dem ganzen Gebirge das Ziel und der Abschluss fehlen.

Aber man sollte nicht vergessen, dass schon im Mittelalter nicht alle gipfelsüchtig waren. In der Zeit, als in Nordfrankreich die ersten gotischen Kathedralen entstanden, bildeten sich in anderen Teilen Europas radikale Gegenbewegungen: In Südfrankreich und Norditalien kehrten die Katharer und die Waldenser den Großkirchen den Rücken und versammelten sich wieder in privaten Hauskirchen. Sie verweigerten sich der gesamten Fortschrittsgeschichte des Kirchenbaus und fingen noch einmal dort an, wo alles begonnen hatte.

Der Petersdom zu Rom

6. Der Petersdom zu Rom

und die katholische Kirche

Der Grundstein

Am 18. April 1506 machte sich eine glänzende Prozession mit dem Papst und über dreißig Kardinälen auf den Weg. Sie hatten an diesem «weißen Sonntag», dem ersten Sonntag nach Ostern, in der alten Basilika Sankt Peter, der wichtigsten Kirche Roms und damit der ganzen westlichen Christenheit, die Messe gefeiert. Nun zogen sie durch die Kapelle der heiligen Petronilla hindurch und hinaus, bis sie an den Rand einer gewaltigen Grube kamen. Hier blieben die Kardinäle mit ihrem heiligen Tross stehen. Papst Julius II., ein damals immerhin schon alter Mann von 62 Jahren, stieg aus seinem Tragesessel und kletterte in den Abgrund hinunter. Das war kein ungefährliches Unterfangen, denn immer wieder schoss Grundwasser in die Grube ein. Aber der Papst war entschlossen, die wichtigste Zeremonie seiner Amtszeit selbst zu vollziehen, nämlich den Grundstein für den Neubau der

> Wie groß darf eine Kirche sein? Als Grabstätte des ersten Apostels, als Kathedrale des Papstes, als Mittelpunkt einer Weltkirche kann der Petersdom eigentlich gar nicht groß genug sein. Aber gibt es in der Architektur nicht auch einen Punkt, an dem das Monumentale ins Monströse kippen kann?

Peterskirche zu weihen. Mit diesem Stein wurde das Fundament für den neuen südwestlichen Vierungspfeiler gelegt. Er stellte also gewissermaßen die Wurzel eines jener vier riesigen Pfeiler dar, die hoch in den Himmel wachsen sollten, um eine Kuppel von bisher ungekannter Größe, Kraft und Herrlichkeit zu tragen. Es dürfte Julius II. nicht leicht gefallen sein, die Weihe dieses Grundsteins würdig zu vollziehen. Während er in der dunklen und feuchten Tiefe diesen Akt, dem eine komplizierte und erregte Debatte über das richtige Zeremoniell vorausgegangen war, vollzog, und ihm dabei von oben die Kardinäle und all die anderen Schaulustigen zusahen, musste beständig das Grundwasser mühsam abgepumpt werden. Doch trotz dieser befremdlichen und gefährlichen Umstände muss es für Julius II. dort unten erhebend gewesen sein, das bisher größte Bauvorhaben der Christenheit mit seinen eigenen Händen zu beginnen. Vielleicht dachte er dabei an die alte Legende, wonach Kaiser Konstantin der Große es beim Vorgängerbau ebenso gehalten hatte. Als dieser elf Jahrhunderte zuvor über dem vermeintlichen Grab des heiligen Petrus eine Basilika bauen ließ, soll er eigenhändig mit der Spitzhacke den Baugrund freigelegt und zwölf Körbe Erde – für jeden Apostel einen – auf den eigenen kaiserlichen Schultern fortgetragen haben. Das Ritual der Grundsteinweihe war damals offenkundig noch unbekannt gewesen.

Dabei bot gerade das Wort vom «Grundstein» Anlass für bedeutsame biblische Assoziationen. Diese muss Julius II. im Sinn gehabt haben, als er ausgerechnet den «weißen Sonntag» des Jahres 1506 zum Datum für die Feierstunde bestimmte. Denn an diesem Sonntag wurden in allen Kirchen nach alter Sitte Verse aus dem 1. Brief des Petrus verlesen, die wie geschaffen waren für den Anlass. Dort heißt es nämlich, dass Christus der «lebendige Stein» sei, der von den Menschen als «Stein des Anstoßes» verworfen, von Gott aber auserwählt wurde, um der «Eckstein» eines neuen Gotteshauses zu werden. Auf ihn sollten sich alle Gläubigen gründen, die selbst «lebendige Steine» seien, aus denen das geistliche Haus der Kirche erbaut werde. Dies also ist die wichtigste Bau-Metapher des Neuen Testaments: Die Kirche ist ein aus lebendigen Steinen, den Gläubigen, erbautes Haus, dessen Grundstein Christus ist. Dieses Sprachbild zog Julius II. heran, um alle Glieder seiner Kirche auf sein gigantisches Bauvorhaben einzuschwören und von ihnen einen enormen finanziellen Beitrag einzufordern. Dafür borgte er sich die Autorität des heiligen Petrus, für dessen legitimen Nachfolger er sich hielt und auf dessen Thron er zu sitzen meinte. Alle Christen des Westens sollten als «lebendige Steine» mithelfen, den Petersdom neu zu bauen, um dem Grab des Apostels einen würdigen Rahmen zu geben und um die Wiederauferstehung des Papsttums nach langen Jahren der Ohnmacht zu feiern – sowie nicht zuletzt, um den Ruhm des Bauherrn zu mehren.

Julius II. war mehr ein Kaiser als ein Papst, mehr ein Imperator als ein Hirte. Martin Luther sah in ihm schlicht einen «Blutsäufer», einen von christlichen Skrupeln freien Kriegsherrn. Dieses Urteil war nicht ungerecht. Aber vielleicht wurde damals gerade solch ein Gewaltpapst gebraucht. Nach dem Borgia-Papst Alexander VI., dem schamlosesten aller Nachfolger Petri, musste einer kommen, der fähig war, entschlossen zu handeln. Die verlorenen Gebiete des Kirchenstaats mussten zurückerobert, fremde Mächte vertrieben und innere Feinde unschädlich gemacht werden. Als kämpferischer, cholerischer Territorialherr war Julius II. der richtige Mann für diese Aufgaben. Als Kirchenfürst aber wusste er zugleich um die Macht der Symbole und darum, dass sein Reich eine sakrale Seite hatte, die öffentlich zur Schau gestellt werden musste. Deshalb ging er ein Vorhaben an, das verschiedene seiner Vorgänger zwar geplant, aber nie begonnen hatten. Julius II. verstand sich nicht nur als Nachfahr der antiken Kaiser, sondern auch als ein neuer Salomo, der berufen war, den Tempel aller Tempel zu bauen. Zum Glück war er nicht nur ein brutaler Krieger, der über Leichen gehen konnte, sondern auch ein kunstsinniger Mäzen, der die bedeutendsten Künstler für seine Vorhaben zu gewinnen vermochte. So war er es, der endlich den Anstoß zu einem Kirchenbau gab, welcher der Größe der römischen Kirche angemessen sein sollte. Ohne Julius II. würde die alte, damals schon baufällige Petersbasilika Kaiser Konstantins wahrscheinlich immer noch stehen.

Also konnte am Tag der Grundsteinweihe das größte und problematischste Bauvorhaben der gesamten Kirchengeschichte feierlich eröffnet werden. Zu diesem historischen Augenblick hatten sich viele hochgestellte Persönlichkeiten versammelt. Nur einer fehlte – und zwar genau derjenige Künstler-Architekt, dem trotz seines jungen Alters die Ehre zuteil geworden war, an den ersten Überlegungen zu diesem Projekt beteiligt zu werden, und dem es nach vielen Jahren und ungezählten Verzögerungen gelingen sollte, den entscheidenden Anstoß zur Vollendung des neuen Petersdoms zu geben. Aber am Vorabend des Festaktes war Michelangelo Buonarroti nach einem Zerwürfnis mit Julius II. aus Rom in seine Heimatstadt Florenz geflohen.

Die größte Baustelle der Welt

Die Petersbasilika Kaiser Konstantins aus dem 4. Jahrhundert war die größte antike Kirche Roms: ein fünfschiffiges Langhaus von immerhin 90 Metern Länge. Diese Ausmaße spiegelten die Bedeutung Petri, dessen Grab man nach einer alten Legende an der Grenze zur Apsis zu beherbergen glaubte. Über dem Grab erhob sich ein Hochaltar. Das Petrusgrab war – wenn man von der Jerusalemer Grabeskirche absieht – das bedeutendste Martyrium der westlichen Christenheit, die Erinnerungsstätte des allerverehrtesten Apostels, Ziel ungezählter Pilger. Zugleich war es ein Machtzentrum. Denn an das Grab schloss sich unmittelbar ein Podium an, auf dem sich der Thron des Papstes befand, des Bischofs, der den Anspruch erhob, mehr als alle anderen Bischöfe in der Nachfolge Petri zu stehen. Beide Orte

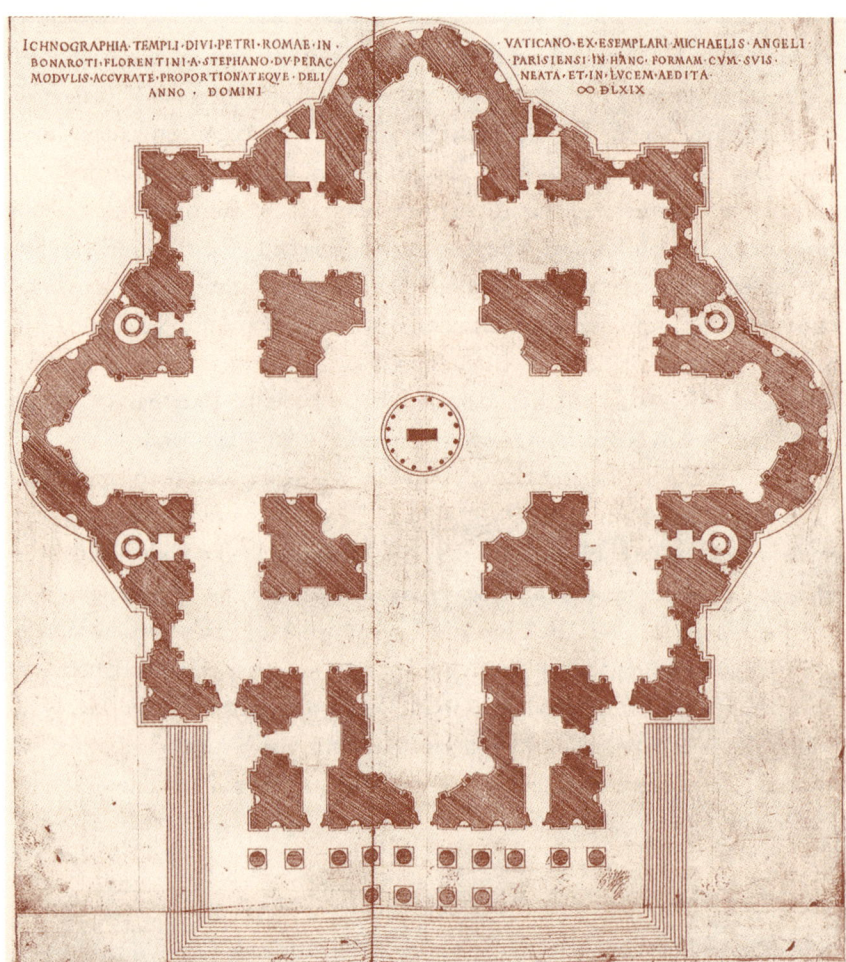

– Petrusgrab und Papstthron – verwiesen aufeinander und bildeten gemeinsam
den spirituellen und politischen Schwerpunkt der Kirche.

Das Papsttum durchlief in den Jahrhunderten nach Konstantin eine rasante
Entwicklung. Aus dem Bischof von Rom wurde mehr und mehr ein Monarch der
Christenheit, ein geistlicher Herrscher Europas. Die Petersbasilika aber spiegelte
dies kaum wider. Zwar wurde sie um viele prächtige Altäre, Grabmäler und
Kunstschätze angereichert. Zudem musste sie immer wieder nach Beschädigungen
restauriert werden. Ansonsten aber blieb sie so, wie sie ursprünglich gedacht und
gebaut worden war. Diese Kontinuität ist umso erstaunlicher, wenn man bedenkt,
wie viele antike Kirchen diesseits und jenseits der Alpen entweder den Katastrophen der Völkerwanderung oder den Innovationsschüben des hohen Mittelalters

Der Petersdom zu Rom

zum Opfer fielen und durch Neubauten ersetzt wurden. In Rom aber blieb man konservativ und hielt an der Konstantinischen Basilika fest, so lange es ging.

Doch seit der Mitte des 15. Jahrhunderts kamen Pläne für einen Neubau auf. Vor allem Papst Nikolaus V. überlegte, wie er die Kirche und ihren Vorplatz so umgestalten könnte, dass sie den Bedürfnissen der Stadt und seines Amtes entsprächen. Doch auch er lehnte sich noch vergleichsweise treu an das Alte an. Er strebte eine Regulierung des Petersplatzes und eine Korrektur einiger wenig gelungener Anbauten an. Darüber hinaus wollte er das Petrusgrab architektonisch hervorheben und zu diesem Zweck das niedrige und schmale Querhaus durch einen größeren, von einer Kuppel bekrönten Teilneubau ersetzen und die Querarme verlängern. Sein Plan war ein konservativer Neuansatz, der den Bestand um frische Ideen erweiterte. Es ist reizvoll, sich vorzustellen, zu welchem Ergebnis diese schleichende Umformung geführt hätte. Leider starb Nikolaus V. über den Vorplanungen, und keiner seiner Nachfolger hatte den Mut oder die Möglichkeit, sein Vorhaben weiterzuverfolgen.

Erst Julius II. besaß die Energie, die Peterskirche ganz neu und unerhört groß zu denken. Mit provozierender Bedenkenlosigkeit verlangte er nach Grandiosität und Innovation. In dem 62-jährigen Donato Bramante fand er den dafür geeigneten Architekten. Auch Bramante sah sich durch Rücksichten auf altehrwürdige Baubestände nicht in seinem Streben nach einer zeitgenössischen Monumentalität gehindert. Er wollte eine neuartige Ästhetik der Größe, die den Pilgern und Kirchgängern einen frommen Schauder einflößte. Für den Neubau des Petersdoms hatte er eine wunderbare, ausgesprochen passende Grundidee: Eine riesige Kuppel sollte entstehen. Sie war ebenso revolutionär wie konservativ gedacht. Aus ihr sollte sich etwas bisher ungeahnt Großes, ein ganz neuartiges Raumzentrum entwickeln. Zugleich verwies sie auf ein uraltes Vorbild, das Pantheon in Rom. Dieser von Kaiser Hadrian gebaute Tempel war der Inbegriff eines monumentalen Kuppelbaus. Mit geradezu unverschämter Direktheit fasste Bramante sein Konzept für den neuen Petersdom so zusammen: «Ich will die Pantheonskuppel auf die Konstantinsbasilika setzen!»

Ihm war wohl bewusst, dass die alte Basilika diese Last nicht würde tragen können. Mit der Kuppel erfand er ein ganz neues Gebäude, dem die 1200 Jahre alte Basilika zu weichen hatte. Sie war ein genialer ästhetischer Wurf, der das Alte

Michelangelo kam mit seinem Plan für einen Zentralbau auf die entscheidende Grundidee von Donato Bramantes Pergamentplan zurück: die große Kuppel, von der aus sich alles Weitere des Neubaus entwickeln sollte. Nach Michelangelos Tod wurde der Hochaltar in die Planung eingefügt. Er sollte, umgeben von einem Säulenkranz, im Zentrum stehen und damit die Kuppel widerspiegeln.

umstürzte. Ihre Eleganz und Grandiosität sicherte ihm die Bewunderung nicht nur des Papstes. Die Leichtigkeit jedoch, mit der er die konstantinische Basilika opferte, bescherte ihm den Spitznamen «Ruinante». Mit einer gewissen Lässigkeit scheint Bramante auch die architektonischen Folgeprobleme behandelt zu haben, die sich aus der Kuppel ergaben. Die Dimensionen für die anderen Gebäudeteile, besonders für den Chorraum, mussten doch nun ebenfalls ins Riesenhafte wachsen. Vor allem aber stellte sich die Frage, ob durch die Kuppel der neue Petersdom nicht einem ganz anderen Gebäudetyp zugeordnet werden musste. Denn nun gab nicht mehr – wie bei der alten Basilika – das Kreuz aus Lang- und Querhaus die Form vor, sondern aus der Kuppel folgte das Modell eines Zentralbaus. Allerdings hätte dieser Zentralbau kaum ausreichend Platz für das von Michelangelo ebenso monumental geplante Juliusgrab geboten. Zudem hätte das Petrusgrab verschoben werden müssen. Ersteres musste zu diplomatischen Verwicklungen führen, letzteres war selbst für Julius II. undenkbar. Schließlich hätte der Wechsel vom Langhaus zum Zentralbau zu einer ganz anderen gottesdienstlichen Nutzung, wenn nicht gar zu einer Einschränkung der bisherigen Nutzung geführt. Die Idee des Zentralbaus, so verlockend sie war, schien kaum durchführbar zu sein.

Es lässt sich nicht mehr ermitteln, wie sich Bramante den Neubau im Detail vorstellte. Dachte er wirklich an einen reinen Zentralbau oder an eine Mischform, also einen Zentralbau, an den sich ein Langhaus anschloss? Bramantes Skizzen legen fast den Verdacht nahe, als hätte er den Bau gar nicht zu Ende gedacht, sondern sich damit begnügt, mit seiner Riesenkuppel nur eine Ausgangsidee vorzustellen, von der aus sich alles weitere schon entwickeln würde. Was Bramante zeichnete, verrät einen inspirierten Schwung, der sich über alle Gegebenheiten hinwegsetzte und etwas atemberaubend Neues schuf. Übrigens war Bramante einer der ersten Architekten, der seine Planungen auf Papier zeichnete. Vor ihm hatten die Planer noch mit hölzernen Tafeln gearbeitet. Ebenso wie Leonardo da Vinci aber war Bramante als Architekt immer auch ein Maler und Zeichner. Und indem er seine Ideen mit freier Hand auf Papier zeichnete, veränderte sich das Planen. Es wurde freier, flexibler, offener.

In der Tat, Bramantes Planung war zur Zukunft hin weit geöffnet. Auch nur die Andeutung eines fixierten Gesamtplans sucht man bei ihm vergeblich. Wahrscheinlich hatte Bramante solch einen Plan gar nicht, sondern eben nur eine Grundintuition. Damit niemand sie zerredete und zurechtstutzte, schuf er sehr schnell Fakten. So trieb er mit der Grundsteinlegung seinen ersten Vierungspfeiler mitten in die alte Basilika hinein. In den folgenden sieben Jahren ließ er die

Kuppelpfeiler hochziehen. Damit hatte er den Kern seines Konzepts in einer Weise Stein werden lassen, dass weder der gegenwärtige Papst noch einer seiner Nachfolger hinter seinen Kuppelplan würden zurückgehen können.

Eine Legende erzählt, Bramante habe kurz vor seinem Tod verfügt, dass über die exakte Lage der Fassade des Petersdoms keine Entscheidung getroffen werden dürfe, weil er die Zeit, die er nun vor sich habe, für genauere Planungen nutzen wolle. Das Ergebnis werde er dann am Jüngsten Tag, bei seiner Auferstehung von den Toten, verkünden. Eine andere Legende berichtet, dass Bramante leider nicht in den Himmel gekommen sei. Denn an der Himmelpforte hätte Petrus ihm ernste Vorhaltungen gemacht, weil er die alte Basilika zerstört habe. Bramante jedoch blieb unbeeindruckt und unterbreitete dem Apostel sogleich einige bauliche Verbesserungsvorschläge: Die steile Himmelstreppe könnte man durch eine breite Spiralrampe ersetzen, damit man nicht mehr mühsam in den Himmel klettern müsse, sondern bequem hinaufreiten könne. Überhaupt solle Petrus darüber nachdenken, das Paradies insgesamt abzureißen und durch ihn neu bauen zu lassen.

Als Julius II. 1513 und Bramante ein Jahr darauf starben, hinterließen sie etwas, das eher wie eine gigantische Ruine als wie eine zukunftsträchtige Großbaustelle wirkte. Daraus ein fertiges, funktionsfähiges Gebäude zu machen, sollte in den folgenden hundert Jahren viele Architekten und Bauleute, Päpste und Kirchenbeamte bis aufs Äußerste fordern – und natürlich unglaubliche Geldsummen verschlingen.

Wer sollte den Neubau eigentlich bezahlen? Julius II. setzte alle ihm verfügbaren Mittel für dieses Vorhaben ein. Der Petersdom sollte doch sichtbarer Ausdruck seiner absoluten Herrschaft sein. Aber so mächtig war er nicht, dass er diesen Bau allein hätte bezahlen können. Auch der Ablasshandel, der indirekt in Deutschland die Reformation auslöste und die kirchliche Einheit in Westeuropa auflöste, brachte viel zu wenig ein. Das Geld musste also von einem anderen Herrscher beigesteuert werden. Es kam weder aus Deutschland noch aus Frankreich oder England. Neben den päpstlichen Besitzungen in Italien war es vor allem Spanien mitsamt seinen italienischen Besitzungen, das den Bau bezahlte. Deshalb spiegelt sich in der Baugeschichte des Petersdoms das jeweilige politische Verhältnis der Päpste zu Spanien. War man verbündet, floss das Geld, und der Bau schritt voran. Gab es Streit, stockte die Arbeit. So ist der Petersdom zwar – was den symbolischen Überbau angeht – ein Denkmal päpstlicher Herrlichkeiten, zugleich aber – was den finanziellen Unterbau angeht – ein Werk des spanischen Imperialismus.

Wege und Umwege zum Ziel

Der Nachfolger von Julius II. war Leo X., mit nur 38 Jahren ein unerhört junger Papst. Er beauftragte den noch jüngeren, nämlich erst 30-jährigen Raffael mit der Bauleitung. Aber den beiden Jungen sollte es nicht gelingen, das Werk ihrer so viel älteren Vorgänger auszuführen. Über visionäre Skizzen für ein Gesamtkonzept war Raffael nicht hinausgekommen, als er 1520 starb. Im Jahr darauf verschied auch Leo X. Ihm folgte der Niederländer Hadrian VI., ein ausnahmsweise frommer Papst, dessen Demut jedoch zu stark ausgeprägt war, als dass er sich für diesen Bau besonders engagiert hätte. Auch er verstarb nach nur einem Jahr. Ihm folgte Clemens VII., ein unehelicher Medici-Sohn. Unter ihm sollte Antonio da Sangallo das Regiment auf der Baustelle übernehmen. Dieser war dort schon seit längerem zu Hause. Bramante hatte ihn zu einem seiner wichtigsten Helfer gemacht. 1520 wurde er zum Leiter der Bauhütte erhoben. Eher ein Handwerker als ein Künstler, strich er die hochfliegenden Pläne von Bramante und Raffael auf ein ihm vernünftig erscheinendes Maß zusammen und versuchte wieder zum Grundgedanken des Langhauses zurückzukehren. Doch auch unter seiner Führung kam der Bau nicht recht voran. Schuld daran waren die politischen Umstände. Clemens VII. nämlich führte die ewige Stadt in eine der größten Katastrophen ihrer Geschichte, den «Sacco di Roma». Mit seiner unklugen Politik hatte er nicht nur viele Großmächte gegen sich aufgebracht. Er hatte vor allem die deutschen und spanischen Söldner des Kaisers so erzürnt, dass sie durch nichts, auch durch ihre Heerführer nicht, zurückzuhalten waren. 1527 stürmten sie das wehrlose Rom und richteten ein großes Grauen an. Fast die Hälfte der Bevölkerung sollen sie ermordet und etwa 90 Prozent der Kunstschätze geraubt haben. Dieser Massenraubmord ist nur mit der Plünderung Konstantinopels durch die Ritter des 4. Kreuzzuges zu vergleichen. Die Zerstörung war so gewaltig, dass an die Fortführung ehrgeiziger Bauprojekte lange nicht zu denken war.

Erst 1534, als Paul III. den Thron bestieg, eröffnete sich die Perspektive auf eine planmäßige Weiterarbeit. Der neue Papst sanierte die Finanzen und unternahm mit Sangallo einen «Neuaufbruch zu alten Ufern» (Georg Satzinger). Die Baustelle wurde vom Rest des alten Langhauses getrennt. Nachdem man das Langhaus lange einfach offen gelassen hatte, wurde nun eine Trennmauer hochgezogen, so dass das Langhaus geschützt war und für Gottesdienste genutzt werden konnte. Bramantes Pfeiler, die immer noch einsam und verloren in den Himmel ragten, wurden stabilisiert. Aber erst 1546, als Sangallo starb, konnte ein Baumeister eingesetzt werden, der das Format für diese übermenschliche Aufgabe besaß. Im darauf folgenden Jahr übernahm der inzwischen 72-jährige Michelangelo, der als junger Mann noch am Tag vor der Grundsteinlegung aus Rom geflohen war, die Gesamtleitung. Er brachte den entscheidenden Anstoß zur Vollendung der Kirche ein.

Das war eine fast schon bizarre Wendung der Geschichte. Ausgerechnet Michelangelo! Vor vierzig Jahren hatte Julius II. ihn mit einer großen Aufgabe betraut. Dieser Papst hatte mit dem Neubau des Petersdoms nämlich ein doppeltes Anliegen verfolgt. Nicht nur wollte er eine neue Papstkirche bauen, sondern er wollte dort auch für sich eine Grabstätte errichten. Diese sollte so grandios ausfallen, dass sie alle bisherigen Maßstäbe gesprengt und nie in die alte Basilika gepasst hätte. Es lässt sich nicht mehr klären, welche der beiden Ideen am Anfang stand. Gab der Wunsch, sich ein riesiges Monument zu schaffen, die Initialzündung für den Angriff auf die alte Basilika? Oder waren beide Ideen unabhängig voneinander entstanden? Ihre konzeptionelle Verknüpfung jedoch scheint von Beginn an schwierig gewesen zu sein. Für den Kirchenbau hatte Julius II. Bramante gewonnen. Den Auftrag für sein Grab aber hatte er an den halb so alten Michelangelo vergeben.

An Michelangelo war alles groß, übergroß: sein Genie, aber auch sein Geiz, seine Kraft wie seine Unverschämtheit, sein Vollbringen und sein Scheitern. Persönlich rau und ungeschliffen wie ein unbehauener Steinklotz, konnte er als Bildhauer harten, kalten Marmor zum Schmelzen bringen und die zartesten, fließendsten Skulpturen schaffen. Ihn wollte Julius II. unter allen Umständen für sein persönlichstes Vorhaben gewinnen. So schickte er ihm am 25. Februar 1505 die Summe von 100 Dukaten – so viel verdiente damals ein guter Künstler etwa in zehn Monaten – Reisespesen, damit er nach Rom käme. Im März erschien der Künstler, um sich nach nur zwei Monaten der Planung und Verhandlung mit dem Papst endgültig zu einigen. Es schien, als hätten sich zwei Giganten getroffen, die gemeinsam Berge versetzen konnten. Doch der Eindruck täuschte. Julius II. gewährte Michelangelo einen Vorschuss von 1000 Dukaten, damit er den benötigten Marmor erwerben sollte. Doch stattdessen «investierte» Michelangelo das Geld, indem er für seine Familie ein Landgut kaufte. Man könnte auch von einer Unterschlagung sprechen. Im April 1506 scheint der Konflikt zwischen Auftraggeber und Auftragnehmer eskaliert zu sein. Der unausgesetzten imperti-

nenten Geldforderungen überdrüssig, verweigerte Julius II. weitere Zahlungen und Gespräche. Vielleicht hatte der Papst aber auch bemerkt, dass er sich mit seinem Doppelvorhaben übernommen hatte, dass er den Grabbau zurückstellen musste, um seine finanziellen Kräfte auf den Kirchenbau zu konzentrieren. Ob Michelangelo diesen Verdacht geschöpft hatte oder ob er aus Angst und schlechtem Gewissen einen Sicherheitsabstand zum Papst einlegen wollte, lässt sich nicht mehr ausmachen. Jedenfalls verließ der Bildhauer am Abend vor der Grundsteinlegung fluchtartig die heilige Stadt.

Erstaunlicherweise hat Julius II. ihm dies nicht verübelt. Gegen seine Gewohnheit reagierte er auf diesen Akt des Ungehorsams nicht cholerisch, sondern milde. Er rief Michelangelo nach Rom zurück, nicht um ihn zu bestrafen oder damit er das Grabmal baute, sondern damit er ein anderes, wiederum mehr als großzügig bezahltes Jahrtausendprojekt übernähme: die Ausmalung der Decke der Sixtinischen Kapelle. Und tatsächlich kam Michelangelo im Winter 1508 nach Rom zurück und machte sich an die Arbeit. Und diesmal gelang es ihm, den Auftrag fristgerecht innerhalb von nur vier Jahren auszuführen.

Als nun Michelangelo vier lange Jahrzehnte später als neuer Chefarchitekt vor dem ungeheuren Modell des Petersdoms gestanden hat, das Sangallo hatte bauen lassen, wird er wenig erfreut gewesen sein. Fast acht Meter war es lang und fünf Meter hoch. Man konnte es begehen. Mit seinen Baukosten hätte man eine kleine Kirche errichten können. Natürlich war dieses Modell ein Fortschritt gegenüber den Skizzen gewesen, die es vorher gab. Es hatte der Planung eine bisher vermisste Festigkeit gegeben. Aber Michelangelo konnte ihm nichts abgewinnen. Es wirkte auf ihn eher wie eine «opera todesca», ein barbarisch-gotisches Monstrum, als wie ein Werk, das sowohl dem antiken Erbe wie der architektonischen Neuzeit gerecht wurde. Viel zu dunkel, überladen und kleinteilig erschien es ihm. Die einzelnen Elemente besaßen kein Verhältnis zueinander.

So groß das Modell auch war, aus der Summe der Teile wurde kein Ganzes. Für Michelangelo lag dies daran, dass Sangallo die Grundideen Bramantes verraten hatte. Zu seinem Vorvorvorgänger aber wollte er zurückkehren. Denn: «Wer von Bramante abweicht, weicht von der Wahrheit ab.» Deshalb schuf Michelangelo gleich nach Dienstantritt ein neues Modell, das leider nicht erhalten ist. Es war nicht einmal ein Viertel so groß wie Sangallos Modell und doch um vieles eindrucksvoller als dieses. Seine Kraft lag in der Reduktion und in der Fokussierung auf wenige Grundideen.

Grandios im Vollbringen wie im Scheitern, unverschämt in seiner Geldgier, aber unbedingt in seiner Hingabe an die künstlerische Aufgabe, der eigentliche Vollender des Petersdoms: Michelangelo Buonarotti (1475 bis 1564). Das unvollendete Porträt von Jacopino del Conte aus dem Jahr 1545 zeigt den Künstler im Alter von siebzig Jahren.

Um dieses Modell zu verwirklichen, ließ Michelangelo zunächst Falsches und Unnötiges – wie Tribünen- und Chorumgänge sowie Nebenräume – abreißen, so, als hätte er eine «Lizenz zum Zerstören» (Horst Bredekamp).

Natürlich stieß Michelangelo dabei auf starken Widerstand. Die Baustelle war bisher fest in der Hand des Sangallo-Clans und für diesen über Jahre hin eine fette Weide gewesen. Damit machte Michelangelo Schluss. Vom Papst ließ er sich eine ungeahnte Machtfülle zuteilen und Vollmachten geben, wie sie kein Architekt je wieder erhalten sollte. Die Baukommission, die ursprünglich Julius II. eingerichtet hatte und in der nun die Sangallo-Anhänger das Sagen hatten, wurde entmachtet. Michelangelo sollte niemandem, was Planung, Durchführung und Finanzierung des Baus anging, Rechenschaft schulden. Wie es ihm beliebte, konnte er Menschen entlassen und einstellen. Wie ein Diktator konnte er – der bedingungslosen Unterstützung von Paul III. sowie seiner Nachfolger Julius III., Paul IV. und Pius IV. gewiss – durchregieren. Und er nutzte diese Machtfülle, um dem neuen Petersdom eine überzeugende Gestalt zu geben und den Bauarbeiten den notwendigen Schwung zu verleihen. Dass er dabei auch die Baukosten halbwegs ins Lot brachte, versteht sich keineswegs von selbst, dass er selbst phantastisch verdiente – mehr als manches Staatsoberhaupt – dagegen schon.

Ab 1556 versiegte jedoch wieder das Geld wegen eines neuerlichen Streits mit Spanien. Dennoch arbeitete Michelangelo wie ein Getriebener weiter. 1558 war der Südarm fertiggestellt und der Nordarm weit fortgeschritten, bei den Grundmauern des Westarms zumindest ein guter Anfang gemacht. Wichtiger als alles andere aber war für Michelangelo die Kuppel. Er scheint geahnt zu haben, dass er sie nie vollenden würde. So wollte er wenigstens ein Modell schaffen, das sein inneres Bild von ihr festhielt und seinen Nachfolgern überlieferte. Von 1558 bis 1561 arbeitete er daran, zunächst in Ton, dann in Holz. Wie ein Bildhauer, der er ja eigentlich war, arbeitete er diese Zentralidee aus und gab ihr die ersehnte

Selbst das Modell, das Michelangelo für die Kuppel des Petersdoms entwarf, war ein gigantisches Projekt. Drei Jahre dauerte die Anfertigung dieser Großskulptur aus Lindenholz im Maßstab 1:15. Aber diese Anstrengung war nötig, um seine Gestaltungsideen über seinen zu erwartenden Tod hinaus festzuhalten.

Form. Eine strenge Säulenordnung, ein klassisch anmutendes Rippensystem akzentuierte die Vertikale. Ein hoher Tambour, also eine zylinderförmige und mit Fenstern durchsetzte Mauer, auf der die Kuppel aufruhte, sorgte für eine einzigartige Verbindung von Höhe und Helligkeit. Michelangelos Kuppel war zugleich majestätisch und leicht, monumental und licht. In ihr verwirklichte sich die Idee eines Ganzen, von dem jeder einzelne Raumteil seinen Ort, seine Funktion, seine Schönheit und sein Licht erhielt. Unter dieser Kuppel war alles eins, durchsichtig und hell.

Als Michelangelo 1564, kurz vor seinem 89. Geburtstag, starb, war der Tambour immerhin bis zum Gebälk hochgezogen. Das Entscheidende war auf den Weg gebracht, vieles – wie zum Beispiel die Fassade – aber noch offen gelassen. Als alter Mann hatte Michelangelo die Arbeit am Petersdom begonnen, 17 Jahre seines Lebens an sie gegeben, noch als gebeugter Greis hatte er sie kraftvoll befördert. Nur sein wichtigstes Ziel, die Vollendung der Kuppel, durfte er nicht erleben.

Es sollte lange dauern, bis die Kuppel, eines der anspruchsvollsten architektonischen Vorhaben aller Zeiten, fertiggestellt werden konnte. Nach dem Tod des Meisters trat zunächst wieder eine Erschöpfungspause ein. Im Zentrum des Neubaus klaffte ein Krater von vierzig Metern Durchmesser, umgeben von einem

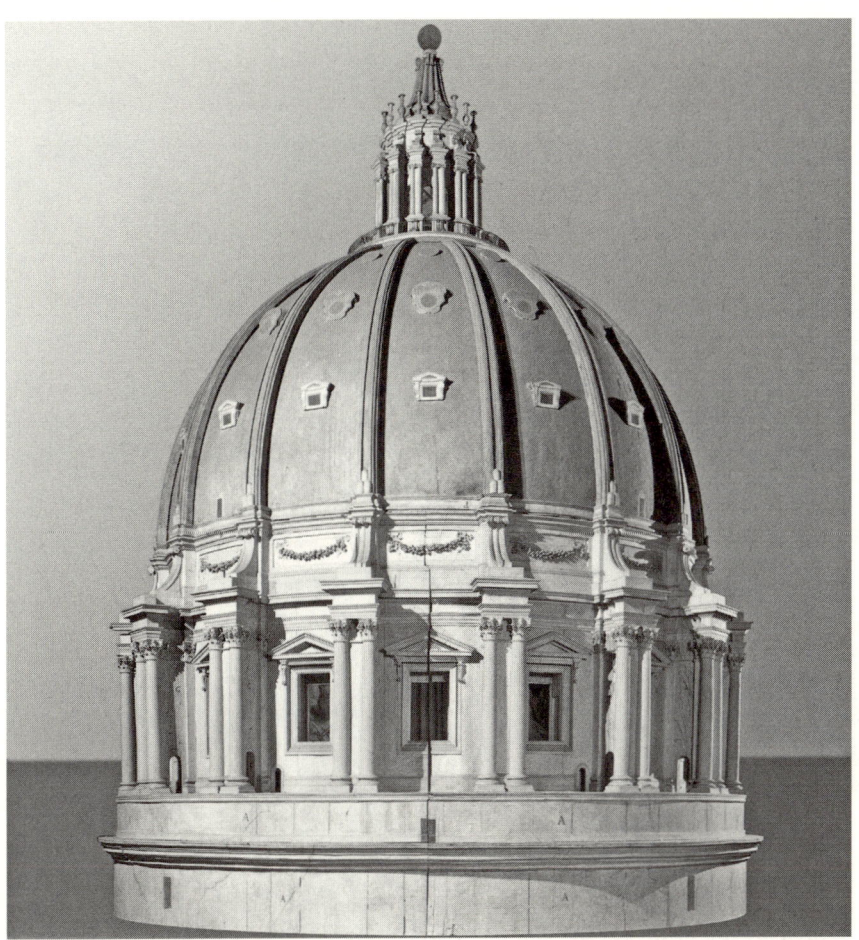

Pfeilergeviert von 75 Metern Höhe, das nun schon siebzig Jahre alt war und dessen Tragfähigkeit langsam zweifelhaft wurde. Das Ganze wirkte wie ein babylonischer Turm. Bis der neue Papst Sixtus V. im Jahr 1585 die Initiative ergriff. In Giacomo della Porta fand er den geeigneten Architekten. Dieser begnügte sich nicht mit Michelangelos Modell, sondern zeichnete auf dem Fußboden der Basilika San Paolo fuori le Mura im Maßstab eins zu eins einen Querschnitt der Kuppel, die er in einer logistischen Meisterleistung umsetzte. Sie unterschied sich von Michelangelos Entwurf dadurch, dass sie steiler und schlanker war, dadurch an majestätischer Ruhe verlor, aber an Dynamik gewann. Am 14. Mai 1590 wurde feierlich der letzte Stein gesetzt – 84 Jahre nach der Weihe des ersten Grundsteins und ein Vierteljahrhundert nach dem Tod Michelangelos. Diese Kuppel übertraf alles, was vorher gebaut worden war. In ihr triumphierte das

christliche über das heidnische Rom, überstrahlte das westliche das östliche Rom, das inzwischen in türkische Hand gefallen und dessen Hauptkirche, die Hagia Sophia, in eine Moschee verwandelt worden war.

Jetzt kam ein gutes Ende der Bauarbeiten in Sicht. Der neue Petersdom war nun kein größenwahnsinniges Prestigeprojekt, keine katastrophische Fata Morgana mehr, sondern verwandelte sich Stück für Stück in eine funktionstüchtige Kirche. Am vierten Sonntag nach Pfingsten 1594 weihte Clemens VIII. den neuen, großflächigen Hochaltar – mit Hingabe und sechs statt der üblichen zwei Kannen Öl.

Doch mit Fertigstellung der Kuppel und damit des zentralen Bauabschnitts wurde die alte Frage wieder lebendig, was aus der Idee des Langhauses und damit aus dem Erbe der Basilika werden sollte. Hierauf eine Antwort zu finden, war die Mission Papst Pauls V., der 1605 die Regierung übernahm. Er setzte Carlo Maderno als neuen leitenden Architekten ein. Dieser ließ sogleich das alte Langhaus, das es ja immer noch gab, abbrechen, um ein neues vor den Zentralbau zu

Der Petersdom zu Rom

setzen. Es war ein notwendiger Abschied, aber eben auch ein brutaler Abriss. Nun war das Ende der konstantinischen Basilika besiegelt. Der Neubau des Langhauses erfolgte vergleichsweise zügig. 1612 war die Fassade fertig. Maderno bemühte sich zwar darum, den äs- thetischen Leitlinien Michelangelos treu zu bleiben. Aber selbst wenn er es gewollt hätte, konnte er nicht verhindern, dass er an einem entscheidenden Punkt den großen Wurf des Meisters verschattete. Der neue, ebenfalls sehr große und hohe Längsbau verstellte nämlich den Blick auf die Kuppel. Wer sich dem Petersdom näherte, bekam sie nicht mehr in ihrer ganzen Grandiosität zu Gesicht. Fassade und Langhaus hatten sich davor gestellt. Und wer in den Peters-

Als der Petersdom endlich fertiggestellt war, bot er einen grandiosen Eindruck. Aber nicht alle sahen in ihm einen Ort der stillen Andacht. Giovanni Paolo Panninis Gemälde «Das Innere der Pe- terskirche in Rom» (1755) stellt eher das Bild einer großartigen Bühne des gesellschaftlichen Lebens dar.

dom hineinging, betrat nicht mehr sofort den gewaltigen und lichten, erhe- benden und Ehrfurcht gebietenden Zentralbau, sondern musste erst die über- dimensionierte Vorkirche durchqueren. So verlor die Kuppel von außen wie von innen an Bedeutung und wurde fast zu einem bloßen Endstück der Basilika, war jedenfalls nicht mehr die organisierende Mitte des Ganzen. Im Vergleich zur Hagia Sophia, dem anderen christlichen Kuppelbau, war der Petersdom insofern ein Rückschritt.

Als die äußere Gestalt des Doms endlich, endlich vollendet war, musste das Kircheninnere angemessen ausgestattet werden. Auch dies sollte viel Zeit in An- spruch nehmen. Aber wieder war es einer der größten Meister seiner Zeit, ein «neuer Michelangelo», der die Ausstattungsstücke beisteuerte. Als erst 25-Jähriger erhielt Gian Lorenzo Bernini 1624 den Auftrag, mit einem ersten Werk dafür zu sorgen, dass die beiden wichtigsten Orte im Petersdom eine würdige Gestalt fan- den und miteinander ein Gesamtbild ergaben. Das Petrusgrab und der Petrusthron waren durch die Größe des neuen Raums weit auseinander gerückt worden. Von 1624 bis 1633 schuf Bernini zunächst das Ziborium, einen kolossalen Baldachin, der mit seinen vier fast dreißig Meter hohen Säulen alle Blicke auf das Grab des Apostels ausrichtete. Es war dies das größte Bronzemonument seit der Antike. Zwanzig Jahre später fügte Bernini in der Apsis die Cathedra des Petrus hinzu. Beide Stücke wirken – für sich genommen – barock im schlechten Sinne, nämlich überproportioniert und exzessiv. In jeder anderen Kirche hätten sie den Rahmen des Möglichen und Geschmackvollen gesprengt. Nur für den Petersdom waren sie genau richtig, denn sie besaßen eine skulpturale Form, die diesem extremen Raum standhielt.

Bernini war auch der richtige Mann, dem neuen Dom einen angemessenen Vorplatz zu verschaffen. Bei den Kathedralen früher Zeit war diese Aufgabe zumeist vernachlässigt worden. Schließlich wurde in den beengten Städten des Mittelalters meist bis an die Kirchenmauern gebaut. Der Petersdom aber brauchte, um sich zu entfalten, einen Platz vor sich. Dieser sollte aus zwei Elementen bestehen: zunächst einem abschüssigen Trapez direkt vor dem Eingang der Kirche. Ihm schloss sich eine Ellipse an, die von beiden Seiten durch Kolonnaden eingehegt wurde. Diese gestaltete Bernini als elegant geschwungene, dreischiffige Säulengänge. Mit diesem Platz griff der Petersdom machtvoll in den öffentlichen Raum aus. Bernini wollte zeigen, dass die Kirche Petri die Mutter aller anderen Kirchen sei. Daher müsse sie Kolonnaden haben, die wie mütterlich ausgebreitete Arme die Gläubigen aufnähmen und die Irrgläubigen der Kirche zuführten. In der Tat, der Petersplatz muss damals treue Katholiken begeistert, Protestanten und andere Ketzer aber mit gemischten Gefühlen erfüllt haben. Heute ist er der bekannteste Teil des Petersdoms. Ungezählte Fernsehberichte von Open-Air-Messen, päpstlichen Audienzen und Segensspendungen, Aufnahmen von sterbenden und neu eingeführten Päpsten haben sein Bild in alle Welt gesandt, so dass das Gebäude hinter ihm, vor allem dessen Kuppel, fast tragisch an Eindruck verloren hat.

Ein Grab für den Papst

Der Petersdom ist vor allem eins, nämlich groß. Wer ihn beschreiben will, kommt kaum daran vorbei, eine furchtbar beeindruckende, aber im letzten langweilige, weil nichtssagende Zahlenkolonne nachzubeten: die 187 Meter Länge und 27,5 Meter Breite des Langhauses, die 138 Meter Breite des Querschiffes, die Außenmaße mit ihren 211,5 Metern Länge und 132,5 Metern Breite, die 15 160 Quadratmeter Innenfläche, das Fassungsvermögen von 60 000 Menschen, die Kuppel mit ihrem Durchmesser von 42,34 Metern als größtes freitragendes Ziegelbauwerk der Welt, davor der Platz mit 240 Metern Breite und 340 Metern Tiefe, mit den Kolonnaden aus 284 jeweils fünfzehn Meter hohen Säulen sowie den 144 jeweils 3,2 Meter großen Heiligenstatuen. Lauter Rekorde, doch wer sich dem inneren Charakter, dem Geheimnis und der Problematik dieses Bauwerks nähern will, sollte all diese Zahlen beiseite schieben und ein einzelnes, vergleichsweise verschwindend kleines Kunstwerk betrachten, das ursprünglich für den Petersdom gedacht war, am Ende dort aber keine Heimat fand.

Der Petersdom beherbergt ungezählte Kunstwerke. Er ist mindestens ebenso sehr eine Schatzkammer wie eine Kirche. Dies ist gewollt, und zwar nicht allein aus reiner Freude am Schönen, aus der absichtslosen Lust, dieses Haus für Gott zu schmücken und den Gläubigen einen Abglanz seiner ewigen Herrlichkeiten vor Augen zu stellen. Dahinter steckt auch ein politisches Kalkül. All diese Kunstwerke sind nicht nur ästhetische Artefakte, sondern zugleich Instrumente klerikaler Herrschaft. Deren Glorie suchen sie zu demonstrieren und zu zementieren. Darum entfalten sie – man denke an die kalte Brillanz der Werke Berninis – eine Pracht der Macht. Sie lassen dem Betrachter kaum eine Wahl. Er soll nicht so sehr einen leisen Zauber, einen stillen Genuss, eine feine Anrührung empfinden, als überwältigt und eingeschüchtert werden. Er soll in die Knie gezwungen werden. Natürlich ist dieses Urteil nicht ganz gerecht. So sei zumindest eine große Ausnahme genannt: Michelangelos Pietà. Es gibt kaum eine andere aus Stein gehauene Skulptur, die solch eine Anmutung von Zartheit auslöst wie dieses Bild der Maria: eine junge Frau, die ihren großen Sohn auf dem Schoß hält, ihn birgt, ihn vorzeigt, seinen feingliedrigen Körper, leblos und gelöst, erschlafft und erhaben, in den Tod gegeben, als wäre er in den Schlaf enthoben, als träumte er einen Traum, in dem Trauer und Liebe, Melancholie und Hoffnung, Leiden und Erlösung zusammenfließen. Wer dieses Bild anschaut, gewinnt eine Ahnung davon, warum der christliche Glaube eine Religion des Schmerzes und der Niedrigkeit ist und warum er nicht die Könige und Hohepriester selig preist, sondern die Sanftmütigen, die Friedfertigen und die, die um der Gerechtigkeit willen verfolgt werden. Doch im Petersdom, mitten in diesem Tresor kunstgeschichtlicher Reichtümer, wirkt diese Pietà fast deplatziert.

Noch ein zweites Werk hatte Michelangelo für den neuen Dom geplant: das Grabmal für Papst Julius II. Es sollte ganz anders als seine Pietà ein Monument päpstlicher Macht werden. Doch es kam anders. Über Jahre hinweg mühte sich Michelangelo vergeblich an diesem Riesenwerk, bis es kleiner und immer kleiner wurde und er es schließlich an einem ganz anderen Ort unterbringen musste. Das ist eine lange Geschichte, aber sie erzählt mehr über den Petersdom als die meisten der barocken Kunstwerke, die dort heute zu bestaunen sind.

In seinem Grabmal wollte Papst Julius II. sich, seiner Herrschaft und seiner Familie ein Denkmal setzen. Das war keineswegs ungewöhnlich, denn das Papsttum war damals weniger ein geistliches Leitungsamt als eine nepotistische Wahlmonarchie. Das Ausmaß jedoch, das dieses Grab annehmen sollte, sprengte das damals Übliche. Die ursprüngliche Planung lässt sich nicht mehr genau rekonstruieren. Deutlich aber ist, dass es ein gewaltiges Herrschergrab werden sollte, ein Mausoleum wie für mächtige Kaiser und siegreiche Feldherrn. Sein Vorbild war das Mausoleum von Halikarnassos, eines der sieben Weltwunder der Antike. Es sollte ein regelrechter Tempel im Tempel, ein «templum Iulium», werden. Etwa sieben Meter breit und zehn Meter lang sollte es werden, mit einem Untergeschoss von fast vier Metern Höhe, auf dem sich eine Art Stufenpyramide erhob, deren Spitze eine alles bekrönende Sitzstatue des Papstes bildete. Das Bildprogramm aus vierzig überlebensgroßen Statuen kann kaum noch christlich genannt werden. Heilige und Engel scheinen nicht vorgesehen gewesen zu sein. Immerhin war an eine Madonna gedacht, vielleicht auch an eine Petrus-Figur. Doch wie immer die Einzelheiten konzipiert waren, allein durch seine Massivität wollte dieses Monument das Petrusgrab aus dem Zentrum der Aufmerksamkeit verdrängen. Es ist nicht abwegig, in diesen Planungen die Ursünde der «superbia», also des Hochmuts, am Werke zu sehen.

1505 hatte Michelangelo den ersten Vertrag über das Julius-Grab unterzeichnet. Fünf Jahre Bauzeit waren darin vorgesehen. Anschließend war er nach Carrara gereist, um dort geeignete Steinblöcke auszusuchen. Im Januar 1506 war er in Rom, um die ersten Blöcke in Empfang zu nehmen. Doch der Papst hatte das Projekt inzwischen unter Vorbehalt gestellt. Er scheint die Verwirklichung für die Zeit nach seinem Tod aufgeschoben zu haben. Dazu dürften ihn verschiedene Gründe bewegt haben, vor allem finanzielle Schwierigkeiten, aber auch die Rücksicht auf die öffentliche Meinung. Als Julius II. 1513 starb, wurde er – vorübergehend, wie man hoffte – in der Sixtinischen Kapelle beerdigt. Michelangelo schloss mit den Testamentsvollstreckern einen neuen Vertrag. Die Idee eines freistehenden Grabes wurde aufgegeben. Auch als Wandgrab aber behielt das Monument gewaltige Ausmaße. Darum wurden dem Bildhauer wieder ungeheure Summen zugesprochen. Im Gegenzug verpflichtete sich Michelangelo, nur für das Grabmal zu arbeiten. Natürlich tat er dies nicht. Lediglich zwei Figuren schuf er. Man nennt sie für gewöhnlich «Sklaven», auch wenn ihre Deutung umstritten ist. Die beiden gefesselten jungen Männer könnten Allegorien für die von Julius II. unterworfenen Provinzen und damit für seinen Feldherrnruhm sein. Man könnte in ihnen aber auch Sinnbilder der vom Papst so reichlich geförderten freien Künste sehen. Doch beide Interpretationen erklären noch nicht die homoerotische Laszivität der gefesselten Jünglinge.

Der Petersdom zu Rom

Drei Jahre später, 1516, konnte Michelangelo gerade einmal das Rahmenwerk für eine Seite des Untergeschosses und zwei beinahe fertige Statuen vorweisen. Wieder wurde eine neue Vereinbarung getroffen, der Entwurf weiter reduziert, die Anzahl der zu liefernden Skulpturen auf die Hälfte verringert, das Projekt verlängert. Das Honorar aber blieb gleich. Michelangelo reiste wieder nach Carrara, um neuen Marmor auszusuchen, sich mit den Steinbrechern zu beraten und die heiklen Transportfragen zu klären. Doch dann wollte er die Lieferanten wechseln und zog zum Steinbruch von Pietrasanta. Das war ein folgenschwerer Fehler. Denn in Pietrasanta waren die Arbeiter bei weitem nicht so erfahren wie in Carrara, und die mühsam gehauenen Steine gingen beim Transport zu Bruch. Monatelang hatte Michelangelo in den Steinbrüchen, einer wilden Männerwelt, auf eisigen Feldlagern und in ärmlichsten Verschlägen gehaust, hatte sich in der Suche nach den richtigen Steinen aufgerieben und stand nun am Ende mit leeren Händen da. Zudem zeigten die Päpste, die nach Julius II. den Petrusthron bestiegen, und die Baumeister, die auf Bramante folgten, kein sonderliches Interesse daran, ihn anzutreiben oder zu unterstützen.

Aber nicht nur die fatalen äußeren Umstände machten es unmöglich, dass Michelangelo die ursprünglichen Pläne für das Julius-Grab verwirklichte. Seit etwa dem Ende der dreißiger Jahre hatte Michelangelo eine Freundschaft geschlossen, die ihn innerlich verändern sollte. Vittoria Colonna war ihm zur Seelenfreundin geworden. Sie war eine dichtende und denkende Witwe, entstammte einer alten Adelsfamilie und hatte religiös hochinteressierte Intellektuelle um sich geschart, die sogenannten «Spirituali». Vieles an der Freundschaft Michelangelos zu Vittoria Colonna und seiner Verbindung zu ihrem Zirkel lässt sich nicht mehr rekonstruieren. So viel aber ist klar, dass die Spirituali so etwas wie einen italienischen Weg der Reformation zu finden suchten. Humanistisch gebildet und mystisch durchglüht, sehnten sie sich nach einer Erneuerung des Glaubens, nach einer Erlösung allein aus dem Glauben. So pflegten sie eine religiöse Innerlichkeit, die der amtlichen Kirche verdächtig erscheinen musste. Denn die katholische Werkgerechtigkeit, nach der die Teilnahme an den rituellen Pflichtveranstaltungen der Kirche über Heil und Unheil entschieden, lehnten sie ab. Auf Michelangelo muss diese fast lutherisch anmutende Glaubensfrömmigkeit faszinierend gewirkt haben. Diese neue Frömmigkeit sollte auch seine Arbeit am Julius-Grab beeinflussen.

1541 machte Michelangelo sich endlich daran, das Julius-Grab zu vollenden. Neun Jahre zuvor, 1532, war zum ersten Mal ein alternativer Standort ins

Spiel gebracht worden: die Kirche San Pietro in Vincoli. Dort sollt ein Wandgrab entstehen, das durch geschickte Lichteffekte den Eindruck eines dreidimensionalen, freistehenden Grabs erweckte. Sechs Figuren waren fertig: eine Sibylle und ein Prophet, welche die heidnische und alttestamentliche Vorgeschichte Christi repräsentierten, eine Madonna mit Jesuskind, die beiden nun schon zwanzig Jahre alten «Sklaven» sowie eine Liegefigur des Papstes. Eigentlich hätte Michelangelo – ganz pragmatisch – mit dem, was er hatte, das Grab irgendwie zum Abschluss bringen müssen. Doch er entschied sich für einen konzeptionellen Neuanfang und entwarf – unter großen Mühen – ein ganz anderes Bildprogramm. Die «Sklaven» hatten ihre Funktion längst verloren. Sie hatten in dem reduzierten, von allem militärischen Triumphalismus gereinigten Julius-Grab keinen sinnvollen Platz mehr. Darum sonderte Michelangelo diese herrlichen Figuren aus und ersetzte sie durch zwei neue Frauenfiguren. Diese stellte er links und rechts hinter einen überlebensgroßen Moses, der als Vorläufer Christi die Mitte des Sockelgeschosses besetzte. Die beiden Frauenfiguren, die Michelangelo wahrscheinlich im Frühjahr 1542 geschaffen hatte, symbolisierten die beiden Wege zu Christus. Die linke Figur stellt die «vita contemplativa» dar, das Leben der stillen religiösen Betrachtung. Die Augen zum Himmel gewandt und den Körper aufwärts gedreht, ist sie ganz auf die Erlösung ausgerichtet. Sie hat nichts in der Hand, denn für sie gibt es keine eigenen Werke und äußeren Heilsmittel mehr. Die rechte Figur dagegen stellt die «vita activa» vor, das Leben der christlichen Liebestätigkeit. Sie blickt, den Kopf leicht geneigt, demütig nach vorn. In der linken Hand hält sie einen Lorbeerkranz, das Symbol immer grünender Liebe. In der rechten Hand trägt sie – ja, was eigentlich? In der Literatur kann man sehr Unterschiedliches lesen. Es könnte eine Öllampe sein, deren Flamme sich aus ihren Haaren speist, denn die guten Gedanken, die aus ihrem Kopf hervorgehen, führen zur christlichen Liebe und nähren sie. Es könnte sich aber auch um einen Spiegel handeln oder um ein Diadem oder um eine runde Spange. Doch die «vita activa» ist nicht nur an sich rätselhaft. Erklärungsbedürftig ist vor allem ihr Verhältnis zur «vita contemplativa». Täuscht es, oder ist die kontemplative Figur nicht viel dynamischer als die vermeintlich aktive Figur, die vergleichsweise ermattet und melancholisch wirkt? Wollte Michelangelo also das Plädoyer für eine Hierarchie der Lebensweisen halten, nach der die «vita contemplativa» über der «vita activa» zu stehen käme? Oder sah er in ihnen zwei Schwestern, die sich ergänzen sollten,

Es hatte ursprünglich ein neues Weltwunder werden sollen. Doch es wurde unfreiwillig zu einem anrührenden Inbild christlicher Demut und Ergebung: Michelangelos Grabmal für Julius II. in San Pietro in Vincoli, Rom.

Der Petersdom zu Rom

weil sie nur gemeinsam ein vollständiges Bild des christlichen Lebens ergäben? Inwiefern also sind diese beiden Frauenfiguren ein Echo auf seine spirituellen Gespräche mit Vittoria Colonna, inwiefern stellen sie Michelangelos Protestantismus vor?

Noch verwunderlicher ist das Bildnis des Papstes. Es befindet sich in der Mitte des Obergeschosses, zwischen der Sibylle und dem Propheten, unter der

Madonna mit dem Christuskind. Es ist eine Liegefigur. Auch wenn es für diese Haltung Vorbilder gab, erscheint es doch als eine etwas peinliche Verlegenheitslösung, die der beengten Raumsituation geschuldet ist. Der Papst kann sich hier nicht groß entfalten. Ja, er fällt aus dem Ganzen heraus, so als passte er nicht recht ins Bild. So liegt er da, den Oberkörper nach vorn gedreht, die Miene so schlicht wie das Gewand. Nichts an ihm fordert Unterwerfung oder Bewunderung. Er wirkt nicht mehr wie ein Kirchenkaiser, wie der Stellvertreter Gottes auf Erden, sondern wie ein resignierter alter Mann, der vor sich hin grübelt. Worüber? Denkt er über seine Taten und Untaten nach, über all seine Werke, mit denen er sich kein Heil erworben, sondern nur Schuld auf sich geladen hat? Wohin schaut er? Blickt er in sich hinein oder schaut er ins Leere oder sieht er auf das Kreuz, das auf dem Manipel, dem am linken Unterarm getragenen Band seines Messgewands, angebracht ist? Und was tun seine Hände? Sie sind so erschreckend leer. Sie halten nichts mehr fest, greifen nach nichts, teilen aber auch nichts aus, keinen Gruß, keinen Segen. Als hätten sie alles hinter sich gelassen. Als hätte Julius eingesehen: Alles ist eitel, alles ist vergeblich.

Am Ende dieses unendlichen Projekts also liegt der einstmals übermächtige Papst da – ein geschlagener Mann ohne Reich und Kraft und Herrlichkeit. Und plötzlich gibt dieser zu Lebzeiten so weltliche Papst fast ein liebenswertes Sinnbild christlicher Frömmigkeit ab. Der wirkliche Julius II. wird sich ein anderes Bild seiner selbst gewünscht haben. Er wäre über das kümmerliche Endergebnis seines Auftrags enttäuscht oder erzürnt gewesen: ein bloßes Wandgrab, mit nur einer Handvoll Skulpturen, die meisten davon nicht einmal von der Hand des Meisters selbst, sondern von seinen Assistenten vollendet, er selbst eine Mitleid erregende Liegefigur, das alles in einer Nebenkirche untergebracht, in die keine Pilgermassen strömten, und wenn schon Besucher kamen, dann waren es römische Juden, die am Sabbat dem Moses – und nicht ihm – ihre Aufwartung machten. In Michelangelos Augen aber könnte dieses Grab eine sinnvolle und insgeheim auch frohe Botschaft enthalten haben: Die Werke des Menschen sind wie Gras und wie eine Blume auf dem Feld. Am Morgen sprießt das Gras, und die Blume blüht auf. Aber schon am Abend verdorrt das Gras, und die Blume verwelkt. Nur das Wort Gottes bleibt ewiglich.

1544 vollendete Michelangelo das Grabmal Julius II. in San Pietro in Vincoli, fast vierzig Jahre nach Beginn der ersten Planungen. Der Leichnam des Papstes aber ist nicht umgebettet worden. Er hat seinen Bestimmungsort nie erreicht.

Der Petersdom zu Rom

Wie groß darf eine Kirche sein?

Rom ist die Mitte der christlichen Welt. Keine andere Stadt darf so wie diese den Anspruch auf Ewigkeit erheben. In ihr entspringen einige der Quellen der antiken Kultur und wird die Erinnerung daran bewahrt, wie das Christentum zur Weltreligion aufstieg. Und natürlich ist sie die Hauptstadt derjenigen Kirche, die man seit der Reformation die «katholische» nennt. In der zweiten Hälfte des 16. Jahrhunderts war Rom nicht mehr unbedingt das Zentrum der Kirchenpolitik. Das war Trient. Hier fand das Konzil statt, das die Gegenreformation einleitete und damit erst die «katholische» Kirche schuf. Aber Rom war der Heimathafen der großen Orden, Ausgangspunkt vieler missionarischer Aktivitäten, wichtigster Umschlagplatz theologischer Gedanken und vor allem der Amtssitz des Papstes. Wer hier die Zentralkirche bauen wollte, konnte gar nicht groß genug denken.

Es war nur folgerichtig, dass der neue Petersdom die bekannten Epochengrenzen überschritt und die gängigen Stilbegriffe sprengte. Er begann unter den Vorzeichen der Renaissance und wurde als Krone des Barock vollendet. Doch was sagen diese beiden Etiketten schon aus? Dem inneren Charakter dieses Bauwerks nähert man sich besser dadurch, dass man sich vor Augen führt, mit welcher Wucht es das zerstörte, was ihm vorausging. Die Renaissance gilt als die Zeit, in der das klassische Erbe der Antike wiederentdeckt wurde. Aber diese Wiedergeburt des Altertums war zugleich der Aufbruch in eine schlechthin neue Zeit. Der Petersdom erinnerte an die monumentalen Bauten des Römerreiches und war zugleich Schauplatz ungeheurer Innovationen. Auf die altehrwürdige Petersbasilika wurde keine Rücksicht genommen. Sie sollte abgerissen, zerstört und vergessen werden. Der Neubau sollte ihre Grundstruktur, ihre wichtigsten Ausstattungsstücke nicht aufnehmen, sondern etwas ganz anderes an ihre Stelle setzen. Nur das Grab des Apostels durfte seinen Platz behalten, ansonsten blieb kein Stein auf dem anderen. Das Neue verzehrte das Alte. So vollzog der neue Petersdom einen doppelten Abschied: vom Mittelalter, das außerhalb Italiens der Gotik verpflichtet war, und von der christlichen Antike, welche den Vorgängerbau geschaffen hatte. Dass dies einen tiefen, epochalen Bruch darstellte, zeigt sich nicht erst im Rückblick. Schon die Zeitgenossen in Rom kritisierten die pietätlose Entsorgung der alten Basilika. Für sie war dies ein größerer Skandal als der Ablasshandel, der das neue Bauvorhaben finanzieren sollte. «Instauratio templi Petri» –

«Erneuerung des Tempels Petri» – hatte Julius II. auf die Gedenkmünze prägen lassen, die an den Tag der Grundsteinweihe erinnern sollte. Das war sicherlich eine Verharmlosung. Statt von «Erneuerung» sollte man besser von «Ersetzung» sprechen.

Natürlich konnte der neue Petersdom von Julius II. nur begonnen, aber nicht vollendet werden. Er war dann eben doch kein Imperator wie Justinian, der mit einem Wink ein ganzes Weltreich vor den Karren seiner Bauherrlichkeit spannen konnte, um den alten Tempel niederzulegen und sogleich durch einen neuen zu ersetzen. So dauerte es über ein Jahrhundert, bis alles stand. Die Fertigstellung der Innenausstattung zog sich sogar bis ins 18. Jahrhundert hin. Aber es hat auch einen tieferen Sinn, dass der Petersdom kein in sich geschlossener Bau wurde. Es entspricht seinem neuzeitlichen Charakter, dass er nicht aus einem Guss, sondern voller Neuanfänge, Abbrüche, Kompromisse, Unstimmigkeiten und Spannungen ist. Es stand nicht von Anfang fest, was er werden sollte. Darum war seine Baugeschichte in jeder Phase eine Konfliktgeschichte, voller Streitigkeiten über den jeweils nächsten Planungsschritt. Dass es so schwierig ist, diese Baugeschichte Schritt für Schritt zu rekonstruieren und sinnvoll nachzuerzählen, hat weniger damit zu tun, dass es so wenige verlässliche Quellen gibt, die darüber Auskunft geben, sondern ist eher in dem Umstand begründet, dass es einen festen Ursprungsplan wohl gar nicht gab. Auch darin erkennt man die Neuzeitlichkeit des Petersdoms, dass sein Bau von Beginn an eine Fahrt ins Offene und Unbekannte war, die Innovation an sich also das eigentliche Bauprinzip darstellte.

Das radikal Revolutionäre und aggressiv Umstürzlerische des Petersdoms zeigte sich schließlich auch in dem, was man als «barock» bezeichnet: das Bauen außer Rand und Band, die exzessive Prachtentfaltung des Bilderrausches. Nie zuvor und nie danach konnten sich geniale Künstler so ungehemmt selbst verwirklichen wie bei diesem Projekt. Sie genossen eine absolut erscheinende Freiheit. Ungebunden und ungehemmt durch die Gesetze der Tradition konnten sie sich in ein ästhetisches Übermenschentum steigern, das kaum mehr Grenzen kannte und in dem sich ein entfesselter, künstlerischer Individualismus ausleben konnte.

Der Petersdom ist so groß, dass es sich schon verbietet, eine ganz einfache Frage an ihn zu richten, die man eigentlich an jedes Bauwerk stellt, nämlich die Frage: Ist er schön? Aber kann man das fragen? Ist er nicht schon jenseits von schön oder hässlich? Will man ein Urteil über ihn fällen, erscheint es angemessener, nicht den Grad seiner Schönheit zu messen, sondern die Qualität seiner Größe zu bestimmen. Was für eine Art von Größe ist dies, und wie ist sie zu beurteilen? Ist sie angemessen oder übertrieben? Das ist nicht leicht zu beantworten. Einerseits kann ein Haus für den ewigen, unendlichen Gott gar nicht groß genug sein. Andererseits kann eine Kirche, deren Fundament ein Heiland ist, dessen Kraft in den Schwachen mächtig ist, gar nicht klein genug sein. Es ist schwer, die Grenze zwischen Größe und Übergröße, rechtem Maß und Maßlosigkeit festzulegen und zu bestimmen, wo genau das Monumentale ins Monströse kippt. Denn ein Urteil darüber hängt nicht zuletzt von der religiösen Lebensposition des Betrachters ab. Ein katholischer Römer würde zu einem anderen Ergebnis kommen als ein deutscher Protestant oder gar eine norditalienische Waldenserin. Doch lassen sich zwei kritische Fingerzeige benennen, ein ästhetischer und ein theologischer.

Ästhetisch lässt sich fragen, ob nicht ab einer gewissen Größe das Verhältnis des Ganzen zu seinen Teilen grundsätzlich gestört ist. Auf den Petersdom angewandt hieße dies: Er hat ein Ausmaß angenommen, das es unmöglich macht, einen Gesamteindruck von ihm zu gewinnen. Seine architektonische Zentralidee zum Beispiel, Michelangelos Kuppel, ist von außen nur in Bruchstücken zu sehen und von innen nicht sogleich, also beim ersten Schritt hinein, zu erfassen. Sie prägt nicht – wie ursprünglich gewünscht – den ganzen Bau, sondern ist bloß ein – wenn auch riesiges – Detail neben anderen. Bei einem Bauwerk, das wie der Petersdom den Anspruch erhebt, ein Gesamtkunstwerk zu sein, ist dieser Verlust des Überblicks über das Ganze und seine Teile ein echter Makel. Er hat zudem die Folge, dass sich keine harmonische Beziehung zwischen dem Gebäude und den Menschen, die es aufsuchen, entwickeln kann. Der Betrachter kann sich in kein rechtes Verhältnis zum Petersdom setzen. Er wird von ihm überwältigt. Er verirrt sich in ihm. Er verschwindet in ihm. Dies gilt nicht nur für den armen Pilger, sondern sogar für den mächtigen Amtsträger. Es bedarf deshalb einer ausgeklügelten liturgischen Inszenierung, damit nicht selbst der Papst bei seinen gottesdienstlichen Auftritten von dieser Kirche verschluckt wird.

Neben der architektonischen Kritik bedarf der Petersdom – wie jeder Sakralbau – auch einer theologischen Beurteilung. Der Petersdom macht, dass Menschen sich wundern. Er lässt sie staunen. Er lehrt sie Ehrfurcht. Mit seiner überbordenden Sinnenpracht befriedigt er ihre Sehnsucht nach einer sichtbaren Überwelt und einer greifbaren absoluten Autorität. Auch wenn es Protestanten schwer zu vermitteln sein mag, so sind dies doch genuin religiöse Empfindungen. In ihnen wird ein legitimes religiöses Bedürfnis befriedigt. Aber kann man diese Erfahrungen von überirdischer Macht auch christlich nennen? Natürlich geht es auch im christlichen Glauben darum, sich einer Übermacht zu unterwerfen. Doch soll dies dem Gewinn einer neuen Freiheit dienen. Indem der Gläubige sich Gott hingibt, wird er über sich selbst hinaus erhoben. Er ist nun nicht mehr Knecht, sondern Bürger in Gottes ewigem Reich. Die christliche Ehrfurcht ist also – recht betrachtet – ein Freiheitsgefühl. Wie ist es beim Petersdom? Weckt er bei seinen Betrachtern eine Ehrfurcht, die in die Freiheit des Geistes oder in die Unterwerfung unter die Kirche führt? Man wird diese Alternative nur dann für unzulässig erklären können, wenn man den Standpunkt vertritt, dass die Kirche die Stellvertreterin Gottes auf Erden ist.

Genau in diesem Anspruch, als Institution Gott selbst zu vertreten, hatte Martin Luther den antichristlichen Charakter des Papsttums erkannt. Für ihn wäre folglich der neue Petersdom, wenn er ihn in Augenschein hätte nehmen können, eine Architektur gewordene Antichristlichkeit gewesen. Doch «Antichrist» ist ein grobes Wort. Angemessener wäre es, auf den Begriff des «Dämonischen» zurückzugreifen. Ihn hat Paul Tillich, einer der bedeutendsten evangelischen Theologen des 20. Jahrhunderts, geprägt. Als «dämonisch» bezeichnet es Tillich, wenn das menschliche, bedingte Sein sich an die Stelle des göttlichen, unbedingten Seins zu setzen versucht. In Tillichs Perspektive wäre der Petersdom darin «dämonisch», dass er mit seiner Übergröße den Blick auf die Ewigkeit verstellt, auf die er hinweisen sollte. Doch das «Dämonische» ist für Tillich nicht nur widergöttlich, es besitzt auch eine ungeheure vitale Kraft. So war der Petersdom das Atelier und Experimentierlabor ungezählter Künstler. Er bot ausreichend Raum, damit große Kunst entstehen konnte. Man kann nur darüber staunen, welche Entfaltungsfreiheit die päpstlichen Bauherren den bedeutendsten Künstlern ihrer Zeit zugestanden haben. Und diese verliehen der Kirche einen Glanz, der heute noch weit ausstrahlt und die vielen Großereignisse, die dort stattfinden, all die Heiligen Jahre, Pilgerfahrten und Bischofsversammlungen, Trauerfeiern und Inthronisationen, Weihnachtsbotschaften, moralischen Appelle und Segensspendungen in das rechte, helle Licht setzt. So zieht der Petersdom immer noch Menschen aus aller Welt an und schlägt sie in Bann – wenn auch andere sich von ihm erschreckt und abgestoßen fühlen.

Dadurch aber hat er eines seiner wichtigsten Ziele verfehlt. Der Petersdom sollte die Einheit der Kirche unter päpstlicher Oberherrschaft sichtbar machen, aber er wurde zum Anstoß einer weiteren Aufsplitterung der westlichen Christenheit. So wurde er wider Willen zum Boten einer neuen Zeit, die nicht durch Einheit, sondern durch Vielheit gekennzeichnet ist.

Der Petersdom zu Rom

Der Petersdom ist das Werk einer neuen Epoche. Doch seine Größe macht es ihm nicht leicht, seinen Platz in der Moderne zu bestimmen. Einerseits passt er nicht mehr in eine demokratisierte Welt. Er ist so monumental, dass er wie erstarrt wirkt. Andererseits wird gerade diese Immobilität von vielen geschätzt, die in ihm eine heilvolle Gegenwelt, ein Bollwerk gegen die ökonomisierte, technisierte und bürokratisierte Welt der Gegenwart sehen. Doch mit seinem Streben nach Höhe und Weite ist er eben doch immer ein Stück dieser Welt geblieben und hat sich in einen Wettlauf begeben, den er über Jahrhunderte beherrschte, in dem er aber letztlich unterlegen ist.

Zum Ende des 20. Jahrhunderts wurde der Geschichte dieser Kirche in Westafrika ein seltsames Nachspiel angefügt. Der Diktator der Elfenbeinküste, Félix Houphouet-Boigny, ließ 1985 in seinem Heimatort Yamoussoukro, den er soeben zur neuen Hauptstadt erhoben hatte, den Grundstein für einen getreuen, aber vergrößerten Nachbau des Petersdoms legen. Drei Jahre später war Notre Dame de la Paix, die größte Kirche der Welt, fertiggestellt. Etwa 200 Millionen Euro soll dieses imposante, unoriginelle Bauwerk gekostet haben. Zur Beschwichtigung seiner Kritiker erklärte der Diktator, er habe alles aus seinem Privatkonto bezahlt und die laufenden Kosten würden aus den Zinsen eines Schweizer Sperrkontos beglichen. Das ist ein geringer Trost. Denn wer solche Summen aufzubringen vermag, muss ein schlimmer Räuber sein. Nach dem Bau dieser Kirche war das Land jedenfalls bankrott. Für den Vatikan ergab sich eine peinliche Situation. So kam Johannes Paul II. erst 1990, also zwei Jahre nach der Fertigstellung, um diese Kirche zu weihen. Er tat dies widerwillig und unter der Bedingung, dass in der Nähe der Kirche ein Krankenhaus gebaut würde. Doch dieses karitative Feigenblatt konnte nicht die Schändlichkeit dieses Kirchenbaus verdecken.

Der Petersdom hatte eine weit verzweigte Wirkungsgeschichte. Ein Zweig – und das ist nicht bloß ein böser Zufall – führte in eine Weltgegend, die heute nach vielen Bürgerkriegen an das Rom nach dem verheerenden «Sacco» erinnert, in ein bitterarmes Land, dessen Mehrheit nicht einmal Katholiken, sondern Muslime und Anhänger angestammter Religionen sind, in ein westafrikanisches Provinznest, das sich mit dieser unfreiwilligen Parodie einer Monumentalkirche nicht geschmückt, sondern lächerlich gemacht hat.

Die Dresdner Frauenkirche

7. Die Dresdner Frauenkirche

und der protestantische Kirchenbau

Ungleiche Nachbarinnen

Zweihundert Jahre lang war wenig passiert. Das heißt, natürlich war sehr viel geschehen. Die Reformation hatte Europa verwandelt, neue Kirchen hatten sich gebildet, das war der Aufbruch in eine neue Zeit gewesen, Auslöser vieler Erneuerungen, Erfindungen und Entdeckungen, verbunden aber auch mit heftigen Konflikten, die in einen der furchtbarsten Kriege, den Dreißigjährigen Krieg, gemündet hatten. Es war also allerhand geschehen, nur auf dem Gebiet des Kirchenbaus hatte sich vergleichsweise wenig getan. Vor allem das deutsche Luthertum, dessen Kirchenvater doch all diese religiösen, kulturellen, ge-

Imposant, aber nicht kolossal. Grandios, aber nicht schwer. Barock, aber nicht überdreht. Die Frauenkirche zu Dresden zeigt, wie schön der Protestantismus – besonders in seiner barocken Spielart – auch sein konnte.

sellschaftlichen und politischen Umwälzungen mit ausgelöst hatte, hatte sich nicht mit architektonischen Innovationen hervorgetan. Es hatte einfach die Kirchen von den Altgläubigen übernommen, sie gesäubert und neu eingerichtet, ansonsten aber den Wein der neue Lehre in den Schlauch der alten Gebäude gefüllt. Eine Reformation des Kirchenbaus war ausgeblieben.

Dann aber, zweihundert Jahre nach der Reformation Martin Luthers, waren in kurzer zeitlicher Abfolge und großer räumlicher Nähe zwei sehr erstaunliche protestantische Neubauten entstanden. Sie hätten nicht unterschiedlicher sein können. Die eine groß, die andere klein, die eine in der Mitte einer europäischen Metropole, die andere eingehegt in eine dorfähnliche Gemeinschaft, die eine prachtvoll, die andere auf das Nötigste beschränkt – auf den ersten Blick waren zwischen diesen beiden Nachbarinnen keine Gemeinsamkeiten zu erkennen. Dennoch zeigen beide an, welche neuen Möglichkeiten die Reformation auch der Sakralarchitektur eröffnet hat.

Am 26. August 1726 wurde in Dresden der Grundstein für den Neubau der

Frauenkirche gelegt. Schon um sechs Uhr zogen einhundert Bewaffnete der Bürgerwehr auf, um die öffentliche Ordnung zu gewährleisten. Unter dem Geläut aller Kirchenglocken der Stadt brach eine lange Prozession vom Rathaus auf: Geheime Räte, Hofräte, Bürgermeister und Senatoren, Oberkonsistorialräte und Pastoren, Vertreter der Zünfte und Innungen, alle in feierliches Schwarz gekleidet, zogen zur Baustelle. Eine zehntausendköpfige Menge bildete Spalier. Die Zeremonie vollzog der Wirkliche Geheime Rat Gottlob Hieronymus von Leipziger. Der Landesherr, August II., genannt der Starke und in Personalunion Kurfürst von Sachsen und König von Polen, war verreist. Er dürfte nicht vermisst worden sein, denn um sein neues Königreich entgegenzunehmen, war er zur katholischen Kirche konvertiert. Bei dieser lutherischen Grundsteinlegung hätte seine Anwesenheit nur für Komplikationen gesorgt. So brauchte Superintendent Valentin Löscher, der «Prophet von Kursachsen», in seiner Festpredigt keine Rücksichten zu nehmen, konnte die Wahrheit des evangelischen Glaubens feiern, die Konversion des Königs kritisch kommentieren und die Unterdrückung der Protestanten in katholischen Ländern beklagen – gerade erst waren fromme Böhmen nach Sachsen geflohen. So schloss er mit den Worten: «Ach! Lieber Vater, du wollest uns auch an diesem Tage und ferner gönnen, dass wir unter den zwei Ölzweigen der Religionsfreiheit und Ruhe im Lande sicher in aller Gottseligkeit und Ehrbarkeit sitzen und in dir fröhlich sein mögen.» Dann warf von Leipziger mit einer Kelle dreimal Kalk unter den Grundstein, legte in den ausgehöhlten Grundstein eine Kupferkassette, die das Augsburger Bekenntnis – das Grundbuch des deutschen Protestantismus –, einen Erinnerungstext des Stadtrates sowie eine Gedächtnismedaille enthielt, und die Errichtung der erfindungsreichsten und erfreulichsten Kirche des Luthertums konnte beginnen – ein verspäteter Beleg dafür, dass der deutsche Protestantismus auch einen Beitrag zur europäischen Architekturgeschichte zu leisten vermochte.

Drei Monate vorher, am 12. Mai 1726, war nur neunzig Kilometer nordöstlich von Dresden, in Herrnhut auf Gut Berthelsdorf, ein ganz anderer Kirchenbau eingeweiht worden. Es war ein vergleichsweise stilles und intimes Fest, ohne den Aufmarsch versammelter Obrigkeiten. Die böhmischen Brüder und Schwestern blieben unter sich und feierten diesen Tag mit unablässigem Beten und Singen, mit Predigten und einem feierlichen «Festliebesmahl» aus Tee und Brötchen.

Ihr Tempel sollte ein Bethaus sein und sonst nichts. Deshalb wandten sie sich von den Kathedralen ab und kehrten zum Modell der urchristlichen Hauskirche zurück. In einfachen Sälen kamen sie «einmütig zum Gebet» oder – wie hier – zur «Agape», dem Liebesmahl, zusammen. Betsaal der Herrnhuter Brüder.

Die Dresdner Frauenkirche

Vor vier Jahren hatte der Gutsherr, Graf Zinzendorf, diese Auswanderer bei sich aufgenommen. Sie hatten vor der Gegenreformation über die Grenze nach Sachsen fliehen müssen. Zum Glück hatten sie in Herrnhut eine neue Heimat gefunden. In ihnen lebte das Erbe von Jan Hus, dem böhmischen Reformator vor der Reformation, weiter, verbunden mit calvinistischen Einflüssen und einer intensiven, pietistischen Herzensfrömmigkeit. Als Herrnhuter Brüdergemeine waren sie keine Filiale der Amtskirche, von der politischen Obrigkeit regiert und finanziert, sondern eine fromme Lebensgemeinschaft, in welcher der Geist des Urchristentums wehte.

Die Herrnhuter brauchten keine Kirche, denn zum sonntäglichen Hauptgottesdienst gingen sie damals noch zur lutherischen Gemeindekirche nach Berthelsdorf. Aber sie benötigten einen Raum für ihre frommen Versammlungen. Ihr neuer Betsaal stand nicht für sich, sondern war Teil eines breiten, schlichten Gemeindehauses, das von außen gar nicht wie eine Kirche, sondern wie ein Gutshaus wirkte. Durch zwei Eingänge rechts und links gingen Männer und Frauen getrennt hinein, vorbei an Räumen und Wohnungen für die Mitarbeiter, und über zwei getrennte Treppen hinauf in das Obergeschoss. Dort war der Betsaal, ein eingeschossiger, rechteckiger Raum mit einer einfachen Holzdecke, großen Fenstern und ganz weiß, darum ungewöhnlich hell, dafür ohne jeden Schmuck.

Es gab hier keine Bilder, keinen Altar, nicht einmal eine Kanzel, nur einen «Liturgus-Tisch» in der Mitte der Längsseite. Hinter ihm saß der Prediger, wenn er die Bibel auslegte, die Gemeinde unterwies und das gemeinsame Gebet anleitete. Die Gemeinde saß auf einfachen Holzbänken ohne Lehne. Rechts die Männer, links die Frauen. An beiden Schmalseiten gab es Logen, eine für die Ortsherrschaft, eine andere für die Orgel. Der Betsaal wirkte wie eine Schulaula, rein auf Zweckmäßigkeit hin gebaut. Man konnte hier sehr gut hören und sehen, als Gemeinde beisammen sein. Aber mit seiner radikalen Schlichtheit eröffnete der Betsaal fast ungewollt auch eine ästhetische Erfahrung, das Erlebnis eines reinen Raumes, in dem sich alle Aufmerksamkeit von außen nach innen wendet. So ist der Betsaal eine Rückkehr zu den Anfängen der christlichen Gemeinde und zugleich eine architektonische Neuerung gewesen, sozusagen eine Hauskirche unter den Bedingungen des Barock.

Der Herrnhuter Betsaal und die Dresdner Frauenkirche markieren die ungeheure Spannbreite dessen, was als protestantischer Kirchenbau gelten kann. Was ist das Verbindende, sozusagen das protestantische Prinzip, dem diese so gegensätzlich wirkenden Bauten gemeinsam verpflichtet sind? Dieses protestantische Kirchenbau-Prinzip lässt sich am leichtesten negativ beschreiben. Protestantische Kirchen sind keine Gotteshäuser, keine Sakralbauten. Sie sind nicht an und für sich heilig, sondern nur dann, wenn in ihnen Heiliges geschieht, also das Evangelium gepredigt wird und die Gemeinde in der rechten Andacht betet und die Sakramente feiert. So erneuerte Martin Luther die uralte prophetische Kritik am priesterlichen Kult und seinen Tempeln:

> Es liegt fürwahr nicht an Stätten oder Gebäuden, wo wir zusammenkommen, sondern allein an diesem unüberwindlichen Gebet, dass wir dasselbe recht zusammen tun und vor Gott kommen lassen.

Oder:

> Wo Gott redet, da wohnt er. Wo das Wort klingt, da ist Gott, da ist sein Haus, und wo er aufhört zu reden, da ist auch nimmer sein Haus da.

Oder:

Beten, Danken, Wort hören ist der rechte Gottesdienst. Dazu brauchen wir keine besondere Kirche noch Tempel zu bauen, mit großer Kost und Beschwerung, und an keine Stätte noch Haus notwendig gebunden zu sein, sondern Gott gönnt uns die Freiheit, dass wir solches tun mögen, wenn, wo und wie oft wir können.

Aus dieser radikalen Versachlichung und Säkularisierung der Kirchenbauten folgte aber keine Ablehnung von monumentalen und schönen Kirchen überhaupt. Nur im Fall der Verfolgung zogen sich die Anhänger der Reformation in Privathäuser zurück. Ansonsten nutzten sie die vorhandenen Kirchen weiter, maßen ihnen allerdings einen anderen Wert zu. Sie nahmen ihnen den sakralen Charakter und schrieben ihnen dafür eine neue soziale Funktion zu. Kirchenbauten waren keine Heiligtümer mehr, sondern Gemeindehäuser. Das zeigte sich besonders im Inneren. Es gab nur einen Raum, in dem die Gemeinde zusammenkam. Nebenaltäre und Seitenkapellen hatten keine Berechtigung mehr, denn es gab nur einen Gottesdienst, den alle gemeinsam vollzogen. Private Messen oder individuelle Riten waren nicht mehr vorgesehen. Deshalb konnte die protestantische Kirche außerhalb der Gottesdienstzeiten geschlossen bleiben.

So weit das Prinzip des protestantischen Kirchenbaus. Aber es dauerte in Deutschland lange, bis es in eigenen Bauprojekten umgesetzt wurde – anders als bei den Schweizer Calvinisten oder den französischen Hugenotten. Das lag daran, dass die deutschen Lutheraner im 16. Jahrhundert dies nicht nötig hatten – sie übernahmen die bestehenden Kirchen vor Ort – und dass es ihnen im 17. Jahrhundert auch nicht möglich war – der Dreißigjährige Krieg ließ es nicht zu. Nach Kriegsende aber mussten überall neue Kirchen gebaut werden. Nachdem sich das Land langsam und mühsam aus den Trümmern erhoben hatte, konnte man sich zu Beginn des 18. Jahrhunderts endlich an ein eigenes protestantisches Kirchenbauprogramm wagen.

Den Programmentwurf dafür lieferte 1712 der Hamburger Baumeister und Architekturtheoretiker Leonhard Christoph Sturm. Er entwickelte eine protestantische Raumidee aus den drei Hauptteilen des evangelischen Gottesdienstes: der Predigt, dem Abendmahl und dem Gemeindegesang. Ein zentraler Raum sollte geschaffen werden, in dem die ganze Gemeinde Platz fand und gemeinsam Gottesdienst feiern konnte. Diese Gemeinsamkeit konnte nur entstehen, wenn alle gleichermaßen gut sehen und hören konnten. «Ein Hauptrequisitum der Kirche ist, dass jedermann die Funktionen des Gotteshauses, sonderlich aber den Prediger auf der Kanzel, sehen könne.»

Die konsequente Umsetzung dieses protestantischen Bauprinzips war der Herrnhuter Betsaal: ein multifunktionales Gemeindehaus mit einem großen Raum zur gottesdienstlichen Nutzung. Doch wie meist im Leben wird es erst richtig interessant und kreativ, wenn Prinzipien nicht allzu streng befolgt werden – wie im Fall der Dresdner Frauenkirche. Sie ist ein protestantischer Bau, aber nicht nur dies. Insofern steht sie stellvertretend für das deutsche Luthertum überhaupt, das ja eine Kompromiss-Konfession ist. Es ist eine Frucht der Reformation, hat sich aber vorreformatorische Reste bewahrt, zum Beispiel die Vorliebe für liturgisch ausgestaltete Gottesdienste. Mit guten Gründen hat das Luthertum übertriebene Prinzipientreue vermieden. Das zeigt sich besonders in seinen Kirchenbauten. Sie sind funktional gedacht und vor allem auf die Predigt ausgerichtet. Aber sie hüten sich vor aller Bilderstürmerei, jeder gewaltsamen Selbstverarmung. Sie suchen einen einfachen, natürlichen Ausdruck. Zugleich aber wollen sie auch dem Auge etwas zu schauen und zu staunen geben. Sie nehmen ihr Maß an der Gemeinde, bemühen sich um humane, überschaubare Größenverhältnisse. Da aber Architektur immer auch von Größe lebt, verstecken sie sich nicht, sondern stellen sich weithin sichtbar dar. Sie wollen als besonderer geistlicher Ort zu erkennen und darüber hinaus auch schön sein. Und darin können sie sich mit Recht auf Martin Luther beziehen, der es – trotz seiner Abneigung gegenüber der altgläubigen Prunksucht – nur «billig» fand, dass der «Gottesdienst auf das Zierlichste gehalten wird». Und die zierlichste aller lutherischen Kirchenbauten ist die Dresdner Frauenkirche.

Evangelisches Barock

Es gehört zu den Seltsamkeiten des Luthertums, dass es in einer Epoche seine künstlerische Blüte erlebte, die heute entweder ganz vergessen ist oder – wo ihrer überhaupt noch gedacht wird – keinen guten Ruf genießt. Das alte Luthertum des späten 17. und frühen 18. Jahrhunderts wirkt mit seiner strengen, streitsüchtigen Theologie wenig anziehend. Aber in seiner Kirchenkunst beweist es einen Schönheitssinn, wie er bei den Protestanten der späteren Jahrhunderte nicht mehr zu finden ist. Am leichtesten lässt sich dies nachvollziehen, wenn man heute die Gemeindechoräle singt, die damals geschaffen wurden, oder wenn man die großen Oratorien von Johann Sebastian Bach hört. Aber auch wer die Frauenkirche betrachtet, erkennt schnell, dass man das alte Luthertum nicht mit einer starren Orthodoxie und rigiden Amtskirchlichkeit gleichsetzen darf, weil es einen eigenen und zwar besonders beglückenden und beschwingten Typus religiöser Kunst geschaffen hat: das evangelische Barock. Es gibt eben nicht nur das katholische Barock, sondern auch eine evangelische Spielart. Ihr schönstes Beispiel ist der «Petersdom der Reformation» in Dresden. Von der fast monströsen Papstkirche zu Rom unterscheidet er sich schon durch seine humanen Ausmaße. Die Frauenkirche ist zwar auch ein Monument, aber eines der leichten und heiteren Sorte, darin das Zeugnis eines ebenso glaubensgewissen wie musikalischen Protestantismus – «evangelisch» im Wortsinne, nämlich eine «gute Botschaft» verkündigend, nicht überwältigend, sondern befreiend.

Die Frauenkirche hat nichts Aggressives an sich, obwohl sie in einer konfessionspolitisch immer noch aufgeheizten Atmosphäre entstanden ist. Sie ist ein Denkmal des lutherischen Christentums, aber keine feste Burg des Antikatholizismus oder gar des deutschen Nationalismus. Man vergleiche sie nur mit dem hartleibigen Luther-Standbild, das 1885 – einer fatalen Mode dieser Zeit folgend – vor ihr aufgestellt wurde. Bei seiner Einweihung erklärte der damalige Superintendent mit hohem Pathos:

> Fest die Bibel in der Hand und die starke, männliche Rechte darauf ruhend – so steht er da, der teure Gottesmann, der Mann von Stahl und Eisen mit der Weihe des Glaubens und der Kraft, mit dem Felsenherzen eines Johannes des Täufers und mit dem Feuergeist eines Paulus, jeder Zoll an ihm ein Deutscher und ein Christ, ein deutscher Christenmensch aus einem Guss, mit dem kühnen großen Blick des Glaubens nach oben, hinauf zum alten Gott.

Diese nationalprotestantische Selbstvergötzung passt so gar nicht zu der Kirche, die durch dieses Denkmal weniger geschmückt als verunziert wurde. Zu der dumpfdeutschen Männlichkeitspose des Luther-Bildes wie seiner Einweihungspredigt hält die Frauenkirche mit ihrer damenhaften Eleganz, ihrer italienischen Leichtigkeit souverän Distanz und bewahrt damit die Erinnerung an die weltoffene Haltung, die in Dresden zur Zeit des Starken August herrschte.

Die Frauenkirche ist eine Bürgerkirche mitten in einer königlichen Stadt. Das entspricht dem Selbstverständnis einer protestantischen Kirche: Sie will zugleich ein herausgehobenes Gebäude und Teil des städtischen Lebens sein. Man kann die Frauenkirche also nicht isoliert betrachten, sondern muss sie immer als Teil ihrer städtischen Umgebung sehen. Ihre Wirkung erzielt sie erst, wenn sie

nicht für sich bewundert, sondern als Mosaikstein in einer Gesamtanlage genossen wird. Einer der wichtigsten Impulse, der die Barock-Architektur prägte, war, dass sie städtebaulich und städteplanerisch dachte. Einzelne Gebäude wurden nicht isoliert, sondern im Rahmen eines Gesamtplans entworfen. Was dadurch möglich wurde, bezeugen die vielen Stadtbilder des alten Dresden, eines schöner als das andere. Da sieht man sie von der Elbe aus: die Augustusbrücke, die Terrasse mit der Brühlschen Galerie, das Palais Fürstenberg, die Kreuzkirche und die katholische Hofkirche, dazwischen barocke Bürgerhäuser, dahinter dann der Altmarkt und der Neumarkt – und mitten hinein eingefügt die Frauenkirche, eingebettet in ein Gesamtkunstwerk. Wer dieses Stück bebauten Elbstrand betrachtet, kommt schnell ins Träumen und fühlt sich wie am Canale Grande von Venedig.

Doch es war ein langer Weg, bis dieses Werk vollendet war. Eine seltene Glückszeit half dabei. Dresden war vergleichsweise gut durch den Dreißigjährigen Krieg gekommen, hatte sich langsam entwickelt und hatte unter August dem Starken sogar den Rang einer europäischen Metropole erlangt, bevor es nach der Niederlage Sachsens gegen die Preußen und der Beschießung der Stadt 1760 durch die Soldaten Friedrichs des Großen wieder zur Provinz herabsank. Es war also nur eine kurze, günstige Zwischenzeit. Doch sie wurde genutzt – für präzise Planungen, konfliktreiche Debatten und schließlich den Neubau der Frauenkirche.

Dieser war nötig geworden, weil die alte Frauenkirche nicht nur beengt, sondern auch baufällig war. Der Rat der Stadt Dresden beschloss darum 1722, dem Ratszimmermann George Bähr den Auftrag für einen Neubau zu erteilen. Über Bähr selbst ist kaum etwas bekannt. Als wäre er ein Baumeister des Mittelalters, so ist kein Bild von ihm, kein Eindruck seiner Persönlichkeit überliefert. Von ihm zeugen nur seine Bauten. Sie aber zeigen, dass er kein Provinzarchitekt war. Für seinen wichtigsten Bau hatte er eine klare Vision, theoretisch fundiert und feinsinnig geplant. Um sie zu verwirklichen, musste er lange und gegen viele Widerstände kämpfen.

Am Anfang seiner Überlegungen stand ein lokales Vorbild, die kleine Kirche von Carlsfeld: ein schlanker Zentralbau, der sich über einem achteckigen Grundriss erhebt, in eine Kuppel mündet, die von einer Laterne abgeschlossen wird. Dieses Modell wollte Bähr ins Monumentale steigern. Ihm schwebte ein Zentralbau vor, der turmartig in eine weithin sichtbare Laternenkuppel gipfelte. Solch eine Kuppel zu bauen war wagemutig und kostspielig. Wer sollte das bezahlen? Der König nahm zwar als Kunstliebhaber und Architekturkenner Anteil am Bau, wollte sich aber finanziell nicht besonders beteiligen. Der Rat forderte darum von Bähr einen Kostenvoranschlag. Den reichte der Baumeister im folgenden Jahr ein. Er belief sich exakt auf 103 075 Taler, 3 Groschen und 3 Pfennige. Es dauerte ein halbes Jahr, bis der Rat sich ein Urteil gebildet hatte. Er stimmte zu, aber

> Venedig liegt an der Elbe. In Dresden entstand eine Architektur, die vieles verbindet: menschliches Maß und himmlische Schönheit, traumhafte Solitäre und städteplanerische Gesamtidee, Urbanität und idyllische Landschaft. Die Frauenkirche setzt all dem mit ihrer steinernen Glocke die Krone auf.

nur unter der Bedingung, dass die Kosten halbiert würden. Bähr erreichte dies, indem er vor allem den Grundriss verkleinerte. 1724 erging der revidierte Auftrag an ihn. Die Ausschachtungsarbeiten konnten beginnen, das Baumaterial angeliefert werden.

Doch die Diskussionen waren damit noch längst nicht beendet. Im Jahr darauf legte der sächsische Landbaumeister Johann Christoph Knöffel, einer der wichtigsten Architekten des augusteischen Dresden, einen Gegenentwurf vor. Er nahm Bährs Grundidee eines Zentralbaus auf, führte ihn aber konzentrierter aus. Vier neue Ecktürme und eine höhere Wölbung der Kuppel gaben dem Bau eine größere statische Sicherheit und erzeugten einen leichteren, harmonischeren, sozusagen höfischeren Gesamteindruck. Es folgten lange Debatten, welcher Entwurf nun realisiert werden sollte. Am Ende setzte sich Bähr durch. Aber er nahm wichtige Anregungen Knöffels auf, die sich auf den Außenbau bezogen. Was die Innengestaltung anging, blieb Bähr bei seinen Vorstellungen. Dem Außenbau hatten die Kontroversen genutzt. Im endgültigen Entwurf wirkt die Kirche nun, als sei sie »von Grund auf bis oben hinauf gleichsam nur ein einziger Stein». Als wäre sie eine Skulptur, eine Pyramide oder ein Obelisk, aber lebendiger, organischer als diese. Dieser Eindruck des Leichten und Beschwingenden wird durch ein Leitmotiv unterstützt, das die Gestaltung des Außenbaus durchzieht. Nicht nur die Kuppel, auch die Türme und die Giebel weisen einen «konkaven Aufschwung» auf, ziehen das Gebäude gleichsam in die Höhe. Seine Konzentriertheit wie seine Vitalität verdankt der Entwurf vor allem aber der Kuppel. Sie hat auch von Knöffels statischen Anregungen profitiert. Großartig ist der Gedanke, die Lasten der Kuppel – immer noch als Holzkonstruktion mit Kupferüberzug gedacht – nicht durch die Außenmauern tragen zu lassen. Das hätte ein allzu massiges Mauerwerk nötig gemacht. Vielmehr sollten hauptsächlich die acht Hauptpfeiler das Gewicht der Kuppel tragen und ihren Druck tief in den Erdgrund ableiten. Die vier Ecktürme dienen zudem als Widerlager für die Kuppel. Doch würde dies eine dauerhafte Standfestigkeit gewährleisten?

Im Jahr 1726 konnte nun endlich mit dem Bau begonnen werden. Nachdem man den Vorgängerbau abgerissen hatte, wuchs die Kirche schnell in die Höhe. Die Kuppel aber bereitete weiterhin Kopfzerbrechen. Nach drei Jahren leitete Bähr einen Kurswechsel ein. Da das benötigte Kupfer nicht zu bezahlen war, baute er die Kuppel nicht aus Holz, sondern aus Stein. Das aber veränderte die statischen Planungen. Neue Gutachten und Kostenschätzungen mussten erstellt werden. Ab 1732 konnte auch der Innenausbau vorangetrieben werden, so dass im Jahr darauf erste Akustikproben durchgeführt werden konnten. Sogleich wurde mit dem berühmten Gottfried Silbermann ein Vertrag über den Bau einer Orgel ausgehandelt und unterzeichnet. Dafür kamen neue Finanzprobleme auf. August der Starke starb. Mit neuen Kostenvoranschlägen wurde der Rat bei seinem Nachfolger August III. vorstellig. Der Sohn hatte nicht das Format des Vaters, wie schon sein Beiname «der Fette» anzeigte. Aber für die Frauenkirche wurde er ein wichtiger Förderer. Ein neuer Finanzplan ermöglichte die Fertigstellung des Baus. Allerdings wurde dabei ein Trick angewendet. Spendengelder, die für die Protestanten gesammelt worden waren, die aus dem gegenreformatorischen Salzburg hatten fliehen müssen, wurden für den Kirchenbau umgeleitet. Das war sachlich nicht ganz falsch, weil viele Flüchtlinge inzwischen halbwegs versorgt waren. Die Verletzung des Spenderwillens war aber schon damals anrüchig, fast ein kleines Sakrileg.

So konnte 1734 die Kirche eingeweiht werden, obwohl der Kuppelbau immer noch nicht abgeschlossen war. Zwei Jahre später wurde auch die Orgel geweiht. Weitere zwei Jahre später, 1738, starb George Bähr. Als Nachfolger wurde der Ratszimmermeister George Friedrich Winkler bestimmt. Er brauchte noch fünf Jahre, bis die Kirche endlich vollendet war. Als 1743 aber die letzten Gerüste abgebaut wurden und die Bauarbeiter abzogen waren, stand die Kirche wirklich als ein formvollendetes Kunstwerk da. Dies verdankte sie natürlich vor allem ihrer Kuppel. Wenn doch George Bähr noch erlebt hätte, dass sein schönstes Werk nicht nur technisch möglich war, sondern auch so wirkte, wie er es sich gewünscht hatte! Im Volksmund wurde sie bald »die steinerne Glocke« genannt. Doch das trifft es eigentlich nicht. Bähr hatte seine Kuppel als «Turm» bezeichnet. Zu Recht, denn sie strebt trotz ihrer Rundung steil nach oben, weist direkt gen Himmel wie ein Turm – ein weithin sichtbares Signal, eine architektonische Fanfare, die über die Dächer der Stadt und in das ganze Land hinaus klingt.

Die Freude aber war mit Sorge vermischt. Es blieb die Frage nach der dauerhaften Haltbarkeit der Kuppel. Umso erstaunlicher war es, dass sie – anders als viele andere augusteische – Bauten den ersten schweren Angriff sehr gut überstand. Als die feindlichen Preußen im Siebenjährigen Krieg Dresden unter einen barbarischen Beschuss nahmen und viele barocke Herrlichkeiten zerstörten, trotzte allein die Kuppel der Frauenkirche den Kanonen, so als wäre ihre Schönheit ein unsichtbarer Schutzschirm gewesen.

Inneneinrichtungen

Mindestens ebenso anspruchvoll wie der Bau der äußeren Hülle war die Gestaltung des Inneren. Auch der Innenraum der neuen Frauenkirche sollte dem paradoxen Ideal eines evangelischen Barock genügen, also zugleich prachtvoll und einfach, harmonisch und überwältigend, kunstvoll und natürlich wirken. Vor

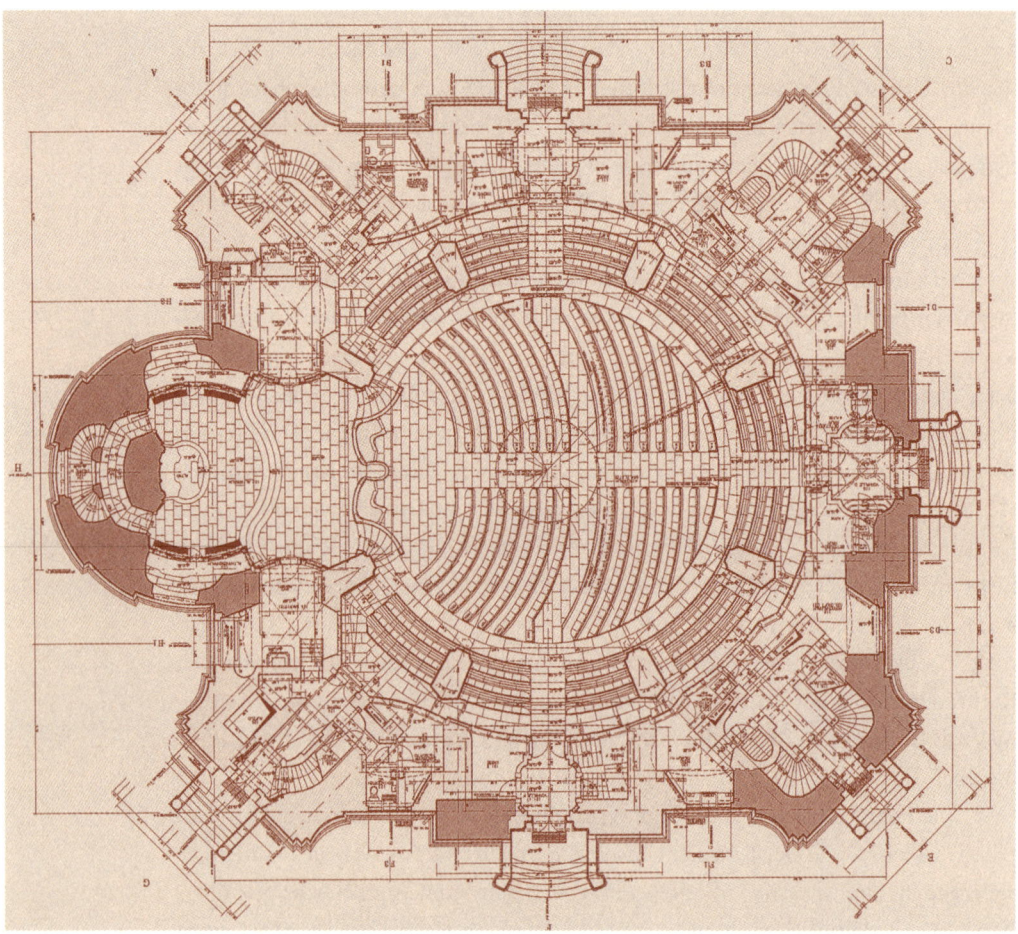

allem aber musste er aus dem protestantischen Prinzip heraus ganz neu gedacht werden. Ein neuer Typus des Kirchraums war von seinen gottesdienstlichen Funktionen und den Bedürfnissen der Gemeinde her zu entwerfen. Dies tat George Bähr zunächst damit, dass er dem Innenraum einen anderen Grundriss als dem Außenbau gab. Letzterer bildete auf dem Muster eines griechischen Kreuzes – also eines Kreuzes mit vier gleich langen Armen – ein Quadrat. In dieses Viereck setzte Bähr einen runden Saal. Diese Rundung gewährleistete nicht nur eine maximale Raumausnutzung – die Kirche bietet Platz für 3500 Menschen –, sondern auch die Einheitlichkeit des Inneren. In diesem weiten Rund gibt es keine Nischen mehr für separate Kapellen, private Altäre und Sondermessen, sondern hier findet die Gemeinde zum Gottesdienst zusammen, hier versammelt sich eine geeinte Gemeinschaft.

Die Dresdner Frauenkirche

Aber auch eine Einheit braucht Struktur, Gliederung, Rhythmus. Bähr war zum Glück kein protestantischer Prinzipienreiter, sondern wusste, dass Räume ihrer eigenen Logik folgen. Obwohl am Gedanken des Einheitsraums ausgerichtet, wollte er eine starre Einförmigkeit vermeiden. Die Rundung sollte ihm nicht zu einem uniformen Kreis verkommen. So schuf er einen Innenraum, in dem die große Einheit sich als schwungvolles Wechselspiel verschiedener Raumteile darstellt. Die alte, durch die Reformation überholte Zweiteilung in einen Versammlungsraum für das Laienpublikum einerseits und einen für die Kleriker reservierten Altarbereich andererseits ließ er dabei aber nicht wieder aufleben. Vielmehr unterschied er drei Zonen, die durch elegante Durchgänge miteinander verbunden waren.

> Endlich hat der deutsche Protestantismus die ihm gemäße architektonische Form gefunden. So sieht der Grundriss einer idealen evangelischen Kirche aus. Das Zentrum bildet die Gemeinde. Sie ist gleichermaßen auf Kanzel und Altar ausgerichtet. Der Liturg und der Prediger sind von überall gut zu sehen und zu hören.

Unten in der Mitte liegt der zentrale Gemeinderaum. Über ihn erheben sich die fünf Emporengeschosse, vor ihm öffnet sich der Chorraum. Dieser ist durch eine steinerne Balustrade vom Gemeinderaum nicht abgetrennt, sondern nur optisch abgesetzt. Denn der Zugang zu ihm ist keineswegs den Würdenträgern vorbehalten. Bei der Feier des Abendmahls zieht die Gemeinde wie in einer kleinen Prozession über eine linke Seitentreppe in den Chorraum, tritt links an die Altarschranke, empfängt das Brot und zieht dann weiter zur rechten Kelchseite, empfängt den Wein und geht dann über eine rechte Seitentreppe zurück zum Gemeinderaum. Der Chorraum ist also kein sakraler Bereich im strengen Sinne, aber dennoch von den Sitzplätzen der Gemeinde abgehoben. Er ist weder sakral noch profan. Er schwebt dazwischen. Zusammengehalten werden diese unterschiedlichen Raumteile und Raumcharaktere durch die alles überwölbende Kuppel. Sie verleiht dem Ganzen den Eindruck einer überweltlichen Einheit und zugleich einer befreienden, verschwenderischen Großzügigkeit.

Neben dieser Aufgliederung und Zusammenfügung des Innenraums und seiner Teile stand George Bähr noch vor einer zweiten Herausforderung. Er musste den wichtigsten Einrichtungsgegenständen ihren Ort zuweisen. Das aber war mit Fragen verbunden, deren Beantwortung der lutherischen Kirche schwerer fiel als anderen Konfessionen. Denn sie konnte nicht mit der gleichen Eindeutigkeit erklären, was im Gottesdienst eigentlich die Hauptsache ist. Bei den Katholiken, mehr noch bei den Orthodoxen, ist dies die Feier der Eucharistie. Alles muss also auf den Altar ausgerichtet sein. Die Predigt ist im Vergleich dazu eine Nebensache. Die Kanzel muss folglich mit einem Platz am Rande vorlieb nehmen, wenn man nicht – wie gelegentlich die Orthodoxen – ganz auf sie verzichtet. Bei den Reformierten sowie den protestantischen Freikirchen dagegen steht die Predigt und damit die Kanzel im Zentrum der Aufmerksamkeit. Der Altar schrumpft zu einem bloßen Tisch, über dessen Ort man sich keine allzu großen Gedanken zu machen brauchte. Als der Konfession des Kompromisses aber liegen der lutherischen Kirche Predigt und Abendmahl gleichermaßen am Herzen. Deshalb steht sie vor der heiklen Aufgabe, Kanzel und Altar den gleichen Rang zuzuweisen, im Innenraum also zwei Hauptausrichtungen vorzusehen, ohne dass dadurch die Einheit des Raumes insgesamt verloren ginge.

Die Tradition des Kirchenbaus hielt dafür keine Vorbilder bereit. In der Alten Kirche gab es für die Predigt noch gar keinen festen Ort. Zunächst stand der Prediger einfach irgendwo innerhalb der entstehenden Altarschranken. Häufig wurde die Predigt auch von der Kathedra, dem Sitz des Bischofs, aus gehalten. Für die Lesungen gab es ein Pult, den sogenannten Ambon. Aus ihm entwickelte sich langsam die Kanzel. Doch in der ausgehenden Antike und im frühen Mittelalter verfiel die Predigtkultur. Alles konzentrierte sich auf die Feier der Eucharistie, der Kanzel wurde keine Aufmerksamkeit zuteil. Das änderte sich erst im Hochmittelalter, als die Bettelorden die Predigt neu zu Ehren brachten und auch für die Kanzel neue Lösungen suchten. Häufig wurde der Ambon im Mittelschiff nah an die Gemeinde herangerückt, oft aber auch an eine Säule oder einen Pfeiler angelehnt. Es gab aber auch größere Podeste, auf denen die Prediger gut sichtbar auftreten und sogar frei hin- und hergehen konnten. In der Spätgotik des 15. Jahrhunderts setzte sich die Kanzel als eigener gottesdienstlicher Einrichtungsgegenstand durch. Künstlerisch reich gestaltete Exemplare aus dieser Zeit geben davon Zeugnis. Doch einen rechten Ort konnte man ihr immer noch nicht zuweisen. Zumeist wurde die Kanzel an einer Längsseite des Kirchraums aufgestellt. Zur Predigt also musste sich die Gemeinde neu ausrichten und aufstellen. Das störte die Einheit des gottesdienstlichen Erlebens. Die Lutheraner nun erklärten die Kanzel zu einem Hauptstück und versuchten sie möglichst nahe an den Altar heranzurücken. Das führte jedoch häufig zu halbgaren Kompromissen. Eine eindeutige Lösung versprach da eine sehr originale Erfindung des lutherischen Kirchenbaus, der «Kanzelaltar». Er verband beide bisher getrennten Elemente zu einem einzigen Stück. Innerhalb eines geschlossenen Rahmenwerks befanden sich unten der Altar und direkt darüber die Kanzel. Zu

So, wie es war, sollte es wieder werden. Wer einen Blick in die wieder aufgebaute Frauenkirche wirft, dem wird kaum mehr das Klischee über die Lippen kommen, dass im Protestantismus nur das Wort zähle und alles sich bloß um das Hören drehe.

ihr gelangte man über eine Treppe, die sich auf der Rückseite befand. Dieser Kanzelaltar war eine Erfindung der Orthodoxie, die den gleichen Rang von Abendmahl und Predigt festschreiben und garantieren sollte, dass die Gemeinde während des gesamten Gottesdienstes stets auf denselben Fluchtpunkt ausgerichtet blieb. Auf Dauer konnte sich diese Innovation aber nicht durchsetzen. Der Kanzelredner stand nicht selten viel zu hoch über der Gemeinde. Auch drohte die Kanzel den Altar zu unterdrücken.

Für die Ausstattung der Frauenkirche griff Bähr nicht auf den Kanzelaltar zurück, obwohl er ihn sonst eigentlich bevorzugte. Der Grund dafür dürfte darin gelegen haben, dass bei der Frauenkirche der Prediger dann viel zu weit von der Gemeinde entfernt gewesen wäre. Stattdessen ordnete Bähr alle Hauptstücke – also neben der Kanzel und dem Altar auch den Taufstein und die Orgel – in einer Linie nacheinander auf der Mittelachse an. Das ergab eine durchgängig einheitliche Ausrichtung der Gemeinde. An der Wand des Chorraums steht der Altar. Über ihm erhebt sich die Orgel. Vor ihnen befindet sich die Taufe, und davor ragte die Kanzel – wie ein Bootssteg – über die Chorbalustrade hinaus und in den Gemeinderaum hinein. Diese Kanzel wahrte die Verbindung zu den beiden Sakramenten – der Taufe und dem Abendmahl – und suchte zugleich die Nähe der Gemeinde. Sie markierte die Mitte zwischen den göttlichen Gnadengaben und den versammelten Menschen, zwischen Erlösung und alltäglicher Lebensführung. Dem entsprach ihre geringe Höhe. Wer von dieser Kanzel predigte, konnte sich nicht autoritär über seine Gemeinde erheben, sondern musste das Gespräch mit ihr suchen. Dazu passt, dass diese Kanzel nicht nur für Predigtmonologe, sondern auch für Unterhaltungen und Debatten genutzt wurde. Unter ihr waren Bänke für die «Examina» aufgestellt, die nach den Mittagspredigten gehalten wurden, also für Religionsunterricht, Glaubensprüfung, aber auch für religiös-moralische Diskussionen. Insofern war diese Kanzel schon so etwas wie eine kleine evangelische Akademie. Leider blieb sie keine Dauereinrichtung. Schon 1738 musste aus akustischen und optischen Gründen eine neue Hauptkanzel am nordöstlichen Pfeiler angebracht werden.

Nachdem die Anordnung und Gestaltung der beiden Hauptstücke gelungen war, musste ein dritter Einrichtungsgegenstand bedacht werden. Er ist weit profaner als Kanzel und Altar, aber keineswegs banal, denn er stellt den eigentlichen und besonderen Beitrag des Protestantismus zur Geschichte des Kirchenbaus dar. Dieser Beitrag ist weniger künstlerischer Natur. Von den ersten Exemplaren dieses Kirchenmöbels hat sich kaum etwas erhalten. Doch das ist kein großer Kulturverlust. Denn die Erfindung war weniger eine ästhetische als eine soziale, welche die Art veränderte, wie die Gemeinde im Gottesdienst gegenwärtig ist. Die Rede ist vom Gestühl. Auch wenn schon im Spätmittelalter vermehrt feste Sitzgelegenheiten in das Kirchenschiff eingebaut worden waren, so gewann die Bestuhlung der Kirche doch erst mit der Reformation eine grundsätzliche Bedeutung.

Warum wurden nun Sitzplätze notwendig? Eine offenkundige Ursache waren die langen Predigten. Im Unterschied zu den manchmal überlangen Sakramentsfeiern, bei denen sich die Gemeinde aber im Kirchraum frei bewegen oder gar – wie heute noch im orthodoxen Christentum – zwischendurch vor die Tür gehen konnte, sollten jetzt Predigten von Anfang bis Ende aufmerksam gehört werden. Dies ist im Stehen natürlich nur schwer möglich. Doch der Hauptgrund für eine flächendeckende Bestuhlung, die ja den Charakter der Kirchräume erheblich veränderte, kann dies nicht gewesen sein. Denn lange Predigtgottesdienste hatte es auch in vorreformatorischer Zeit gegeben, ohne dass dies zur Bestuhlung der Kirchen geführt hätte.

Das eigentliche Motiv dürfte ein gesellschaftliches gewesen sein. Sitzen ist nicht nur bequemer als Stehen, es ist auch ein Ausdruck von Macht. Wer sitzt, besitzt. In einer evangelischen Kirche sollte jeder seinen festen Ort im Gottesdienst besitzen, diesen aber auch deutlich vorzeigen. Mit einem Stuhl konnte jeder seinen Platz in der Gemeinde und der Gesellschaft markieren und präsentieren. Es gab nur noch einen Gottesdienst, in dem die ganze Gemeinde anwesend sein sollte. Und diese kirchliche Gemeinde war damals noch mit der bürgerlichen Gesellschaft identisch. Wenn also die Gemeinde in der Kirche anwesend sein sollte, dann musste sie es unter den damals herrschenden gesellschaftlichen Bedingungen tun. Es konnte deshalb keine freie Platzwahl geben. Manche mussten hinten, andere durften vorne sitzen. Alle mussten sich als Teil einer ständischen Ordnung darstellen. Es ging beim protestantischen Kirchengestühl nicht nur darum, dass jeder sitzen konnte, sondern vor allem darum, wo er sitzen durfte.

Zunächst war mit den Stühlen eine gewisse Demokratisierung verbunden. In vorreformatorischen Kirchen hatten nur Klerus und Obrigkeit Sitzplätze. In der frühen Neuzeit erstritten sich in den Städten die Zünfte und Magistrate das Sitzrecht. Sie orientierten sich am Chorgestühl. Ihre Stühle waren meist mit der Wand verbunden, hatten kleine Türen und Baldachine, waren zudem nicht auf den Hauptaltar oder die Kanzel, sondern auf die eigengestifteten Nebenaltäre ausgerichtet. Der gemeine Mann und die gemeine Frau durften froh sein, wenn sie ein Plätzchen auf einem Steinsockel entlang der Wände oder Pfeiler fanden oder einen mitgebrachten Klappstuhl aufstellen konnten. Dass die ganze Gemeinde im Kirchenschiff mit Blick auf Kanzel und Altar neben- und hintereinander sitzt, ist eine Erfindung der Reformation. Zuerst wurde sie von den Mächtigen und Reichen angenommen, dann von fast jedermann umgesetzt. Nur die Mittellosen gingen leer aus und mussten im hinteren Kirchenschiff stehen. Dies scheint damals auch niemand als anstößig empfunden zu haben. Es galt als selbstverständlich, dass die Gemeinde in der Kirche ebenso nach Stand und Wohlstand geordnet war wie die Gesellschaft vor der Kirchentür.

Es ging bei den Kirchstühlen immer auch um Prestige. Der Anspruch der Bürger, eigene Stühle aufzustellen, war auch der Versuch, die Kirche parzellenweise in privaten Besitz zu überführen. Das führte leicht zu Streitereien. Ehrgeizige Familien richteten sich kastenartige Gestühle ein, stellten sie auf Podeste, gaben ihnen feste Rückwände und hohe Baldachine, die den Hinteren den Weg und die Sicht versperrten. Nicht selten wehrten sich diese, indem sie die Bänke der Vorderen in einem unbeobachteten Moment einrissen oder an die Seite schoben. Um des lieben Friedens willen, aber auch um Herren im eigenen Haus zu bleiben, mussten die Kirchenoberen einschreiten. Sie gewährten einerseits – anders als in katholischen Kirchen – ein allgemeines Sitzrecht, fassten dieses aber in komplizierte Einzelgesetze. Das «ius subselliorum templorum», das «Kirchstuhlrecht» wurde zu einer eigenen juristischen Disziplin. Mit seiner Hilfe versuchte man, Missstände zu beheben, «dass hin und wider in die Kirchen Stühle gebauet, dadurch die Leute verhindert werden, dass sie weder den Prediger auf der Kanzel, noch zu dem Altar, wenn das hochwürdige Sakrament ausgetheilet wird, sehen können, desgleichen auch oftmals solche Stühle in den gemeinen Gängen aufgerichtet werden, das die Leute für denselben nicht wohl hin und wieder gehen können», wie es in einer Quelle heißt. Man musste sich seinen Stuhlbau genehmigen, nummerieren und in ein Register eintragen lassen. Die Bestuhlung hatte natürlich auch einen disziplinarischen Effekt. Gerade in kleineren Kirchen ließ sich mit ihrer Hilfe die Gottesdienstpräsenz viel besser kontrollieren. Man sah auf einen Blick, welcher Platz frei blieb, weil sein Eigentümer sich etwas anderes vorgenommen hatte. Da hatten nun die Armen, die sich keinen eigenen Sitz leisten konnten, einen kleinen Vorteil.

Wichtig waren die Stühle aber nicht nur in sozialer Hinsicht. Sie wurden auch zu einer wesentlichen Einnahmequelle der Kirchen. Die Stuhl-Gebühren traten an die Stelle anderer Finanzquellen, die mit der Reformation verloren gegangen waren, und kamen der Erhaltung und der Armenpflege zugute. Im Fall der Frauenkirche etwa wurden, als die Höhe der Kosten deutlich wurde, mehr Stuhlreihen eingeplant.

Es blieb George Bähr vorbehalten, den Beweis dafür zu liefern, dass die Bestuhlung einer Kirche nicht nur eine schnöde Angelegenheit, sondern auch ein Mittel ist, einem Innenraum Schönheit zu verleihen. Das zeigt sich bei den Emporen, die er für die Frauenkirche schuf. Viele Emporen einzurichten, war zunächst ein Gebot der Zweckmäßigkeit. Wenn man eine große Menschenmenge in der Kirche so unterbringen wollte, dass alle gut hören, sehen und sitzen konnten, dann musste man – angesichts der begrenzten Grundfläche – in die Höhe gehen. Zugleich aber boten die Emporen die Chance, den Kirchenraum auch in vertikaler Richtung zu gestalten, zu schichten, ihm auch in die Höhe hinein eine gegliederte Form, einen Rhythmus zu geben. So wiederholten und variierten Bährs Emporen die Rundungen und konkaven Aufschwünge, die den Kirchensaal schon in der Horizontalen bestimmten.

Zeitzeugen fühlten sich beim Anblick dieser schönen Emporen an ein antikes Amphitheater erinnert. In der Tat, die Emporen verleihen dem Kirchenraum einen theaterhaften Charakter. Vergeblich predigte Superintendent Valentin Ernst Löscher in seiner Einweihungspredigt:

Die Kirchen sollen nicht sein Theatra, dahin man gehet, eitle Repräsentationes und große Processiones zu sehen, sondern sie sind Auditoria, da man zusammen kommt, Gottes Wort zu hören und die Sakramente zu gebrauchen, sie sind Lehr- und Hör-Häuser.

Andere Konfessionen scheinen ein entspannteres Verhältnis zum Theater zu pflegen. In den Kirchen des Ostens und im Katholizismus werden Gottesdienste wie selbstverständlich auch als heilige Schauspiele verstanden und entsprechend inszeniert. Bei Protestanten dagegen begegnet man häufig einem antitheatralischen Affekt, obwohl ihnen bekannt sein müsste, dass alle guten Prediger über ein dramatisches, aber auch komödiantisches Talent verfügen. Zudem kommt ein protestantischer Kirchenbau, wenn er seine Aufgabe erfüllen will, gar nicht umhin, genauso wie ein Theater, eine Oper oder ein Konzertsaal eine Bühne für den Prediger und den Liturgen sowie ausreichend Sitzplätze für das Publikum bereitzustellen.

Gerade an diesen Sitzplätzen zeigt sich wiederum die soziologische Nähe zum neuzeitlichen Theater. Die Aufgliederung der Sitzplätze in Parkett, Loge, Rang und Oberränge entspricht derjenigen in den damals entstehenden Schauspielhäusern. In dieser Parallele zeigte sich noch, wie sehr die neuen protestantischen Kirchenbauten soziale Orte waren, in denen nicht nur eine kirchliche Gemeinschaft zusammenkam, sondern in denen sich auch eine hierarchisch gegliederte Gesellschaft darstellte. Aus heutiger Perspektive mag es einen stören, dass es damals nicht so egalitär und herrschaftsfrei zuging, wie man es jetzt für richtig hält. Andererseits aber muss man bedenken und anerkennen, dass ein Gottesdienst damals noch ein öffentliches Ereignis war, an dem fast die ganze Gesellschaft teilnahm.

Hören und sehen

Warum muss eigentlich der prominenteste und programmatischste Kirchenbau des Protestantismus ausgerechnet nach Maria, der Himmelskönigin der Katholiken, benannt sein? Dass der Vorgängerbau schon Frauenkirche hieß, ist noch kein ausreichender Grund, sondern nur eine zufällige Vorgabe. Es gab aber nicht nur eine protestantische Marienkritik, den Kampf gegen die kultische Anbetung einer halbgöttlichen Fürsprecherin, sondern auch eine evangelische Marienverehrung. Diese stellte die Mutter Jesu den Gläubigen als Vorbild dar. Denn so wie die junge Frau Maria die Verheißung des Engels, sie werde einen einzigartigen Sohn gebären, voller Vertrauen aufgenommen und ihr ganzes Leben auf diese Botschaft ausgerichtet hatte, sollten die evangelischen Christen ebenfalls ganz aus dem Hören des Gotteswortes leben. Insofern ist die Frauenkirche mit ihrem katholisch klingenden Namen eine gut protestantische Kirche, in der die Gläubigen keine Madonnenbilder andächtig anschauen, sondern wie Maria sich ganz auf das Hören des Evangeliums konzentrieren.

Ein beliebtes Klischee ordnet die Kirchen der Reformation und der Gegenreformation den beiden wichtigsten menschlichen Sinnen zu: Der Katholizismus ist die Konfession des Sehens, der Protestantismus ist die Konfession des Hörens. Und wie jedes erfolgreiche Klischee trifft auch dieses einen zentralen Punkt und verdrängt dabei interessante Seitenaspekte. So gibt es in der Frauenkirche sehr wohl etwas zu sehen. Sie ist kein Ort des Bildersturms, sondern des Bilderrauschs. Die Augen können einem übergehen, wenn man die Gemälde betrachtet, mit denen ein italienischer Theatermaler die Kuppel ausmalte, oder wenn man das große Altarrelief bestaunt. Doch haben diese Bilder eine andere Funktion als die

Bilder in katholischen Kirchen. Sie sind keine Gegenstände der Verehrung, sondern der Belehrung. Sie verzaubern nicht, sondern sie predigen. So stellt das Altarrelief mitten in den strahlenden Glücksbau der Frauenkirche die Erinnerung daran, dass das Zentrum des evangelischen Glaubens das Kreuz, das Leiden Jesu Christi, bildet. Und so präsentieren die Kuppelgemälde die drei christlichen Tugenden – Glaube, Liebe, Hoffnung – und fügen eine vierte Tugend hinzu, nämlich die Barmherzigkeit – dargestellt als Frau, die einem Bettler Geld gibt. Ein moralpädagogischer Hinweis, der in einer Stadt mit wachsenden sozialen Problemen angebracht war. Auch in der Frauenkirche hat also das Wort über das Bild gesiegt, aber auf eine Weise, die das Bild nicht auslöschte, sondern ihm eine neue Aufgabe zuteilte.

Doch selbst wenn das Bild dem Wort und das Sehen dem Hören untergeordnet ist, muss dies nicht bedeuten, dass es in einer evangelischen Kirche automatisch weniger «sinnlich» zugeht als in einer katholischen. Denn auch das menschliche Gehör ist ein Sinnesorgan. Es kann eine Fülle von äußeren Reizen aufnehmen – fast mehr sogar als das menschliche Auge – und sie direkt ins Innere des Menschen führen. Der sinnliche Eindruck bleibt nicht äußerlich, nicht vor Augen stehen, sondern trifft mitten ins Herz, spricht direkt ins Gewissen, wird ein eigener innerlicher Besitz. So jedenfalls sollte es sein, wenn ein Gottesdienstbesucher eine Predigt hört. Doch so ist es nicht immer. Es ist schwer, Beispiele für die Glückseligkeiten des Hörens zu nennen – anders als für die Freuden des Schauens. Warum ist das so? Warum fällt es so schwer, gut über die Predigt zu sprechen? Warum ist es so viel leichter, über die Prediger zu lästern, als ihre Arbeit verstehend zu würdigen? Das mag damit zu tun haben, dass eine Predigt anders als ein Bildnis bloß ein Werk des Augenblicks ist. Sie ist nicht für die Ewigkeit gemacht, von der sie zeugen soll. Sie lebt nur für den Moment. Wenn sie gelingt, ist sie wie ein geglücktes Gespräch. Inhalt, Stimme und Stimmung klingen zusammen. Bei denen, die sie gehört haben, wirkt sie innerlich nach. Aber die wenigsten wären in der Lage, das Gesagte wörtlich wiederzugeben. Noch weniger könnten sie anderen, die nicht dabei waren, einen lebendigen Eindruck davon vermitteln, was sie während des Predigthörens erlebt haben. So ist es auch kein Zufall, dass sich Predigten nicht zum Nachlesen eignen.

Ein zweiter Grund dafür, dass es so schwierig ist, gut über die Predigt zu sprechen, liegt darin, dass sie so individuell ist. Das unterscheidet sie von einem Ritus. Dieser ist überpersönlich, allgemeingültig. Der Ritus liegt vor, er muss nur vollzogen werden. Die Predigt aber muss selbst geschrieben, selbst gesprochen und selbst verantwortet werden. Hier hängt fast alles von der Person ab, von ihrer Geistesgegenwart und gedanklichen Kraft, ihrer Glaubwürdigkeit und Frömmigkeit, ihrer sprachlichen Begabung und Erzählfreude, dem Volumen ihrer Stimme und der Präzision ihrer Aussprache. All dies und noch viel mehr muss zusammenkommen, damit eine Predigt gelingt.

Die Reformation leitete auch damit eine neue Epoche in der Christentumsgeschichte ein, dass sie die Predigt ins Zentrum stellte. Im Urchristentum beschränkte man sich auf sittliche Ermahnungen im Anschluss an die Lesungen aus den heiligen Schriften. Im Konstantinischen Zeitalter fanden die Prediger zwar Anschluss an die antike Rhetorik und entwickelten die christliche Kunstpredigt, raffinierte Auslegungen und Anwendungen der biblischen Texte, erste intellektuelle und künstlerische Höhepunkte der neuen Weltreligion. Doch gab es hier auch die Gefahr, dass die Predigt zur virtuosen Rhetorik-Vorstellung, zum kirchlichen Wort-Konzert verkam, bei dem die Gemeinde den Prediger beklatschte wie ein Publikum einen Schauspieler, ohne innerlich von ihm berührt oder erbaut worden zu sein. Mit dem Kulturverfall im frühen Mittelalter verkümmerte auch die Predigt. In der Ostkirche wanderte die rhetorische Kraft in die Liturgie, die Predigt wurde hier entbehrlich – und ist es heute noch. Im Westeuropa des Mittelalters entwickelte man die landessprachliche Volkspredigt, um die immer noch heidnischen Germanen zu bekehren, aber für originelle Predigtleistungen fehlte den meisten Priestern die Bildung. Die Bettelmönche bemühten sich, ihre Botschaft dem Volk nahezubringen. Sie predigten auf Straßen und Plätzen, ermahnten und belehrten das Volk, führten es zu einer vertieften, mystischen Frömmigkeit. Doch dass das Heil aus dem Wort kommt, war eine radikal neue Anschauung der Reformation. Für sie ist der Glaube eine Frucht des Hörens. Gott spricht nicht mehr direkt zu den Menschen. Aber er hat es einmal getan, vor allem in Jesus von Nazareth. Darum trägt dieser nicht nur den Ehrentitel «Sohn Gottes», sondern wird auch als leibhaftiges «Wort Gottes» verehrt. Was er getan und gesagt hat, ist in der Bibel überliefert. Doch diese ist für sich genommen nur ein Buch, eine Ansammlung schwer verständlicher Texte, stummer Buchstaben. Ihr Zeugnis muss in lebendige, zu Herzen gehende Sprache übersetzt werden. Das soll in der Predigt geschehen. Die Reformation ist ein historisches Beispiel dafür, dass das Sprechen und Hören von Predigten das Leben einzelner Menschen und ganzer Gesellschaften tatsächlich umkehren kann – wenn es denn begnadete Prediger und aufnahmebereite Hörer gibt.

Betrachtet man aber die Zeit nach der Reformation, fällt wieder auf, wie leicht es ist, die Predigt schlechtzureden. Viel kann man davon lesen, dass die Predigten der altprotestantischen Orthodoxen des 17. Jahrhunderts doktrinär und zänkisch waren, die Kanzelreden der Aufklärer des 18. Jahrhunderts sich in dürrem Moralismus und banaler Lebenshilfe erschöpften, die Pietisten sich in süßlicher Frömmelei ergingen und dabei bunteste Stilblüten hervorbrachten, die Kulturprotestanten des 19. Jahrhunderts vor lauter Liberalität und Bildungsbeflissenheit nicht mehr dazu kamen, vom Glauben zu sprechen, die dialektischen Theologen des frühen 20. Jahrhunderts in ihrem steilen Dogmatismus das wirkliche Leben aus dem Blick verloren, die 68er dann alle alten Glaubensschätze auf dem Altar einer aktualitätssüchtigen Politisierung opferten und schließlich die Prediger heute in der gesellschaftlichen und religiösen Bedeutungslosigkeit gestrandet sind – lauter Negativ-Klischees, aber trotzdem nicht ganz falsch. Und dennoch gab es zu all diesen Zeiten immer auch Predigten, die glückten, in denen ein einzelner so von seinem Glauben öffentlich Rechenschaft ablegte, dass andere sich davon angesprochen, angerührt und aufgerufen fühlten, ihm nachzueifern und es selbst mit dem christlichen Glauben zu versuchen.

Es gibt für das Predigen keine festen Regeln, bis auf eine: Eine Predigt darf nicht zu lang sein. Im 16. und 18. Jahrhundert galt eine volle Stunde als das rechte Maß. Im 17. Jahrhundert zog sich eine normale Predigt zwei Stunden hin. Besondere Predigten, etwa die Leichenreden für berühmte Männer, konnten über drei Stunden dauern. Da wurde es nötig, dass Wächter durch die Gemeindereihen gingen, um mit langen Stöcken Schlafende und Schnarchende aufzuwecken. Noch wichtiger aber war es, gegen allzu redselige Pastoren vorzugehen. In vielen Kirchenordnungen wurde die Predigtlänge reglementiert. Wie es in einer Quelle heißt: «um der Kinder willen, aber auch um die Schwangeren nicht zu beschweren und die schlecht Gekleideten nicht frieren zu lassen» sowie natürlich um die Männer nicht von ihren Berufspflichten abzuhalten. Zur Selbstkontrolle der Prediger wurden Sanduhren an den Kanzeln angebracht. Manchmal mussten sogar Geldstrafen gegen Kanzelredner verhängt werden, die kein Ende fanden. Heute dürfte angesichts veränderter Hörgewohnheiten die Obergrenze für eine Predigt bei zwanzig Minuten liegen.

Doch das Hören als sinnliche Erfahrung bezieht sich in protestantischen Kirchen auch auf Musik. Diese ist das große Gegengewicht und die schöne Ergänzung, mit der gemeinsam erst die Predigt eine Kirche des Hörens stiftet. Deshalb kämpfte Luther erbittert gegen radikale Protestanten, die der Musik kein Wohnrecht in der Kirche gewähren wollten:

Wer die Musikam verachtet, wie denn alle Schwärmer tun, mit denen bin ich nicht zufrieden. Denn die Musica ist eine Gabe und Geschenk Gottes, nicht ein Menschen-Geschenk. So vertreibt sie auch den Teufel, und machet die Leut fröhlich; man vergisset dabei alles Zorns, Unkeuschheit, Hoffart und anderer Laster. Ich gebe nach der Theologia der Musica die höchste Ehre.

Die Musik kann so viel bewirken, fast jeden Gemütszustand kann sie umwenden:

Willst du Traurige aufrichten, Fröhliche schrecken, Verzweifelnde beleben, Freche brechen, Liebende beschwichtigen, Hassende besänftigen – wie kannst du das besser als mit Musik?

Welche Bedeutung die Musik für den evangelischen Gottesdienst hat, zeigt die Orgel in der Frauenkirche. Wie eine goldene Krone schwebt sie über allem, über Kanzel und Altar. Die Orgel war natürlich keine Erfindung der Reformation. Schon die Antike kannte eine Vorläuferin, die Wasserorgel. Doch in dieser Frühzeit war die Orgel ein rein weltliches Instrument, ein Vergnügen für die Oberschicht. Die ersten Christen nahmen von ihr keine Notiz. In ihren Gottesdiensten gab es Gesang, aber keine instrumentale Musik oder Liedbegleitung. Mit der Völkerwanderung verschwand im Westen auch die Orgel aus dem Gedächtnis. Im Ostreich blieb sie als Prunkorgel ein beliebtes Spielzeug der Kaiser. Von hier aus kehrte sie im Mittelalter zurück. Mönche übernahmen sie und entwickelten sie zu einem kirchlichen Instrument. Sie waren damals die einzige Gruppe gebildeter und künstlerisch begabter Menschen, die mit solch einem großen und komplizierten Instrument umgehen, es bauen, instand halten und bedienen konnten. Außerdem waren die Kirchen die einzigen großen öffentlichen Gebäude, in denen eine Orgel ihren Klang entfalten konnte. Doch wusste man nicht recht, wie man sie in den Gottesdienst integrieren sollte, und spielte sie deshalb nur zu besonderen Anlässen. In der Reformation schieden sich an ihr die Geister. Die Calvinisten und andere puritanisch Gesinnte verwiesen sie als unbiblischen Luxusgegenstand aus dem Kirchenraum. Aber die Lutheraner schlossen sie ins Herz und gaben ihr Schritt für Schritt einen Ort mitten in ihrem Gottesdienst, machten aus ihr ein wesentliches Element der gemeinsamen Feier. Die virtuosen Vor- und Nachspiele führten in den Gottesdienst hinein und wieder hinaus. Die von der Orgel unterstützten Oratorien führten die Höhepunkte der Heilsgeschichte vor Ohren. Auch hier zeigt sich, welche Triumphe der Schönheit das evangelische Barock bereithielt. Es ist mehr als nur ein Zufall, dass bald nach der Einweihung der Silbermannorgel im November 1736 Johann Sebastian Bach in die Frauenkirche kam, um auf ihr zu spielen. Leider blieb jedoch die Frauenkirche in der Musik hinter ihrer Nachbarin, der Kreuzkirche, zurück. Dass Richard Wagner für sie ein Frühwerk, «Das Liebesmahl der Apostel», komponierte und dort am 6. Juli 1843 uraufführte, ist da kein Trost. Denn es ist ein drittrangiges Stück, auch wenn 1200 männliche Stimmen aufgeboten wurden, um es zu singen.

Die evangelische Orgel stand nicht für sich allein. Die Reformation war auch eine Singe-Bewegung. Sie erreichte und bewegte die Menschen auch über die Choräle, die zuerst Martin Luther und dann viele geistliche Dichter nach ihm schufen, allen voran Paul Gerhardt. Die Gläubigen sollten nicht nur hören, sondern sich auch selbst äußern, indem sie singen und mit ihrem Gesang Gott loben und preisen, ihm danken und ihn anrufen. Auf diesen Gemeindegesang wurde bald die Orgel bezogen. Spätestens seit dem 18. Jahrhundert hatte sie auch die Aufgabe, den Gemeindegesang einzuleiten und zu begleiten. Wie tiefgreifend diese Veränderung war und wie wenig selbstverständlich sie immer noch ist, merkt man erst, wenn man einen orthodoxen Gottesdienst in Osteuropa oder eine katholische Messe in einem romanischen Land besucht. Verwundert stellt man dann fest, dass die Gemeinde gar nicht singt, sondern schweigt und bloß zuschaut.

Dass die Gemeinde selbst singt, gemeinsam mit der Orgel, ist auch ein soziologisch wichtiger Akt. Im gemeinsamen Gesang finden die unterschiedlichsten Menschen zusammen, werden sie eine Gemeinde, haben sie aktiv teil am Vollzug des Gottesdienstes, gewinnen und geben sie eine Ahnung davon, was es heißt, dass in der evangelischen Kirche alle Gläubigen Priester sein sollen. Ein weiteres soziologisch wichtiges Phänomen ist die Kantorei als eigenständige Gruppe, die später in vielen evangelischen Gemeinden entstand: ein Chor aus Laien, die geistliche Werke einstudieren und im Gottesdienst singen. Das hatte es vorher nicht gegeben und gibt es heute in vielen Konfessionen immer noch nicht. Übrigens ist heute die evangelische Kirche einer der ganz wenigen Orte in Westeuropa, an dem Menschen gemeinsam und öffentlich singen, und zwar musikalisch wie gedanklich anspruchsvolle Lieder.

Wer also das alte Klischee weiterhin pflegen möchte, der Protestantismus sei nur eine Konfession des Hörens, der mag dies tun. Allerdings sollte er dann einmal über das Wörtchen «nur» nachdenken. Denn das Hören eröffnet einen ganz eigenen, weiten Kosmos des sinnlichen Erlebens. Deshalb war es den ersten evangelischen Kirchenbauprogrammen so wichtig, dafür zu sorgen, dass man den Prediger gut hören konnte. Die Akustik wird zum ersten Mal in der Geschichte des Kirchenbaus ein echtes Thema – aber nicht nur sie. So schrieb Leonhard Christoph Sturm: «Das aller vornehmste, was in Kirchen geschieht, ist das Predigen, bei dem allezeit eine große Menge des Volks zusammenkommt, welche alle den Prediger nicht nur gerne deutlich hören, sondern auch sehen wollen.» Die Gemeinde soll den Prediger auf der Kanzel also nicht nur gut hören, sondern auch sehen. Das heißt doch wohl, er soll nicht als bloßer beamteter Botschafter einer reinen Lehre auftreten, sondern auch als Mensch kenntlich und als Person zu erkennen sein. Es mag in anderen Konfessionen von geringer Bedeutung sein oder gewesen sein, wer dort vorn am Altar – mit dem Rücken zur Gemeinde oder hinter einer Ikonostase – zelebriert, so lange er nur geweiht ist und die richtigen Formeln spricht. In einer evangelischen Kirche will die Gemeinde ihren Prediger vor Augen haben und ihm in die Augen schauen. Insofern ist der Protestantismus eine Konfession des Hörens und des Sehens.

Auferstanden aus Ruinen

Schon oft wurde diese Geschichte erzählt, doch immer noch kann sie einem Tränen in die Augen treiben – viele Tränen der Trauer und nicht wenige der Freude. In dieser Geschichte zeigen sich das ganze deutsche Grauen im 20. Jahrhundert und zugleich die Hoffnung auf einen neuen Anfang.

Gerade erst war die Frauenkirche von Grund auf renoviert worden. Von 1938 bis 1942 hatten die aufwendigen Arbeiten gedauert. Sie waren dringend nötig gewesen. Dass sie aber mitten im Krieg getan und bezahlt werden konnten, macht deutlich, wie wichtig dem NS-Regime diese Kirche war. Dabei war die Frauenkirche ihm nicht immer treu gewesen. Zunächst war sie ein Stützpunkt der Bekennenden Kirche gewesen, dann hatten die Deutschen Christen sie übernommen und zum «Dom», zur Vorzeigekirche eines nationalsozialistischen Protestantismus, gemacht. Am Ende

Ein Höllensturz. Der Zweite Weltkrieg nahm Dresden fast alles. Die Zerstörung der Frauenkirche riss der Stadt das Herz heraus, der Einsturz der Kuppel hinterließ im Himmel über Dresden ein klaffendes Loch. Am Boden lagen auch die Trümmer eines allzu selbstgewissen deutschen Nationalprotestantismus.

der nationalsozialistischen Schreckensherrschaft ereilte sie die Vernichtung. Diese ist ein Glied in einer langen Kette von Kriegsschrecken. Guernica, Warschau, Rotterdam, Coventry – mit diesen Namen beginnt die fatale Liste der Städte, die von Deutschland angegriffen, mit Bomben beworfen und vernichtet wurden.

Doch als die deutschen Aggressoren in die Defensive gerieten, kam die Reihe an deutsche Städte: Nürnberg, Köln, Hamburg und Lübeck. Dresden wiegte sich lange Zeit in Sicherheit. Schließlich gab es hier keine kriegswichtige Industrie, dafür viele Flüchtlinge.

Doch am 13. Februar 1945 – kurz vor Kriegsende – traf auch Dresden das Unheil. Gegen 22 Uhr kamen die ersten Warnungen über das Radio. Englische Flugzeuge warfen zunächst Sprengbomben auf die wehrlose Stadt. Diese zerstörten Fenster und Dächer. Ihnen folgten Brandbomben, welche die aufgerissenen Häuser anzündeten. Am nächsten Tag gab es zwei weitere Angriffe. Insgesamt fielen mehr als 3000 Tonnen Bomben auf Dresden. Sie verwandelten die Stadt in ein Flammenmeer, entfachten einen Feuersturm mit einer Hitze von bis zu 1000 Grad. Nichts hielt ihm stand. Die Zahl der Opfer lässt sich nur vage schätzen. Man geht heute von etwa 35 000 Toten aus. «Wer das Weinen verlernt hat, der lernt es wieder beim Untergang von Dresden», schrieb Gerhart Hauptmann.

Zwei Tage lang hielt sich die Frauenkirche. Die Bomben schienen ihr nichts anhaben zu können. Doch dann brannte die hölzerne Innenausstattung aus, das Mauerwerk wurde so erhitzt und geschwächt, dass es die herrliche Last nicht mehr tragen konnte. Die Kuppel stürzte ein. Man mag sich nicht vorstellen, wie das geklungen hat. Wer am nächsten Morgen durch die Stadt ging und – wie gewohnt – nach oben schaute, der sah nichts. Dort, wo früher die Kuppel über der Stadt geglänzt hatte, war nichts mehr. Als sich Rauch und Ruß gelegt hatten und die Dresdner durch die Trümmerwüste kletterten, sahen sie, was übrig geblieben war: ein Schuttberg, aus dem zwei Pfeiler wie unheilvolle Riffe, wie geschwärzte Stümpfe ragten.

Lange lag dieser Schuttberg da – wie ein schwarzes Loch mitten in einer vernichteten Stadt. Drumherum planten die kommunistischen Machthaber eine neue Stadt. Aus dem Geist einer totalitären Moderne wollten sie ein anderes Dresden aufbauen. Die Frauenkirche hätte darin keinen Platz gehabt. Doch der Schuttberg blieb. Denkmalschützer sicherten, was erhalten war. Sie sortierten und markierten die Steine, die verwendet werden konnten. Vor allem sammelten sie schriftliche und bildliche Quellen über die Frauenkirche. Das war eine heldenhafte Archivarbeit, denn niemand konnte absehen, wann die Kirche wieder aufgebaut würde – ob es jemals geschehen könnte.

So blieb die Frauenkirche die endlosen, zähen Jahrzehnte der DDR hindurch ein Trümmerhaufen. Doch die Dresdner gaben sie nicht auf. Am 13. Februar 1982, also 37 Jahre nach dem Bombenangriff, wagten sie, dies öffentlich zu zeigen. Von der Kreuzkirche gingen sie nach einem abendlichen Gedenkgottes-dienst in einer Prozession hinüber, zogen durch die dunkle Stadt, misstrauisch beäugt von einer kirchenfeindlichen Obrigkeit, bis sie vor der Ruine standen, dann holten sie Kerzen aus ihren Taschen, stellen sie auf, zündeten sie an und schufen so einen kleinen, flackernden Lichtersee – Ausdruck ihrer Sehnsucht nach Frieden, Zeichen ihrer Liebe zu dieser Kirche. Daraus wurde ein alljährliches Ritual.

Dann fiel die Mauer, die DDR brach zusammen. Was sollte nun geschehen? Ein Kreis um den Trompeter Ludwig Güttler übernahm die Initiative. Die Gruppe veröffentlichte am Vorabend des 13. Februars 1990 einen «Ruf aus Dresden», in dem sie Menschen aus beiden Teilen Deutschlands und in der ganzen Welt bat, beim Wiederaufbau der Frauenkirche mitzuhelfen. Ablehnend reagierte darauf die evangelische Kirche in Sachsen. Sie wollte die Ruine als Mahnmal erhalten. Darin wurde sie von vielen Denkmalschützern in Ost- und Westdeutschland un-terstützt. Viele ernsthafte Fragen bewogen sie dazu. Wofür sollte eine neue Frau-enkirche da sein, wenn sie doch nie mehr eine eigene Gemeinde beherbergen würde? Was sollte ein zeitgenössisches Christentum mit der Nachbildung eines barocken Bauwerks anfangen, das genau genommen doch eine Simulation des Originals, eine Fälschung sein würde? Wäre der Wiederaufbau nicht ein Werk der Unbußfertigkeit, ein fatales Signal, der verlogene Versuch, so zu tun, als wäre alles wieder gut? Und würde dies nicht ungeheuer viel Geld verschlingen, das man besser den Armen geben sollte?

Doch auf eine Frage der Befürworter des Wiederaufbaus hatten die Gegner keine Antwort: Sie hatten keine Vorstellung davon, wozu ein langsam verrotten-der Trümmerhaufen mitten in einer erneuerten Stadt gut sein sollte. Man konnte doch die Innenstadt nicht neu aufbauen und mitten in ihr einen Schutthügel liegen lassen. Vor allem aber unterschätzten die Gegner die Sehnsucht der Dresd-ner nach einer Heilung ihrer Stadt und ihrer Silhouette. Sie unterschätzten die Kraft der Bilder, der Bilder des alten Dresden. Diese waren im kollektiven Ge-dächtnis noch lebendig, und ungezählte Gemälde und Fotografien erneuerten diese Erinnerung. Sie schienen zu beweisen, dass die reale Gegenwart irgendwie falsch sei und nur der Wiederaufbau der Frauenkirche sie wieder richtig machen könne.

So ließ sich die sächsische Landeskirche nach erbitterten, grundsätzlichen Debatten überzeugen. 1991 wurde eine Stiftung gegründet, die Geld für Bau und dauerhaften Unterhalt zusammenbringen sollte. Landeskirchliche Mittel flossen nicht in das Projekt, sie wurden für andere Vorhaben gebraucht. Aber die Kirche blieb Eigentümerin. Das Spendensammeln war überraschend erfolgreich. Insgesamt 125 Millionen Euro wurden von über 100 000 Spendern zusammengetragen. Auch wenn der Hauptteil aus der öffentlichen Hand kam, gaben doch erst die vielen, vielen Kleinspenden dem Projekt das rechte Profil. Ein Rentner, der als Junge den Brand Dresdens erlebt hatte, stand jahrelang mit einer Sammelbüchse Tag für Tag vor der Münchner Frauenkirche. Einzelne Bauteile wurden aus England oder Polen gestiftet. Sogar ein ehemaliger Bomberpilot gab eine Spende.

1993 begannen die Bauarbeiten. Der erste Schritt dazu war die archäologische Enttrümmerung. Was es an Fundstücken noch gab, wurde geborgen, gesichtet, sortiert, nummeriert, katalogisiert und in riesige Regale auf dem Neumarkt eingelagert. So entstand das größte Puzzle der Welt. Anschließend machte man sich an die archäologische Rekonstruktion der Frauenkirche. Sie sollte nichts Neues schaffen, sondern das Original wiederherstellen. Der Architekt sollte wieder George Bähr heißen. Alte Handwerksformen mussten neu belebt und eingeübt werden. Aber ganz ohne technische Neuerungen ging es nicht. Ein modernes Ankersystem war nötig, um die Statik des Baus zu verbessern. Denn auch beim Wiederaufbau stellte die Kuppel die Baumeister vor größte Herausforderungen. Am 30. Juli 2004 war der Außenbau fertig.

Auch der Innenausbau war eine ungeheure Aufgabe. Denn mit Ausnahme des Altars war hier kaum etwas erhalten. Zum Glück aber gab es reiches Bild- und Archivmaterial, das eine originalgetreue Innenausstattung ermöglichte. Aber natürlich mussten auch hier moderne Neuerungen aufgenommen werden: Fluchtwege, Barrierefreiheit für Behinderte, Heizung und Lüftung, Anschlüsse für Fernsehübertragungen. Mit dem Einbau der Orgel im September 2005 waren auch die Innenarbeiten abgeschlossen. Am 30. Oktober konnte die Kirche eingeweiht werden. Die Frauenkirche stand wieder da, das Stadtbild war geheilt. Es war eine architektonische Wiederauferstehung, aber ohne dass die Verbrechen und Verletzungen der Geschichte geleugnet worden wären. Freudig nahmen die Dresdner ihre Kirche wieder in Besitz. Und aus aller Welt kamen Besucher – oder soll man sagen: Pilger? Fünf Millionen Besucher wurden allein in den ersten drei Jahren gezählt, und dies in einem durch staatlichen Zwang entkirchlichten Landstrich. Eigentlich muss es selbst für die schärfsten Skeptiker beglückend gewesen sein, so widerlegt zu werden.

Der Wiederaufbau der Dresdner Frauenkirche ist nichts anderes als ein Wunder. In vielen anderen Städten versuchen seitdem Nachahmer, im Krieg zerbombte oder vom DDR-Regime gesprengte Kirchen wieder aufzubauen, zum Beispiel in Leipzig, Magdeburg oder Potsdam. In Berlin versucht man seit Jahren, das alte Schloss wieder aufzubauen. Es will noch nicht recht gelingen. Es gehört wohl zum Wesen eines Wunders, dass es sich nicht beliebig wiederholen lässt.

Die Hauptkirche St. Nikolai zu Hamburg

8 Die Hauptkirche St. Nikolai zu Hamburg

und der Historismus

Das ungebaute Meisterwerk

Zu den schönsten, genialsten, visionärsten Werken der Architekturgeschichte gehören viele Entwürfe, die nie gebaut wurden. Sie hätten ein eigenes Buch verdient. Dieses könnte «Die ungebauten Meisterwerke» heißen und würde die andere Seite der Architekturgeschichte beleuchten. Es würde von den Mühen und Kämpfen, den Strategien und taktischen Spielchen, den kleinen und großen schmutzigen Tricks erzählen, die nötig sind, um einen Bau nicht nur zu entwerfen, sondern auch zu verwirklichen. Vor allem aber würde es die Vergeblichkeit des Bauens schildern, diese furchtbare Vergeblichkeit, von der auch die bedeutendsten, mächtigsten Architekten bedroht sind, diese stete Gefahr, dass all ihr Einsatz, ihre Arbeitszeit, ihr Geld und ihre Ideen am Ende vergeblich gewesen sind, weil ihre Entwürfe im Papierkorb enden, während andere, viel schlechtere Konzepte den Zuschlag erhalten, gebaut werden und schlussendlich triumphierend dastehen. Von einer dieser Vergeblichkeitsgeschichten soll hier berichtet werden.

Kein Kleinod, sondern im Widerspruch zum angeblichen hanseatischen Understatement entschieden groß geraten: die Hauptkirche St. Nikolai zu Hamburg. Beeindruckend: der fünfthöchste Kirchturm der Welt – respektabel: das konsequent neugotische Design – bezaubernd: die Lage am belebten Hopfenmarkt.

Wieder war es ein Unglück, das den Boden bereitete und frei räumte für ein neues, spektakuläres Bauvorhaben. Am 5. Mai 1842 brach in Hamburg ein großes Feuer aus. Als hätte die Hansestadt in den Jahren zuvor mit mehreren Sturmfluten, Pocken- und Choleraepidemien nicht schon genug Katastrophen zu überstehen gehabt, zog nun eine Feuersbrunst durch die gesamte Innenstadt. Der erste Funke lässt sich nicht mehr zurückverfolgen, aber die vielen Hafenspeicher mit ihren leicht brennbaren Inhalten, eine lange Trockenheit in Verbindung mit starken Winden und natürlich die enge Bebauung verschafften dem Brand eine ungeheure Macht. Schon bald sah man ein, dass man die Flammen nicht mehr löschen, sondern nur mit Notsprengungen eindämmen konnte. In der Hauptkirche St. Nikolai am Hopfenmarkt aber glaubte man sich sicher. Sorglos wurde der Mittagsgottesdienst gefeiert, und der junge Kandidat der Theologie auf der Kanzel hielt ungerührt seine Predigt mit dem Titel «Das Erbe, das uns behalten wird, im Himmel», während einzelne Gottesdienstbesucher schon auf den Turm eilten, um zu löschen. Vergeblich, um 16 Uhr stand der Turm in hellen Flammen und zwei Stunden später war er abgebrannt. Das Feuer raste weiter, durch die ganze Innenstadt, und erlosch erst drei Tage später. Die Stadt war vernichtet, das architektonische Erbe «auf Erden» verloren.

Um seiner Vaterstadt zu helfen, reiste aus Dresden der Architekt Gottfried Semper an. Seine Ideen für den Wiederaufbau zielten auf einen schonenden Umgang mit der alten Stadtstruktur. Die Katastrophe sollte nicht ausgenutzt werden, um eine total neue Stadtplanung ins Werk zu setzen. Das urbane Erbe sollte erhalten und nur behutsam modernisiert werden, um nicht den «ehrwürdigen Charakter des uralten Hamburg für die gehaltlose Modernität neuerer Städte zu vertauschen». In diesem Sinne setzte Semper sich auch dafür ein, die Reste von St. Nikolai zu sichern, zu erhalten und beim Wiederaufbau zu berücksichtigen. Als einer der ersten Architekten verstand Semper sich auch als Denkmalpfleger.

Doch Semper konnte sich nicht durchsetzen. Zu mächtig war der allgemeine Wille, eine neue Kirche zu bauen. Eine regelrechte Bürgerbewegung für St. Nikolai entstand. Sie veranstaltete eine ebenso innovative wie erfolgreiche Spendensammlung. Jede Person in Hamburg sollte einmal in der Woche, nämlich am Mittwoch, einen Schilling geben. Die Einzelhändler dienten dabei als Sammelstellen. Und tatsächlich, zwei Drittel aller Hamburger Haushalte machten mit. Der Staat versprach für die Deckungslücke aufzukommen. So wurde die Ruine abgebrochen, geräumt und 1844 ein Wettbewerb für die neue Nikolai-Kirche ausgeschrieben. Semper beteiligte sich daran. Ihm den Zuschlag zu erteilen, hätte Charme gehabt. Nicht nur als «Hamburger Jung», auch als Protestant und liberaler Republikaner hätte er gut gepasst, wäre da nicht seine «wunderliche und krampfhafte Neigung zum absoluten Widerspruch» gewesen, die sein Freund Richard Wagner an ihm festgestellt hatte.

Dies wäre der erste Preis gewesen. Wäre es mit rechten Dingen zugegangen, hätte Gottfried Semper mit seinem Entwurf für den Neubau von St. Nikolai den Zuschlag und Hamburg seine «Frauenkirche» erhalten: eine herkunftstreue und zugleich zeitgenössische evangelische Predigtkirche

Die Ausschreibung hielt sich mit konkreten Vorgaben zurück. Sie legte lediglich fest, dass die Kirche Raum für 3000 Menschen und 1200 bis 1400 Sitz-

plätze bieten und einen Turm haben sollte. Daraufhin trafen 44 sehr unterschiedliche Entwürfe ein. Der beste stammte von Gottfried Semper. In ihm erwies sich der Architekt als moderner Historist, der zugleich ein gelehriger Schüler aller Epochen der Kirchenbaugeschichte wie ein hellsichtiger Zeitgenosse war. Die Renaissance galt ihm als der zentrale Bezugspunkt, lebte in ihr doch das antike Erbe wieder auf, um sich sogleich mit neuzeitlichen Prinzipien zu verbinden. Sie war zudem dem Protestantismus besonders nah, weil sie uralte Traditionen mit den Glaubensbewegungen der entstehenden Moderne verknüpfte. In seinem Entwurf für St. Nikolai griff Semper auf Renaissance-Muster zurück, füllte sie aber mit romanischen und byzantinischen Stilelementen. Er schöpfte mit beiden Händen aus dem Fundus der Vergangenheit, ahmte sie aber nicht sklavisch nach. Semper wollte keine «Lüge» bauen, sondern ein Monument der Gegenwart, eine Kirche mit Zukunft, die in der christlichen Tradition verwurzelt blieb.

Sempers Nikolai-Kirche war als Zentralbau gedacht, der auf einem kreuzförmigen Grundriss aufruhte. Eine hohe Kuppel sollte sie überwölben, weshalb auf einen Turm verzichtet wurde. Außen- und Innenbau waren konsequent im Rundbogenstil gehalten. Das hatte ästhetische, aber auch praktische Gründe. Denn der runde Bogen erlaubte größere Raumweiten. Und an diesen war Semper auch aus einem konfessionellen Grund gelegen. Den Mittelpunkt einer evangelischen Kirche sollte seiner Auffassung nach ein großer Raum für die Gemeinde bilden. Dieser konnte nur unter einer weiten, runden Kuppel entstehen. Außerdem erlaubte der Rundbogen, dass Emporen eingefügt würden. Mit Spitzbögen dagegen ließen sich weder ein möglichst breites Mittelschiff noch Emporen schaffen. Dieser Stil widersprach also Sempers Verständnis des evangelischen Gemeindeprinzips. So entwarf er einen byzantinischen Kuppelbau aus dem Geist der Renaissance als zeitgenössische protestantische Predigtkirche, der die wichtigsten Vorgaben perfekt erfüllte: im pfeilerlosem Innenraum konnte man von allen 3000 Sitzplätzen die Kanzel gut sehen. Doch sein Entwurf war nicht nur protestantisch und funktional, sondern auch ästhetisch sehr gelungen. Das zeigt sich schon daran, wie harmonisch er sich in die Umgebung, den bezaubernden Platz des alten, nun wieder aufzubauenden Hopfenmarktes, einfügte. Wäre dieser Entwurf gebaut worden, hätte Hamburg ein Gegenstück zur Dresdner Frauenkirche erhalten – eine klug konzipierte und traumhaft schöne Kirche, zeitgemäß und traditionsbewusst, groß und schlank, monumental, aber nicht protzig, in sich geschlossen und doch abwechslungsreich, ein Teil der Nachbarschaft und zugleich eine Kirche für die ganze Stadt.

Sempers Entwurf stach aus den 44 Einsendungen heraus. Es war nur folgerichtig, dass die Preisrichter ihm den ersten Platz zusprachen. Eigentlich hätten nun die Bauarbeiten beginnen können. Doch Semper und die Preisrichter hatten die Rechnung ohne die interessierte Öffentlichkeit gemacht und vor allem die Wirkung eines Bauprojekts im fernen Köln unterschätzt.

Am 4. September 1842, als in Hamburg immer noch einige letzte Reste des Großen Brandes rauchten, legten der Erzbischof und der preußische König in Köln den Grundstein für die Vollendung des Doms. Eine das ganze Volk erfassende Mittelalter-Begeisterung hatte der seit dreihundert Jahren stillgelegten Baustelle endlich neues Leben eingehaucht. Diese Leidenschaft für alles Gotische strahlte weit aus – bis nach Hamburg. Auch hier wollte man jetzt eine gotische

Kathedrale. Als bekannt wurde, dass Semper mit seinem so ganz und gar nicht mittelalterlichen Entwurf den Wettbewerb gewonnen hatte, entbrannte ein öffentlicher Streit. Viele der damaligen Artikel und Flugschriften zeigen, wie sehr die Frage nach der richtigen architektonischen Lösung von politischen Interessen und Ideologien überlagert war. Politisch äußerte sich in der Vorliebe für die Gotik ein junger Nationalismus, der den Glauben propagierte, die Gotik sei ein genuin germanischer Stil und der Spitzbogen «deutscher» als Sempers Rundbogen. Damit verband sich eine kirchliche Erweckungsbewegung, die den Geist der alten Aufklärung aus der evangelischen Kirche vertreiben wollte. Gerade die Gemeinde von St. Nikolai vertrat die Sache eines aggressiven Neuluthertums. Für Sempers vermittelnd-moderne Gedanken hatte sie kein Verständnis. Sie wünschte sich einen mittelalterlichen Dom, als feste Burg gegen alle Versuchungen der Moderne. Deshalb kämpften Erweckungsprediger ebenso wie politische Nationalisten für den konsequent neugotischen Entwurf des jungen, unbekannten Engländers George Gilbert Scott, der im Wettbewerb lediglich auf dem dritten Platz gelandet war. Auch wenn er wesentliche Vorgaben nicht erfüllte, so doch ihre Sehnsucht nach einem Kölner Dom in Hamburg. Welche Wirkung seine Skizzen auf die erregte Öffentlichkeit ausübten, zeigen zeitgenössische Verse:

Ein Engel musste liebevoll Dich umschweben,
Als, Meister, Dein Gebild erstand aus schönem Streben
Das stolz und kühn nun strebet himmelan!
Mein Hamburg, auf, zum allerschönsten Bunde
Erbaue solch ein Werk nach schwerer Zeit,
Dass staunen alle Völker! Weit und breit
Durchdringe jedes Land die hehre Kunde,
Dass nun Sanct Nicolaus in lichter Pracht
Verherrlicht wieder unsers Hamburgs Mauern,
Dann wird der spät'ste Enkel nimmer trauern
So lang der Thurm die Vaterstadt bewacht.

Vor allem die vielen Kleinspender machten ihren Anspruch auf Mitbestimmung geltend. Sie seien «größtenteils ärmere Leute, Handwerker etc.», wie Semper brieflich aus Hamburg erfuhr, «und diese hätten sich einmal in den Kopf gesetzt, einen hohen Turm zu haben; ohne einen solchen erkennen sie keine Hauptkirche an. Würde nun ein Riss ohne Turm gewählt, würden sie ihre Beisteuer einstellen und sich benachteiligt glauben. Durch die Ausstellung einer

Zeichnung von einem Engländer (nicht Scott) sei diese fixe Idee entstanden, und bei dem Eigensinn der Leute sei nicht zu hoffen, dass sie davon abgingen.» Dass in dieser Weise das einfache Volk bei der Entscheidung über ein monumentales Bauprojekt mitredete, war das Wetterleuchten einer neuen, demokratischen Zeit. Natürlich war dies ein Fortschritt, allerdings zeigte sich schon hier, wie problematisch es sein kann, wenn «Volkes Stimme» ästhetische Fragen beantwortet.

Dem öffentlichen Druck konnte die Kirchenbaukommission nicht standhalten. Sie schloss sich deshalb dem Urteil der Preisrichter nicht an. Stattdessen bat sie einen externen Gutachter um ein Urteil. Eine salomonische Lösung war dies nicht, denn der Gutachter war als entschiedener Befürworter der Gotik bekannt. Es war Ernst Zwirner, der Dombaumeister aus Köln. Es verwunderte niemanden, als er empfahl, Scott den Zuschlag zu geben. Wahrscheinlich war es bei seinem Gutachten nicht ganz mit rechten Dingen zugegangen, weil er sich – gegen die guten Sitten – mit Scott getroffen und abgesprochen zu haben scheint.

Semper scheint die kirchenpolitische Lage in Hamburg falsch eingeschätzt zu haben. Jedenfalls gelang es ihm als Außenseiter nicht, seinen Argumenten Gehör zu verschaffen. Dabei hatte er alle guten Gründe auf seiner Seite. Vor allem sein Plädoyer für eine Vermittlung von Tradition und Innovation liest sich heute noch überzeugend:

> Unsere Kirchen sollen Kirchen 19ten Jahrhunderts sein. Man soll sie in Zukunft nicht für Werke des 13ten Jahrhunderts halten müssen. Man begeht sonst ein Plagiat an der Vergangenheit und belügt die Zukunft. Am schmählichsten aber behandelt man die Gegenwart; denn man spricht ihr die Existenz ab und beraubt sie der monumentalen Urkunden.

Semper vertrat einen sehr reflektierten Historismus, der bewusst für die Gegenwart bauen, dabei aber nicht willkürlich alles neu machen wollte, sondern sich konstruktiv auf die eigene Bautradition bezog:

> Wenn ein Künstler bei dem Bestreben, seinen Stoff selbständig zu behandeln, nicht in abenteuerliche Willkür verfallen will, muss er durchaus das historische Element seiner Aufgabe, den Typus kennen und respektieren. Aber es ist seinem inneren Schaffen ersprießlicher, wenn er diesen Typus in seinen ersten Keimen beobachtet.

Auch wenn er aus besten Gründen eine «romantisch-antiquarische» Neo-Gotik ablehnte, reichte Semper gegen die eigene Überzeugung einen gotisierenden Entwurf nach. Doch – zum Glück, muss man sagen – wurde dieser nicht berücksichtigt. Scott war der Sieg nicht mehr zu nehmen. Das Echo war geteilt. Die kirchlich konservativen und politisch motivierten Gotik-Befürworter feierten die Entscheidung wie einen Triumph, den sie allerdings bitter bezahlen sollten, denn Scotts Bau sollte sehr, sehr teuer werden. Außerhalb Hamburgs und in Architektenkreisen wurde das Verfahren als Fiasko gewertet.

Vor allem für Semper war diese Geschichte eine Katastrophe. Drei Jahre voller Arbeit, Mühe und innerer Anspannung waren vergeblich gewesen. Seiner Mutter schrieb er: «Ich habe Hamburg, dieses nichtswürdige Sodom, aus meiner Geographie ausgestrichen. Ich vermeide alles, was mich dran erinnern kann, dass es existiert.» Doch sein Entwurf hätte es verdient, in Erinnerung zu bleiben. Denn er steht für all die nicht gebauten Meisterwerke, die genialen Lösungen und erstaunlichen Konzepte, die nie über den Projektstatus hinausgelangten, weil engstirnige Bauherrn, eine unverständige Öffentlichkeit und widrige Umstände es verhinderten.

Historistische Mode, historistische Moderne

Das prominenteste Beispiel der neuen Begeisterung für die alte Gotik war die Vollendung des Kölner Doms. Doch so epochal und spektakulär dieses Vorhaben auch war, die eigentliche Heimat der Neugotik lag nicht in Deutschland, sondern in England. Und hier begann das «gothic revival» nicht erst im 19. Jahrhundert, sondern schon zweihundert Jahre vorher. Man kann sogar darüber streiten, ob es in England überhaupt ein «revival» gab oder ob sich hier nicht eine Traditionslinie über die Stil- und Epochenbrüche hin erhalten hat, die den Kontinent durchzogen. So waren die Universitätsbauten im Oxford des 17. Jahrhunderts wie selbstverständlich im Spitzbogenstil gehalten. Im 18. Jahrhundert blühte eine regelrechte Mode auf, Landhäuser im Stil gotischer Burgen zu bauen, die eigenen Parkanlagen mit mittelalterlichen «Ruinen» zu schmücken, aber auch Schulen und öffentliche Bauten nach diesem Muster zu entwerfen. Im 19. Jahrhundert fand diese Gotik-Konjunktur ihren Höhepunkt im Neubau des englischen Parlamentssitzes, des Palace of Westminster.

Damit die Neugotik auch die englische Sakralarchitektur des 19. Jahrhunderts bestimmen konnte, genügte eine bloße mittelalterlich anmutende Design-Idee nicht. Dafür musste ein Prophet auftreten. Dies war August Welby Pugin. Der Sohn französischer Emigranten und katholische Konvertit war in doppeltem Sinne von der Gotik geradezu besessen. Als Architekt war er von diesem Stil bezaubert, als gläubiger Katholik sah er in ihm den Inbegriff christlichen Bauens. Er war ein moderner Reaktionär, der hoffte, über eine bestimmte Architektur der modernen Welt eine neue Ordnung zu geben, besser gesagt: sie zur guten, alten Ordnung zurückzuführen. Einfluss gewann er weniger über seine eigenen Bauten als über seine Schriften. Denn er war ein begnadeter Architekturpublizist und -propagandist. Als solcher setzte er im allgemeinen Bewusstsein die Gleichung «gotisch = christlich» durch. Er kämpfte sowohl gegen die Baukunst der heidnischen Antike als auch gegen die seelenlosen Bauten der aufkommenden Industriegesellschaft und sah die Rettung von Kirche und Gesellschaft in einer Rückkehr zum spirituellen Bauhandwerk des vorreformatorischen Mittelalters.

Seine Botschaft traf in England auf offene Ohren – besonders bei Vertretern des Oxford-Movements, einer Bewegung, die das Ziel verfolgte, die anglikanische Kirche zu re-katholisieren. Sie sahen in der Neugotik eine Waffe im innerkirchlichen Kampf gegen Protestanten und andere Modernisierer sowie ein Heilmittel gegen Säkularisierung und Religionsverlust. Auch wenn in England viele gelungene Kirchenbauten in gotischer Manier entstehen sollten, lag in dieser kämpferischen Absicht eine große Schwäche. Die ursprüngliche Gotik war nicht polemisch. Sie erwuchs aus neuen technischen Möglichkeiten und lebte aus der Begeisterung für bisher unbekannte ästhetische Horizonte. Sie bezog ihre Kraft nicht aus der Abgrenzung gegen Feinde, sondern aus der Lust an der Innovation. Die Neugotik dagegen war immer in der Gefahr, sich in sektiererischem Hass zu verstricken und in einer kirchenpolitischen Kleinlichkeit zu versinken, die zur gewünschten Größe der eigenen Kirchenbauprojekte in einem hässlichen Kontrast stand.

Die politische Dimension der Neugotik wird besonders deutlich, wenn man vergleicht, in welchen Ländern sie erfolgreich war. Das Ursprungsland der Gotik zeigte gar kein Interesse an ihr. Das revolutionäre Frankreich lehnte diese monarchistisch-klerikale Bauweise ab und bevorzugte einen republikanischen Klassizismus. Das napoleonische Kaiserreich orientierte sich an den Monumentalbauten des imperialen Rom. In England aber und später auch in Deutschland sah man in der Neugotik eine Art antirevolutionären Schutzwall. Mit diesem Stil signalisierte man Widerstand gegen die Umwälzung aller Lebens- und Herrschaftsverhältnisse. Zugleich aber war die Neugotik ein Teil der Moderne, die sie zu verhindern vorgab. Sie wurde nicht nur von sturen Reaktionären vertreten, sondern war auch von höchst innovativen Geistern inspiriert, dem jungen Goethe etwa, der in seiner Sturm und Drang-Phase der Straßburger Kathedrale ein literarisches Denkmal setzte. Ihm folgten romantische Dichter und Denker, deren Sehnsucht nach einem christlichen Europa sich aus einem erträumten Mittelalter speiste. Es war also auch eine geistige und künstlerische Avantgarde, welche die Rückkehr zu den alten Kathedralen propagierte. Die Neugotik zeigt die innere Paradoxie des historistischen Denkens und Fühlens im 19. Jahrhunderts. Man lebte mitten in einer explodierenden Moderne und wirkte an ihr mit, zugleich aber spürte man ein Bedürfnis nach Vergewisserung im Vergangenen, wie es frühere Epochen nicht gekannt haben. Je schneller die Innovationen sich ablösten, umso größer war der Wunsch, in alten Gestaltungen einen Halt zu finden. Bei allen Verwirrungen und ideologisch fragwürdigen Übertreibungen liegt darin das Recht der Neugotik, dass sie versuchte, mit den technischen Mitteln der Gegenwart und den neu erworbenen kunsthistorischen Kenntnissen über die ästhetischen Vorbilder der Vergangenheit so zu bauen, dass sich eine Balance aus Altem und Neuem, Revolution und Tradition einstellte. Doch darf nicht unterschlagen werden, dass viele Neugotiker mit den Teilen der Baugeschichte, die ihnen nicht ins Konzept passten, höchst pietätlos umgingen. Die Neugotik reiht sich ein in ein unseliges Wechselspiel der architektonischen Stile und Moden, das die gesamte neuzeitliche Baugeschichte durchzieht. Mit aller Macht wählt man ein Programm und versucht dies in reiner Konsequenz durchzusetzen. Was sich dem nicht fügt, wird diffamiert und abgerissen. Wo alles aus einem Guss sein muss, können gewachsene Traditionen kein Eigenrecht geltend machen.

Eine besondere Stärke neugotischer Kirchenbauten lag darin, ein Bewusstsein dafür zu schaffen, dass es in der Religion und im Sakralbau vor allem um ein Gefühl des Unendlichen und Erhabenen geht, dass Kirchen Häuser der Ehrfurcht sein müssen. Der Schriftsteller Georg Forster hat dies schön beschrieben, als er von seinem Besuch im Kölner Dom erzählte:

> So oft ich Köln besuche, gehe ich immer wieder in diesen herrlichen Tempel, um die Schauder des Erhabenen zu fühlen. Vor der Kühnheit der Meisterwerke stürzt der Geist voll Erstaunen und Bewunderung zur Erde. Die Pracht des himmelan sich wölbenden Chors hat eine majestätische Einfalt, die alle Vorstellung übertrifft. In

ungeheurer Länge stehen die Gruppen schlanker Säulen da, wie die Bäume eines uralten Forstes; nur am höchsten Gipfel sind sie in eine Krone von Ästen gespalten, die sich mit ihren Nachbarn in spitzen Bögen wölbt, und dem Auge, das ihnen folgen will, fast unerreichbar ist. Lässt sich auch schon das Unermessliche des Weltalls nicht im beschränkten Raum versinnlichen, so liegt gleichwohl in diesem

Die Hauptkirche St. Nikolai zu Hamburg

kühnen Emporstreben der Pfeiler und Mauern das Unaufhaltsame, welches die Ein-
bildungskraft so leicht ins Grenzenlose verlängert. Gegen das Ende unseres Aufent-
haltes weckte die Dunkelheit in den leeren, einsamen, von den Tritten widerhal-
lenden Gewölben, zwischen den Gräbern der Kurfürsten, Bischöfe und Ritter, die
da in Stein gehauen liegen, manches schaurige Bild der Vorzeit in der Seele. In allem
Ernste, mit seiner Reizbarkeit und dem in neuen Bildschöpfungen rastlos tätigen
Geiste möchte ich die Nacht dort nicht einsam durchwachen.

Die letzten Sätze zeigen sehr schön, wie eng die Ehrfurcht mit dem Gruseln
verwandt ist. Dies verweist auf den düsteren Nebenklang des englischen Wortes
«gothic», das nicht nur einen Architekturstil, sondern auch eine neue Literatur-
gattung beschreibt, nämlich die «gothic novel». Der Grusel-
roman mobilisierte ähnlich wie die neugotische Architektur
die dunklen Seiten der Imagination – die Nacht, die Burg,
die Ruine, den Wald, den Traum – gegen die Mächte der
Aufklärung und des Verstandes. Darin aber war er selbst ein
modernes Phänomen, wie man schon äußerlich daran sehen
konnte, dass die «gothic novel» – deren Höhepunkt bildete
natürlich Mary Shelleys «Frankenstein» – eine verlegerisch höchst erfolgreich be-
triebene Modewelle war, die noch heute die Unterhaltungsindustrie und manche
Subkultur wie die «dark-wave gothics» inspiriert.

Bekannt aus Film und Fernsehen:
Cinderella's Castle aus Disney World
ist das berühmteste Bauwerk der Neugotik, ein Stil wie gemacht für Mär-
chencomics.

Zu den Paradoxien der Neugotik gehört schließlich, dass sie nicht nur den
Sinn für das erhaben Sakrale förderte, sondern umstandslos für reine Profan-
bauten genutzt werden konnte. Ungezählte Rathäuser, Bahnhöfe, Postämter,
Fabriken und Kaufhäuser des 19. Jahrhunderts kleideten sich in Spitzbögen. So
wurde aus dem eigentlich für Kirchenbauten entwickelten Stil ein universales, für
jede Art von Gebäude nutzbares Muster. Und so trat die Neugotik einen unver-
gleichlichen Siegeszug durch Länder und Kontinente an. Von England aus eroberte sie Kontinentaleuropa, vor allem Deutschland, und wanderte weiter in die
britischen Kolonien sowie die USA. Bis weit ins 20. Jahrhundert hinein blieb sie
wirksam. Ihre letzte, jedem Kind auf der Welt bekannte Hervorbringung findet
sich in Orlando, Florida. Es ist «Cinderella's Castle», der Mittelpunkt von Disney
World.

Eine englische Kathedrale für Hamburg

Beim Neubau der Hauptkirche St. Nikolai kam mit George Gilbert Scott einer der treuesten Jünger Pugins und einer der orthodoxesten Apostel der neugotischen Heilslehre zum Zuge. Aufgewachsen war er in einem anglikanischen Pfarrhaus, in dem eine strenge methodistische Frömmigkeit geherrscht hatte, doch seine eigentliche «Erweckung» – als Christ und Architekt – erlebte er, als er Pugins Schriften las. Seither galt seine Leidenschaft der mittelalterlichen Sakralarchitektur und ihrem «revival». Doch bei seinem Entwurf für St. Nikolai ließ er sich nicht nur von Lektüre-Erlebnissen leiten, sondern er unternahm auch Reisen durch den Kontinent, um die gotischen Kirchen, die er bisher nur aus Büchern kannte, selbst anzuschauen.

Die Bauzeit von St. Nikolai betrug 36 Jahre. Nachdem Scott 1844 den Auftrag erhalten hatte, konnte zwei Jahre später der Grundstein gelegt werden. 1859 wurde Richtfest gefeiert, 1863 die Kirche und 1874 auch der Turm geweiht. 1882 war der Bau endlich vollendet – bis auf die große Orgel, die 1891 fertig gestellt wurde. Es war ein riesiges Unternehmen. Umso mehr erstaunt, wie wenig Scott in seinen Memoiren darüber zu sagen hat – vielleicht weil es kein sehr persönliches Werk ist. Sein größter Vorzug liegt in seiner Stilreinheit. Scott baute streng neugotisch. Das unterschied ihn von historistischer Architektur im schlechten Sinne, die willkürlich aus unterschiedlichsten Epochen und Stilen das auswählt und zusammenbastelt, was ihr gerade gefällt. Scott wollte eine Kirche bauen, die einen geschlossenen Gesamteindruck vermittelte. Dass ihm dies gelang, war eine nicht gering zu schätzende Leistung, vor allem wenn man bedenkt, wie unvollständig damals noch das kunsthistorische Wissen über die Gotik war. Hinzu kamen sein Sinn für gute Materialien und alte Handwerkskunst sowie sein exquisiter Geschmack. All diese Qualitäten wogen zusammengenommen fast den Mangel an Individualität auf.

Ein eifriger Jünger von August Welby Pugin, ein moderner Reaktionär, ein Virtuose der Nachahmung, ein kunstfertiger Baumeister: George Gilbert Scott (1811–1878).

Scotts Kirche, der bedeutendste Sakralbau der Neugotik, war eine dreischiffige Basilika mit einer Länge von 86 Metern, einem Querhaus und drei Chorapsiden. Beherrscht wurde sie von einem ebenso monumentalen wie eleganten Turm, der in der Höhe 147,3 Meter misst und immer noch der fünfthöchste Kirchturm der Welt ist. Neben ihm, fast versteckt, war noch eine kleine Taufkapelle angefügt.

Der Innenraum war ganz auf den Altar ausgerichtet – nicht auf die Kanzel. Der kostbare Hochaltar war aus Marmor. Er war umsäumt von Standbildern Jesu Christi und der Apostel, die an den Pfeilern des Altarraums angebracht waren. Der Fußboden war aus Marmormosaiken, darüber lag ein Festteppich, den «Damen der Gemeinde» geknüpft hatten. Die Kanzel am nördlichen Vierungspfeiler war zwar von vielen Plätzen aus schlecht zu sehen, dafür aber aufwendig aus weißem Marmor und farbigen Marmorsäulen gestaltet. Die Fenster der Kirche boten konventionelle Bilder aus dem Leben Jesu. Interessant war aber ein Figurenfries, der außen um die Kirche laufen sollte, aber nur zur Hälfte realisiert wurde. Er sollte nämlich nicht nur Gestalten aus der biblischen Heilsgeschichte, sondern auch

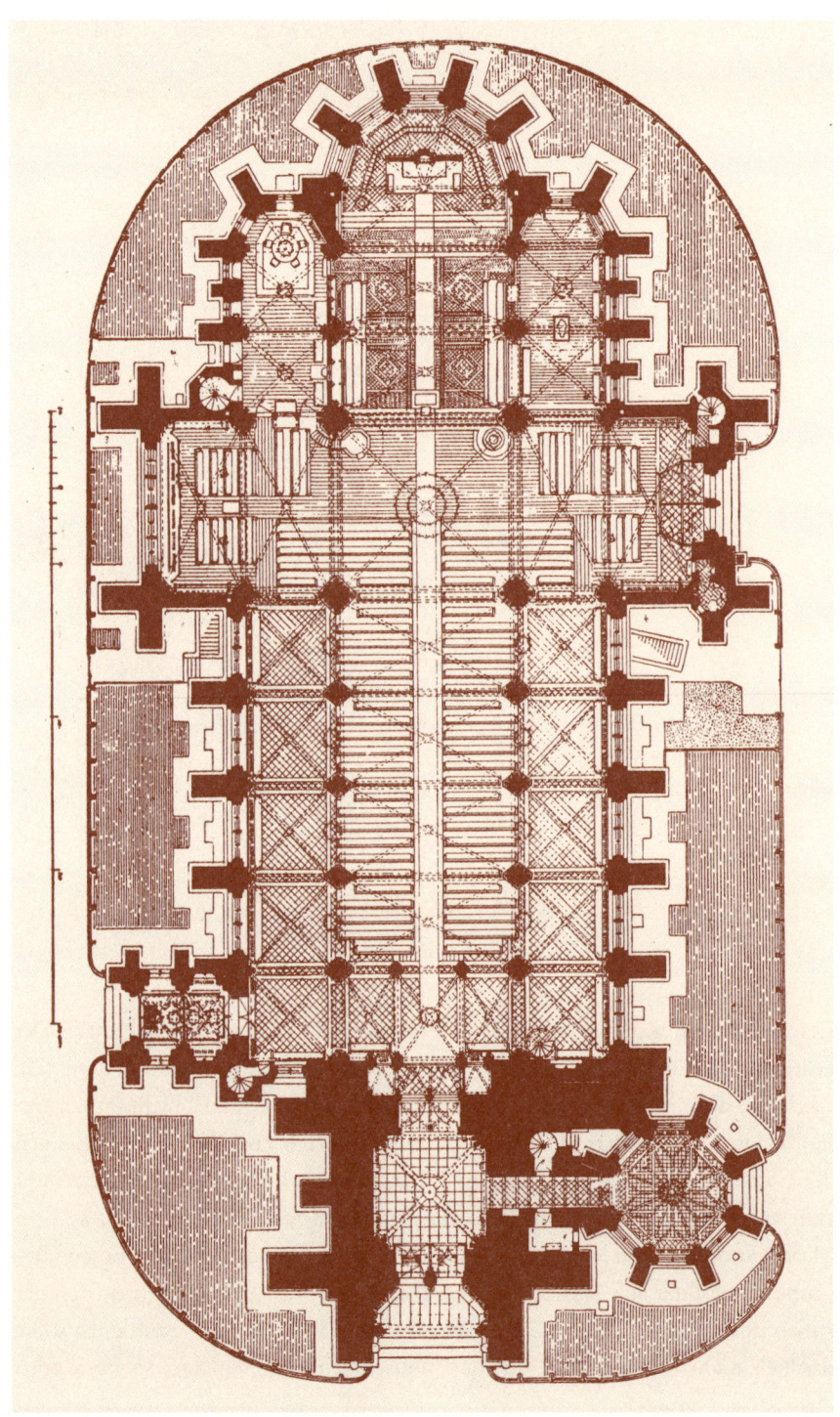

Die Hauptkirche St. Nikolai zu Hamburg

Personen aus der Kirchen- und christlichen Kulturgeschichte vorstellen. Theologen, Wissenschaftler, Erfinder und Künstler wie Martin Luther, Johannes Calvin, Friedrich Schleiermacher, Johannes Kepler, Albrecht Dürer, Johann Sebastian Bach, Georg Friedrich Händel oder Johannes Gutenberg sollten dadurch in den Rang nachbiblischer Apostel erhoben werden. Die Kirche wollte also nach außen hin einen protestantischen Heiligenkalender (im Unterschied zum katholischen Vorbild kamen in ihm übrigens keine Frauen vor) bieten, der eine Ahnung davon vermitteln sollte, wie Heils- und Weltgeschichte sich durchdringen und das von Jesus verkündigte Reich Gottes sich auf dieser Erde ausbreitet. Mit diesem Bildprogramm sollte die Kirche zu einem Erinnerungsort für die ganze Stadt werden. Dadurch rückte sie in große Nähe zu Museen und Denkmälern, ein für das 19. Jahrhundert typisches Phänomen.

«Als Wahrzeichen des Dankes für die Überwindung des großen Brandes 1842 ist die jetzige St. Nikolaikirche unter opferfreudigster Hilfe weiter Kreise in Stadt und Land errichtet worden», heißt es in einer Broschüre von 1926, die auch den Grundriss zeigt. Weiter werden stolz die riesigen Ausmaße beziffert: 84 Meter lang, 31,5 Meter breit, im Querschiff 44,5 Meter, 2380 Quadratmeter bebaute Grundfläche.

Übrigens, so mittelalterlich sich der Kirchenbau auch gab, bot er doch modernen Komfort. Welche gotische Kathedrale hätte über eine Dampfheizung verfügt? In St. Nikolai konnte man nun auch im Winter den Gottesdienst in vergleichsweise behaglicher Wärme genießen. Und die weit verzweigte Lichtanlage – erst mit Gas, später dann mit elektrischem Strom – machte es möglich, dass die Kirche auch abends genutzt wurde.

Doch diese kleinen Fortschritte konnten die großen Nachteile nicht aufwiegen. Zum einen schuf Scotts Bau nur ein Drittel der ursprünglich geforderten Sitzplätze. Das lag auch daran, dass der Spitzbogenstil – wie von Semper beschrieben – keine Emporen zuließ. Auch muss die Akustik sehr schlecht gewesen sein. Zum anderen wurden die Baukosten um das Dreifache überzogen. Statt wie geplant 1 500 000 kostete die neue Nikolai-Kirche 4 630 000 Mark. Scott scheint dies nicht bekümmert zu haben. Nachdem er den Auftrag erhalten hatte, teilte er den Bauherrn mit, dass für diese Kirche «fast unbeschränkte Mittel» benötigt würden. Am schwersten aber wog ein drittes Defizit. Scotts Bau war eine fast lupenreine katholische Kathedrale, bei der nicht deutlich wurde, inwiefern sie auch für eine evangelische Gemeinde sinnvoll und dienlich sein konnte. Als Predigtkirche funktionierte sie nur eingeschränkt, und da sie weder im äußeren Erscheinungsbild noch von der inneren Raumanlage auf die protestantische Kirchenbautradition zurückgriff, vermittelte sie gar keinen Eindruck von dem, was eine evangelische Kirche sein soll.

Doch dies scheint anfangs viele Hamburger nicht gestört zu haben. Der hanseatische Bürgerstolz wollte sich selbst ein Denkmal setzen. Nach dem Großen Brand wollte er die Überlebenskraft der Stadt bekräftigen und feiern. Die ursprüngliche Dankbarkeit, der Katastrophe entronnen zu sein, wurde dabei zusehends überdeckt von einer Großmannssucht, von der auch Kaufmannsstädte nicht frei sind. Ganz Deutschland, ganz Europa sollte sehen, dass Hamburg wieder da war und sogar das katholische Köln mit seinem Dom übertrumpfen konnte. Schade nur, dass Scott sich nicht nur für einen überdimensionierten Bau, sondern auch für einen gelben Stein entschieden hatte: Mit seinem Riesenturm erschütterte die Nikolai-Kirche die Proportionen ihrer Umgebung und wirkte trotzdem mit ihrer vergilbt-senfigen Farbigkeit wenig erhebend. Die Vertreter der neulutherischen Gegenaufklärung stießen sich daran nicht.

An dieser Kirche konnten sich die Geister scheiden. Was ist das: eine evangelische Predigt- oder eine katholische Messkirche? Was löst sie aus: heilige Ehrfurcht oder fröstelnde Beklemmung? Worauf zielt sie ab: Anbetung oder Unterwerfung? Blick in das Innere der Hauptkirche St. Nikolai.

Sie hatten das Bollwerk gegen eine neuzeitliche Auslegung der Reformation bekommen, für das sie so erbittert gestritten hatten. Mit dieser Kathedrale konnten sie sich als die wahren Erben des mittelalterlichen Christentums präsentieren und eine sehr katholisch anmutende Abendmahlsfrömmigkeit pflegen. So freuten sie sich über einen angeblich genuin deutschen und spezifisch lutherischen Kirchenbau, übersahen aber die offenkundige Ironie dieses Gebäudes, das in einem Stil entworfen war, der in Frankreich erfunden und in England von Vertretern einer Rekatholisierungswelle wiederbelebt worden war. So war die neue Nikolai-Kirche am Ende ein durchaus beeindruckendes Gebäude mit einer mittelalterlich-sakralen Ausstrahlung. Aber sie war aus falschen Motiven, mit falschen Begründungen und aufgrund falscher Berechnungen gebaut worden, stand nun in falschen Proportionen am falschen Ort und wurde von der falschen Glaubensgemeinschaft genutzt – insgesamt also ein schöner, teurer Irrtum.

An St. Nikolai sollten sich in der Folge noch einige Debatten entzünden. Die Torhüterin der wahren Neogotik, die Zeitschrift «The Ecclesiologist», schäumte, dass ein englischer und eigentlich hochkirchlich eingestellter Architekt ein solches Werk für Häretiker bauen konnte. Scott verteidigte sich wortreich und zeigte sich dabei als ein guter Kenner des konservativen Luthertums. Er wies darauf hin, dass das Neu-Luthertum viel katholischer sei als weite Teile seiner eigenen anglikanischen Kirche. Gerade das machte ihn bei den konservativen Lutheranern so beliebt. Für sie war St. Nikolai das Leitbild des Kirchen-

baus. Dies konnten sie sogar in einer allgemeinen Richtlinie verbindlich fest-
setzen. Im «Eisenacher Regulativ» von 1861 schrieben sie – in konsequenter
Abgrenzung vom evangelischen Kirchenbau des 18. Jahrhunderts – vor, dass die
neugotische Kathedrale das Grundmuster einer lutherischen Kirche zu sein habe:
Sie sollte ein nach Osten ausgerichtetes, auf einem kreuzförmigen Grundriss auf-
ruhendes Langhaus sein, dessen Altarbereich streng vom Raum der Gemeinde
getrennt war. Das innere Zentrum sollte der Altar darstellen, also der Ort, an
dem das Abendmahl eingesetzt wird. Gemeinderaum und Kanzel verloren demgegenüber an Bedeutung. Da die besondere Abendmahlsfrömmigkeit des Neu-
Luthertums sich in einem neugotischen Sakralbau am ehesten zu Hause fühlte,
sollte dieser Stil verbindlich werden: «Die Würde des christlichen Kirchenbaus
erfordert Anschluss vorzugsweise an den so genannten germanischen (gotischen)
Stil.»

Dieses archaisch anmutende Programm erwies sich in den anbrechenden
modernen Zeiten als erstaunlich wirkmächtig. Besonders in England und
Deutschland entstanden – vor allem gegen Ende des 19. Jahrhunderts – von der
kirchlichen und weltlichen Obrigkeit geförderte Kirchenbauvereine, die solche
Kirchen in Serie produzierten. So kam es zu einem regelrechten Sakralbau-Boom,
der immer auch das Ziel verfolgte, die massenhaft gewachsene Bevölkerung in
den Städten an die alten weltanschaulichen Mächte zu binden und dem Sozialis-
mus abspenstig zu machen. Doch stellte man bald fest, dass die neu-lutherischen,
neugotischen Bauten den religiösen und sozialen Bedürfnissen ihrer Zeit nicht
gerecht wurden. So regte sich Widerstand gegen die vielen neuen «katholischen
Messkirchen». Die Neugotik erschien vielen evangelischen Architekten und
Theologen nun als eine Verleugnung der eigenen Konfession. So wurde eine Ge-
gen-Leitlinie geschrieben: das «Wiesbadener Programm» von 1894, welches das
«Eisenacher Regulativ» ablösen sollte. Es griff auf Ideen der evangelischen Aufklärung und des Pietismus zurück und stellte wieder Gemeinde und Predigt an Stelle
von Altar und Sakrament in den Mittelpunkt. Die Kirche sollte die Form eines
Zentralbaus haben, um die Einheit der Gemeinde und das Priestertum aller Gläubigen zu betonen. Einen Hochaltar sollte es nicht mehr geben. Stattdessen stellte
man den Altar nun häufig mitten in die Gemeinde. Auf jeden Fall vermied man
es, den Altarbereich zu deutlich abzugrenzen. Nach diesen Vorgaben entstanden
viele Gemeindekirchen, die sich in der äußeren Formensprache zwar immer noch
an traditionelle – frühneuzeitliche, mittelalterliche oder antike – Vorbilder an-
lehnten, die aber von ihrer Idee her moderne evangelische Kirchen waren.

Die Hauptkirche St. Nikolai zu Hamburg

Dieses Programm setzte sich bald durch. Die neugotischen Kirchen sanken dagegen in der öffentlichen Gunst, wie ein Zeitgenosse anschaulich beschreibt:

> Überall stehen diese unfrohen Gebäude in Deutschland herum. Überall legen sie eine kalte Melancholie auf Vorübergehende und Eintretende, doppelt fremd öffnen sich ihre Pforten, hinter denen es nicht geheimnisvoll dunkel wie in katholischen Kirchen, sondern hinter denen es nur dunkel ist, nachdem sie eine Woche lang frostig und ungebraucht geschlossen waren.

Erstaunlicherweise erfreuen sich viele der historistischen, insbesondere der neugotischen Kirchen des 19. Jahrhundert im beginnenden 21. Jahrhundert einer neuen Beliebtheit – besonders bei Menschen, die der Kirche fern stehen. Sie kennen die innere Problematik dieser Bauten nicht mehr. Für sie ist die Kirche keine klerikale Obrigkeitsmacht mehr, ist es nie gewesen. Deshalb können sie sich diesen Gebäuden unbefangen nähern. Und sie tun es gern – weil es für sie «richtige Kirchen» sind, in denen sie einen erahnten Archetyp wiedererkennen und von denen sie sich eine Beheimatung versprechen, die sie zwar nicht beschreiben können, die sie aber manchmal empfinden möchten. Das ist ein durchaus legitimes Bedürfnis nach Geborgenheit, das viele architektonisch und theologisch «bessere» Kirchenbauten nicht befriedigen. Deshalb ist es so schwer, von heute aus zu sagen, wer eigentlich recht hatte – die «Eisenacher» oder die «Wiesbadener».

In ihrem Streit wird wieder einmal die Spannung sichtbar, die den deutschen Protestantismus durchzieht. Denn er verbindet in sich eine Tendenz zum Sakralen wie zum Profanen, zum Sakrament wie zur Predigt, zum Ritual wie zum Gespräch. Es mag ein Konstruktionsfehler besonders des Luthertums sein, dass ihm die Konsequenz der katholischen Kirche und der reformierten Freikirchen abgeht. Man könnte aber auch sagen, dass in dieser Mischkonfession und ihren architektonischen Debatten und Kompromissen die Grundspannung offenkundig wird, die das Christentum insgesamt und von Anfang an bestimmt – die ewige Spannung zwischen Propheten und Priestern, Gemeinde und Klerus, Hauskirche und Basilika.

Neuer Wein in alten Schläuchen

Während die Arbeiten an der neuen Nikolai-Kirche langsam voranschritten, veränderte sich ihr politisches und soziales Umfeld rasant. Die Modernisierung ließ sich eben nicht durch neugotische Sakralbauten aufhalten oder auch nur verzögern. 1848, vier Jahre nach Baubeginn, brach in Deutschland die erste Revolution aus und wieder zusammen. 1871, drei Jahre vor der Turmweihe, wurde nach dem Sieg über Frankreich die deutsche Einigung gefeiert. In Hamburg fiel 1860, drei Jahre vor der Kirchenweihe, die Torsperre. Die Stadt erweiterte sich um Altona, Wandsbek, St. Georg und Harburg. Sie hatte nun mehrere Zentren. 1888, sechs Jahre nachdem der Kirchenbau endlich abgeschlossen war, wurde der Zollanschluss vollzogen, weite Teile der Altstadt abgerissen, und viele Menschen wurden umgesiedelt. Hamburg verwandelte sich in eine moderne Industrie- und Handelsstadt. Das brachte einige wenige zu großem Reichtum. Weite Bevölkerungsteile jedoch blieben in bitterer Armut. Erschreckend deutlich wurde dies der ganzen Welt, als 1892 die Cholera in Hamburg ausbrach – ein Jahr nachdem die große Orgel eingeweiht worden war. So stand St. Nikolai schließlich da: eine gotische Kathedrale mitten in einer modernen Großstadt, umbrandet von der Hektik des kapitalistischen Wirtschaftens, von stürmischen Streiks und politischen Kämpfen. Die Welt, für die diese Kirche gedacht und erbaut worden war, gab es nicht mehr.

Wie und für was wurde die Nikolai-Kirche nun genutzt? Sicher ist, dass in St. Nikolai – anders als in ihren gotischen Vorbildern – keine prächtigen Festgottesdienste gefeiert wurden, die Pilgermassen angezogen hätten. Auch gab es in ihr kein buntes mittelalterliches Treiben, keine frommen Spiele und unfrommen Spektakel, keine religiösen Ekstasen und keinen Schabernack von Chorknaben. Der Gottesdienstbesuch dürfte übrigens sehr mäßig gewesen sein – unter dem heutigen Niveau. Das lag im Trend der Zeit. Denn nachdem seit dem Ende des 17. Jahrhunderts langsam der Kirchenzwang aufgegeben wurde, hatte der Kirchgang seinen verpflichtenden Charakter verloren – auf dem Land und in der Großstadt allemal. Wer ging, tat dies freiwillig und zu ausgewählten Anlässen, von denen es nicht allzu viele gab.

Doch waren gegen Ende des 19. Jahrhunderts nicht nur Meldungen über den Niedergang der Kirche zu vermelden. Es lassen sich auch zwei Entwicklungen ausmachen, die einen religiösen Aufschwung in Deutschland mit sich brachten. Die eine führte dazu, dass christliches Leben aus der Kirche auszog und in die bürgerliche Welt einwanderte. Der anderen gelang es, neue Formen von Gemeinschaftsleben innerhalb der Kirche zu entwickeln.

Zur ersten Entwicklung: Das Christentum, vor allem in seiner reformatorischen Ausprägung, zielt darauf, das ganze Leben zu durchdringen. Deshalb kann das Kirchgebäude nicht der einzige Ort sein, an dem der Glaube gelebt wird. Genauso wichtig sind die profanen Räume, in denen Christen ihren Alltag verbringen. Im 19. Jahrhundert wurde das bürgerliche Zuhause, in dem das Familienleben stattfand, zu solch einem profan-religiösen Ort. Hier konnte der Glaube freier, aber auch intensiver angeeignet werden als im Kirchraum. Beispielhaft zeigt sich dies in der Geschichte der Taufe im Protestantismus des 19. Jahrhunderts.

Für Martin Luther ist die Heilskraft dieses Sakraments besonders bei der Säuglingstaufe sichtbar gewesen: Gott schenkt seine Gnade ohne Bedingungen. Deshalb kämpfte Luther erbittert gegen radikale Strömungen der Reformation, die nur die Erwachsenentaufe gelten ließen, die von der bewussten Entscheidung mündiger Personen abhing. Was die Praxis aber angeht, so scheint die Taufe eine eher hastige und lieblose Angelegenheit gewesen zu sein. Bis zum Ende des 18. und Anfang des 19. Jahrhunderts war sie keineswegs ein von der Familie feierlich begangenes Glaubensfest – schon aus zeitlichen Gründen nicht. Denn wegen der hohen Kindersterblichkeit und des Aberglaubens, ein ungetauft verstorbenes Kind würde zur Hölle fahren, war höchste Eile geboten. Meist brachte die Hebamme mit den Paten das Kind mitten in der Woche oder im Anschluss an einen Sonntagsgottesdienst zum Pastor in die Kirche. Die Mutter lag da noch im Kindbett. Von einer Anwesenheit des Vaters wird selten berichtet. Erst die verbesserte Hygiene machte es möglich, dass die Taufe mit dem Beginn des 19. Jahrhunderts zu einer Sache der Familie wurde. Dadurch verstärkte sich ein Bedeutungswechsel der Taufe. Sie wurde zu einem «rite de passage», einem rituellen Fest, das eine Lebensschwelle markiert und zu überschreiten hilft: Die Geburt eines neuen Kindes ist für die Familie solch eine Schwelle. Sie dankt Gott und bittet um seinen Segen. Zugleich eröffnet die Taufe einen Erziehungs- und Bildungsweg, an dessen Ende das Kind zum mündigen Glied der christlichen Gemeinschaft wird. Ein solches Fest muss nicht mehr unbedingt in der Kirche stattfinden. Deshalb wurde im 19. Jahrhundert – zumindest bei den bürgerlichen Schichten – die Haustaufe zur Regel. Ein Gegengewicht zu dieser Verbürgerlichung der Taufe stellt die Konfirmation dar. Nach halbherzigen Anfängen in der Reformationszeit wurde sie erst zu Beginn des 19. Jahrhundert flächendeckend durchgesetzt. Sie sollte nachreichen, was in der Säuglingstaufe nicht geschehen konnte: die bewusste Entscheidung des Getauften für den Glauben und seine Anerkennung als vollwertiges Glied der Gemeinschaft. Doch auch die Konfirmation war mehr als ein kirchlicher Akt. Sie war ebenfalls ein «rite de passage», der die Schwelle von der Kindheit zum Erwachsenenleben markierte, und damit wiederum ein Teil der Familiengeschichte.

Nun zu der anderen Entwicklung, die zu neuen Formen des Gemeindelebens führte. In der vormodernen Kirche waren Gemeinde und Gesellschaft weitgehend identisch gewesen. Wer zum politischen Gemeinwesen gehörte, war auch wie selbstverständlich Glied der Kirche. Dies änderte sich seit dem 19. Jahrhundert, vor allem mit der Trennung von Staat und Kirche im 20. Jahrhundert. Zugleich stellte die Industrialisierung die Kirche vor ganz neue Herausforderungen. Die Bevölkerung wuchs und wanderte in die Städte. Die Kirchengemeinden waren darauf nicht vorbereitet. In den Großstädten hatten sie es plötzlich mit unüberschaubaren Menschenmengen zu tun. Nicht wenige hatten nominell über 50000 Glieder, doch nur zu den wenigsten gewannen sie einen Zugang. Der Gottesdienstbesuch war erschreckend niedrig. Die Kirchenbaubewegung der wilhelminischen Zeit entschärfte zwar die Raumnot. Doch wie sollten die vielen neuen Kirchenbauten mit Leben erfüllt und die vielen neuen Stadtbewohner an die Kirche gebunden werden? Abhilfe versprach eine Bewegung, die das kirchliche Leben nach dem Vorbild der bürgerlichen Vereine organisierte. Diese Gemeindebewegung versuchte, der Vereinzelung in der Großstadt dadurch entgegenzuwirken, dass sie Menschen in der Kirche zu regelmäßigen Treffen zusammenbrachte, sie in Gesprächskreisen sammelte, zu missionarischem oder sozialem Engagement anstiftete, ihnen Kulturgenüsse und Gemeinschaftserlebnisse verschaffte, mit ihnen Ausfahrten ins Grüne unternahm, so dass am Übergang vom 19. zum 20. Jahrhundert das entstand, was man heute «Gemeindeleben» nennt und was vorher unbekannt gewesen war. Es war eine große Leistung, Menschen dazu zu motivieren, einen Großteil ihrer Freizeit verbindlich in ihrer Kirchengemeinde zu verbringen. Ein zumindest kleiner Teil der Gemeindeglieder konnte dadurch kirchlich eingebunden werden.

Das neue Gemeindeleben konnte sich nicht in den alten Sakralbauten entfalten. Es brauchte neuartige Räume, ein eigenes Haus: das Gemeindehaus. In vielen Kirchenbauvorhaben der Jahrhundertwende entwickelte sich ein innovativer Gebäudetypus: nicht mehr der Sakral-Solitär, sondern das Ensemble aus Kirchenraum, Pastorat, Mitarbeiterwohnungen, Gemeindesälen, Büros, Sozialstation und Kindergarten. Diesen Gemeindezentren, die unter den Bedingungen der Moderne eine Synthese aus urchristlicher Hauskirche und antiker Basilika versuchten, sollte die Zukunft gehören.

St. Nikolai konnte mit dieser Entwicklung natürlich nicht mithalten. Dennoch entstand auch in dieser Hauptkirche eine «Gemeindepflege». Ihr Ziel – wie es in einer alten Chronik heißt – war es, «auch als Kirchengemeinde außerhalb des Gottesdienstes die in diesem gepredigte Geistesgemeinschaft und Nächstenliebe wirksam werden zu lassen und dazu die guten, heute noch in der Gemeinde oft ungenutzt schlummernden Kräfte heranzuziehen.» Dem dienten allerlei Unterhaltungs- und Bildungsveranstaltungen: abendliche Lichtbildvorträge mit Klavierumrahmung, Lesungen plattdeutscher Erzählungen von Fritz Reuter oder die «Rezitation vaterländischer Gedichte». Hinzu kamen Laienspiele, gemeinschaftliches Musizieren und Turnen. Auch wenn manches etwas ärmlich blieb, erfüllte es den Zweck, Menschen an ihre Gemeinde zu binden. Zudem sollte sich aus diesen bescheidenen Anfängen eine neue Form kirchlicher Arbeit entwickeln, die heute in vielen Innenstadtkirchen mit Erfolg geleistet wird. Sie sind zu «Citykirchen» geworden, die, weil sie auf keine Wohnbevölkerung zurückgreifen können, durch besondere geistlich-kulturelle Angebote eine zum Teil sehr flüssige, zum Teil sehr beständige Gemeinde sammeln und durch Sozialarbeit die Not in der Innenstadt zu lindern versuchen. Wie wichtig insbesondere diese Sozialarbeit war, zeigte sich bei der Cholera-Epidemie, die 1892 gleich nebenan im Gänge-Viertel ausbrach. Der aus Berlin angereiste Virologe Robert Koch erklärte damals: «Ich habe noch nie solche ungesunden Wohnungen, Pesthöhlen und Brutstätten für jeden Ansteckungskeim angetroffen. Ich vergesse, dass ich mich in Europa befinde.» Hier wurde gleich unter dem Turm von St. Nikolai eine Mittelalterlichkeit sichtbar, die so gar nicht den neugotischen Träumen von George Gilbert Scott entsprach.

Die Verbürgerlichung des Christlichen sowie die vereinsmäßige Organisation eines Gemeindelebens, das waren – grob umrissen – zwei wichtige Tendenzen im 19. Jahrhundert, vor allem im deutschen Protestantismus. Doch wäre der Blick auf diese Epoche sehr unvollständig, wenn nicht der eine Tag zumindest genannt würde, an dem beides zusammenkam.

Weihnachten ist bekanntlich kein Fest des Urchristentums. So wie es heute geliebt und gefeiert wird, ist es eine Schöpfung des 19. Jahrhunderts. Das zeigen all die Details, die es ausschmücken. Weihnachtsbäume gab es zwar vorher, aber erst jetzt wurde es allgemeiner Brauch, sie im Haus aufzustellen. Die

Krippen waren ein Rest der geistlichen Spiele des Mittelalters. Als man sie gegen Ende des 18. Jahrhunderts aus den Kirchen verbannte, weil sie zu sentimental erschienen, holten viele Menschen sie in ihre Wohnzimmer. Den Adventskranz erfand Johann Hinrich Wichern, der Apostel der «Inneren Mission», 1839 in Hamburg. Diese und andere fromme Accessoires dienten dazu, eine als kalt empfundene Welt für den Traum einer Welt zu öffnen, in der Friede herrschte und allein die Liebe zählte. In einer rational organisierten Gesellschaft war das Bedürfnis nach Wärme, Geborgenheit und Harmonie immens gewachsen, der Wunsch noch einmal einzutauchen in eine Kinderwelt, in der das Wünschen noch geholfen hat.

Die Theologen waren unsicher, wie sie sich zu diesem neuen Kult verhalten sollten. Sie wissen es bis heute nicht recht. Natürlich freute es sie, dass ihre Kirchen an den Festtagen endlich einmal gut gefüllt waren. Aber ganz geheuer konnte ihnen die private, keineswegs kirchlich gesteuerte Weihnachtsfrömmigkeit nicht sein. Wo blieben die schwierigen Themen des Glaubens, der überweltliche Ernst des Christentums: die Sünde, das Böse, das Kreuz, die Auferstehung? Verdrängte Weihnachten nicht Karfreitag und Ostersonntag? Jedenfalls konnte auch die theologische Kritik nicht verhindern, dass im 19. Jahrhundert ein in der christlichen Religionsgeschichte bisher unbekannter und höchst massentauglicher Typ geboren wurde: der Weihnachtschrist. Er belegt, dass das 19. Jahrhundert keineswegs nur eine Zeit von Religionskritik und Säkularisierung, sondern auch eine Phase von höchster religiöser Kreativität war.

Die doppelte Zerstörung

Es war der Turm von St. Nikolai, der den Untergang Hamburgs unfreiwillig einleitete, und es war dieser Turm, der die Zerstörung seltsamerweise überstand. Es ist eine böse Paradoxie, dass dieses höchste Gebäude der Stadt – von einem Engländer gebaut – fast einhundert Jahre nach dem Großen Brand englischen Kriegsflugzeugen als Zielmarke diente. Als sie ihre nächtlichen Angriffe auf Hamburg flogen, wählten sie den Turm von St. Nikolai als Orientierungspunkt. Es sollte die bis dahin schlimmste Bombardierung einer deutschen Stadt werden. Sie nahm das an, was man in Ermangelung anderer Wörter als «biblisches Ausmaß» bezeichnete, und erhielt folgerichtig den Namen «Operation Gomorrha».

Vom 24. bis zum 29. Juli 1943 flog die Royal Air Force in massiven Wellen fünf Nachtangriffe, die von zwei Angriffen am Tage durch die United States Air Forces abgewechselt wurden. Um die deutsche Radarabwehr auszuschalten, ließ sie zunächst Staniolstreifen herabregnen. Es war den Hamburgern, als ob «Schwefel und Feuer» vom Himmel fiele – wie damals in Sodom und Gomorrha. Danach warfen die alliierten Kampfflieger über dem Hafen, der Innenstadt und weiten Wohngebiete – vor allem den Arbeitergebieten östlich der Alster – insgesamt etwa 18 000 Tonnen Bombenmaterial ab. Es war aber nicht die bloße Menge, sondern die fatale Kombination aus Spreng- und Brandbomben, die zu nicht gekannten Verheerungen führte. Zunächst wurden «Blockbuster» eingesetzt, welche die Häuser aufbrachen, anschließend entfachten Phosphorbomben einen Feuersturm, der zeitweilig eine Höhe von 6000 Metern erreichte. Die ganze Stadt wurde zu einem einzigen Vulkan, einem Schlot, einem riesigen Kamin, in dem Orkanwinde die heiße Luft so nach oben trieben, dass am Boden ein Unterdruck entstand, der wiederum Sauerstoff ansaugte und so wie ein Brandbeschleuniger wirkte. Etwa 34 000 Menschen wurden in diesem Feuersturm getötet, viele verbrannten oder erstickten innerhalb weniger Sekunden. Es wurden circa 40 000 Wohnhäuser mit 263 000 Wohnungen zerstört, das heißt, dass etwa die Hälfte aller Hamburger Wohnungen vernichtet worden waren. Vor allem der Osten Hamburgs bestand nur noch aus weiten Todeszonen.

Es ist immer noch kaum zu fassen, wie der hohe, schlanke Turm von St. Nikolai stehen bleiben konnte, obwohl weite Teile des Kirchenschiffs schwer beschädigt wurden.

Als man nach Kriegsende in Hamburg an den Wiederaufbau ging, stellte sich auch die Frage, was mit St. Nikolai geschehen sollte. Denkmalschützer hatten unter schwierigsten Bedingungen die Trümmer gesichert und gesichtet. Doch gegen einen Wiederaufbau dieser Kirche gab es erheblichen Widerstand. Eine um Authentizität bemühte Rekonstruktion vor allem des neugotischen Werksteinschmucks hielt man für unbezahlbar, aber auch ästhetisch und denkmalpflegerisch für unbefriedigend. Wenn Scotts Bau selbst schon ein Rollenspiel gewesen war, wäre dann seine scheinbare Wiederherstellung nicht ein doppelter Mummenschanz?

Folgenreicher aber noch als die Veränderung des Geschmacks war die neue Macht der Stadtplaner, die nach dem Krieg durchschlug. Die Innenstadt sollte nach ihrem Wunsch ein ganz anderes Gesicht bekommen. Sie träumten von einer funktionalen Stadt, in der die Bereiche des Arbeitens, der Dienstleistungen und des Wohnen säuberlich voneinander geschieden waren. Die Menschen sollten nicht mehr in engen, verseuchten Gängevierteln, sondern in der Natur, in lichten, grünen Vororten am Stadtrand leben und nur zur Arbeit oder zum Einkaufen in die Stadt fahren. «Gartenstädte» sollten die «steinernen Städte» als Lebensraum der Menschen ablösen. Doch wo die Ränder aufblühten, musste der Kern verdorren. Das alte Nikolai-Viertel sollte ausgelöscht werden. Die Ost-West-Straße, eine fatale Straßenschlucht, der Albtraum einer autogerechten Stadt, wurde vierspurig durch die historische Mitte Hamburgs geschlagen. Auf St. Michaelis ausgerichtet und dicht an St. Nikolai vorbeiführend sollte diese von hohen Bürohäusern eingerahmte Rennstrecke den Osten und den Westen der Hansestadt verbinden. Für die Nikolai-Kirche war in dieser neuen Hamburger Innenstadt kein Platz mehr.

Es gab nachvollziehbare Gründe, von einem Wiederaufbau von St. Nikolai abzusehen. Aber aus heutiger Sicht betrachtet, verblüfft und verstört die Brutalität, mit der damals Stadtplanung betrieben wurde. Wie ist es zu erklären, dass man so rücksichtslos mit den wenigen Resten des architektonischen Erbes umging? Lag es an den gar nicht so verborgenen Kontinuitäten zur nationalsozialistischen Stadtplanung? Oder gar an einer tief im Hamburger Erbgut angelegten Abrissfreude, die schon im 19. Jahrhundert Schneisen der Verwüstung durch die Stadt geschlagen hatte – angefangen mit dem Abriss des Hamburger Doms (1803 bis 1807), einer der bedeutendsten frühgotischen Kathedralen Norddeutschlands? Oder waren es irrationale Motive: ein Hass auf das bürgerliche Zeitalter des 19. Jahrhunderts und seine Kunst, die Sehnsucht nach einem reinen Anfang, einer «Stunde Null» auch in der Stadtgestaltung, oder eine Art Größenwahn, die Flucht aus den Trümmern in modernistische Machbarkeitsphantasien? Oder wirkten hier schwer zu fassende Nachwirkungen des Bombentraumas, ein geheimer, psychopathologischer Wiederholungszwang? Man wird dieses Knäuel nicht mehr entwirren. Festzuhalten ist aber, dass der Wiederaufbau Hamburgs nicht nur eine beeindruckende Leistung der gesamten Bürgerschaft, sondern in Teilen auch ein höchst aggressiver Neubau war, eine zweite Zerstörung der Stadt. Obwohl genaue Zahlen fehlen, muss man davon ausgehen, dass in Hamburg, wie auch sonst in Deutschland, nach 1945 fast ebenso viele Baudenkmäler zerstört wurden wie durch den Krieg.

Zerstörung auf Raten: Was die Bomben nicht schafften, erledigte die Stadtplanung der Nachkriegszeit. Die Ruine von St. Nikolai nach dem Feuersturm und vor dem Teilabriss der Wiederaufbauzeit. Heute steht fast nur noch der Turm: ein Mahnmal für die Opfer von Krieg und Gewalt in den Jahren 1939 bis 1945.

Eines dieser Wiederaufbau-Opfer war St. Nikolai. Die Kirche stellte insofern einen Sonderfall dar, als sonst große historische Monumente, besonders Kirchen, mit größerer Achtung behandelt wurden. Man bewahrte sie als Inseln der Tradition inmitten eines großen, wachsenden Meeres der Moderne. Die Entscheidung, diese eine Kirche nicht aufzubauen, hat darum eine eigene Qualität. Lange drückten sich die Verantwortlichen in Stadt und Kirche um sie herum. Der Kirchenvorstand schlug vor, die Ruine als ein Mahnmal zu nutzen. Man dachte daran, in den offenen Chorraum eine kleine Kapelle hineinzubauen. Die Stadt begann aber 1951 schon damit, Mauerreste wegzusprengen. «Nachsprengen» nannte man dies. In vielen Anläufen wurden der eigentlich gut erhaltene Chor bis zum Hauptgesims sowie die Querschiff- und Langhausmauern bis zur Fenstersohlbank abgerissen. Regelmäßig flammte die Diskussion wieder auf, doch eine historische oder zumindest eine modernisierende Rekonstruktion zu versuchen. Auch kam der Vorschlag auf, St. Nikolai, diese neugotische «Messkirche», den Katholiken zu übergeben. Doch je mehr Zeit verstrich, umso deutlicher wurde, dass niemand ein echtes Interesse besaß, diese Kirche wieder aufzubauen und einer Gemeinde zur Nutzung zu übergeben. Diesmal blieb – anders als hundert Jahre zuvor – eine Bürgerbewegung zu Gunsten dieser Kirche aus. So wurde St. Nikolai als Kirchengebäude aufgegeben. In einem Briefwechsel zwischen Kirche und Senat fiel sogar das Wort von einer «Endlösung Nikolai». Sie sah vor, dass Ruine und Turm als Mahnmal erhalten blieben. Zunächst war dies nicht mehr als eine «vom Himmel gefallene Verlegenheit in der Mitte Hamburgs».

Inzwischen ist die Nikolai-Ruine aber ein zentraler Ort des Gedenkens für alle Hamburger geworden. Dies ist vor allem dem bürgerschaftlichen Engagement eines Förderkreises zu danken. In der Krypta ist eine Dauerausstellung eingerichtet, wechselnde Ausstellungen und friedenspolitische Veranstaltungen kommen hinzu. Es werden auch regelmäßig Gottesdienste und ökumenische Andachten gefeiert. So haben die Reste der Kirche eine neue, sinnvolle Nutzung gefunden.

Ein nicht geringer Trost war es, dass die Kirchenleitung 1954 beschloss, der Nikolai-Gemeinde einen neuen Ort zu geben. Mitten in Harvestehude, einem belebten Wohnviertel, fand die Gemeinde eine neue Heimat, zunächst in einer Villa, also einer Hauskirche, dann seit 1962 in einem nicht zu großen, aber schönen, zeitgenössischen Kirchenbau von Gerhard Langmaack.

Von Scotts neugotischem Bau ist fast nur der Turm geblieben. Er ist nicht mehr gelblich, sondern vom Feuer geschwärzt, keine Trutzburg einer gegenaufklärerischen Frömmigkeit und kein Monument eines nationalprotestantischen Triumphalismus mehr, sondern der Zeuge eines großen Grauens, ein Mahner für Frieden und Versöhnung. Durch die Katastrophe hindurchgegangen, hat er eine Würde und Wirkung gewonnen, eine Aura, eine Strahlkraft für die ganze Stadt und einen christlichen Sinn empfangen, die er so nicht besaß, als die ganze Kirche noch intakt war.

Die Kathedrale von Brasilia

9. Die Kathedrale von Brasilia
und der moderne Kirchenbau

Das Märchen von der neuen Stadt

Es war einmal ein Architekt, dem ging alles leicht von der Hand. Die herrlichsten und erstaunlichsten Bauten schüttelte er aus dem Handgelenk. Das kam daher, dass er mehr ein Zeichner als ein Baumeister war. Als Kind hatte er ganze Tage lang dagesessen und seinen Finger verträumt durch die Luft fahren lassen. Auf die Frage der Erwachsenen, was er da tue, hatte er geantwortet: «Ich zeichne.» Als erwachsener Mann sollte er es nicht viel anders halten. Er baute, indem er zeichnete und luftige Linien, geschwungene Kurven, heitere Striche auf das Papier warf. Alles, was er anfasste, wurde leicht, schwebte empor, wurde hell und licht, südlich, glich sich der Sonnenhitze seiner Heimat an. Wie gezeichnet, so gebaut. Allerdings wurden seine Skizzen in ein Material gegossen, das keinen guten Ruf hat. Es ist hart, schwer, massig, kalt, rau, grau und billig. Es hat einen schlechten Namen: Beton. Doch dieser Architekt war ein Zauberer. Ihm gelang es, selbst dieses Material so zu formen, dass es Schwung aufnahm. Er konnte sogar Beton zum Singen und Tanzen bringen.

Kein Raumschiff, sondern eine Kirche. Nur, was soll sie darstellen? Einen Dornenkranz, ein Zelt, einen Kelch, eine Flamme, ein Ährenbündel oder einfach nur eine reine Form aus Schwung und Licht? Die Kathedrale von Brasilia steht jenseits simpler symbolischer Deutungen.

Es war einmal ein Präsident, der wollte eine neue Hauptstadt für sein Reich bauen. Wohl alle Präsidenten träumen davon, eine Stadt wie aus dem Nichts zu erschaffen, allein nach den eigenen Vorstellungen, voll von grandiosen Gebäuden, die ihre Visionen verkünden und ihre Macht zementieren, bewohnt ausschließlich von Menschen, die ihren Willen tun. Für die allermeisten Präsidenten bleibt dies ein Traum. Sie müssen sich in die alten Kapitalen einfügen, sich der langen Stadtgeschichte mit ihren erdrückenden Traditionen beugen, die baulichen Gegebenheiten hinnehmen und mit den dort ansässigen und nicht selten aufsässigen Menschen vorlieb nehmen. Höchstens ein oder zwei Monumentalbauten können sie während ihrer Regierungszeit hinzufügen. Der Präsident dieses Märchens aber konnte seinen Traum Wirklichkeit werden lassen. Denn er herrschte über ein junges und riesiges Land, in dem es ungehobene Schätze gab. Bisher war es nur am Rand, der Küste, besiedelt. Im Landesinneren aber gab es noch unendlich viel frisches und freies, unverbrauchtes und unverbautes Land. So gab der Präsident den Befehl, in der leeren Mitte seines Reiches eine neue Stadt zu errichten. Von ihr aus sollte das ganze Land erschlossen werden, ja eine neue Gesellschaft mit neuen Menschen geschaffen werden. Das war ein alter Traum, den viele seiner Vorgänger schon geträumt hatten. Er aber machte ihn jetzt wahr.

Es war einmal ein Stadtplaner, der erhielt den schönsten Auftrag aller Zeiten. Er durfte diese neue Hauptstadt entwerfen. Wie sein Lieblingsarchitekt war er vor allem ein Zeichner. Für den Wettbewerb reichte er nicht mehr ein als einige Blätter mit Skizzen: rhythmische Linien, freie geometrische Figuren und raumgreifende Kreuze. Er bekam den Zuschlag und durfte nun tun, was er wollte. Alles, was er zu brauchen meinte, wurde ihm zur Verfügung gestellt: unbegrenzte Geldmittel, Heerscharen von Arbeitern und uneingeschränkte politische Unterstützung. Mit Lästigkeiten wie detaillierten Bau- und Kostenplanungen musste er sich nicht groß aufhalten. An Vorgaben brauchte er sich nicht zu halten. Er musste auf nichts Rücksicht nehmen: auf kein historisches Stadtbild und keine Denkmäler, keine Verkehrswege und Straßenführungen, keine Bebauungspläne und Besitzverhältnisse, keine Bürgeranliegen und Wohngewohnheiten. Er konnte reinen Tisch machen, ganz von vorn beginnen und alle Spielregeln selbst bestimmen.

Der Architekt hieß Oscar Niemeyer, der Präsident Juscelino Kubitschek de Oliveira, der Stadtplaner Lúcio Costa. Das Land hieß Brasilien, und Brasilia sollte der Name der neuen Stadt sein.

Es muss eine märchenhafte Zeit gewesen sein. Der große Krieg war vorüber. Eine neue Ordnung der Welt schien sich anzukündigen, die vielen unterdrückten und ins Abseits gedrängten Ländern Freiheit und Wohlstand bringen sollte. Die alten Kolonialherrschaften zerbrachen, neue Nationen entstanden und bauten sich neue Hauptstädte, wie in Ghana, Indien oder Bangladesh. Die Idee, das politische Zentrum Brasiliens von der Küste ins Landesinnere zu verlegen, um so die innere Landnahme voranzutreiben und der ganzen Nation einen Innovationsschub zu geben, war schon im 19. Jahrhundert formuliert worden. Aber erst Juscelino Kubitschek, der Kennedy Brasiliens, machte sich an die Umsetzung. Von 1956 bis 1961 hatte er das Amt des Staatspräsidenten inne. Er ging mit

Die Kathedrale von Brasilia

einem ungeheuren Willen, einem rasanten Tempo ans Werk. Sein Slogan lautete: «Fünfzig Jahre Fortschritt in fünf.» Gleich im ersten Jahr seiner Regierung begannen die Arbeiten in Brasilia, und schon am 21. April 1960 konnte die neue Stadt eröffnet werden. Fast 50 000 Arbeiter waren im Einsatz. Das Geld floss in Strömen, mit dem Ergebnis, dass Kubitschek eine selbst für südamerikanische Verhältnisse erstaunliche Staatsverschuldung hinterließ. Dennoch war es eine grandiose Leistung. Man bedenke nur die Wege, welche die Arbeiter und das Material zurücklegen mussten. Zur nächsten asphaltierten Straße waren es 640 Kilometer, bis nach Rio de Janeiro über 1000 Kilometer. Es muss ein strapaziöses Abenteuer gewesen sein, aber auch eine wunderbare Expedition mitten hinein in die Wildnis, eine erregende Zeit, in der ausnahmsweise alle gleich waren, der Planer, der Architekt, die Bauarbeiter – alle packten mit an.

Brasilia, das war eine in Beton gegossene Utopie, die Stadt eines reinen Anfangs, ohne hinderliche Voraussetzungen, allein nach einem abstrakten Plan gefertigt, wie von einem Gott am Reißbrett entworfen und dann mitten in die Savanne des brasilianischen Hochlandes gesetzt. Diese Stadt strahlte ein eigenes Pathos aus, die Leidenschaft der Stunde Null. Sie wollte das ganze Land verwandeln. Die repressive Ordnung der feudalistischen Städte wollte sie beenden, den kolonialen Stil überwinden, das Chaos aus Armut, Schmutz und Notbehelfen abschaffen, all die Rückständigkeiten beiseite räumen und Platz für eine demokratische Gesellschaft schaffen, für ein effizientes Leben. Wer nur eine Ahnung von der Ungerechtigkeit, der Unfreiheit, der Not hat, die im alten Brasilien herrschten, wird diesen Willen nach Veränderung teilen. Zugleich aber stand Brasilia für eine Demokratisierung von oben, für eine vom Herrscher angeordnete Revolution. Eine Beteiligung der Bürger, die doch befreit und einander gleichgestellt werden sollten, war nicht vorgesehen. Darin steckte nicht nur ein programmatischer Selbstwiderspruch, sondern – trotz allen guten Willens – auch eine Portion Inhumanität. Die Unmenschlichkeit Brasilias zeigt sich auch in ihrem prinzipiellen Antihistorismus. Brasilia war eine Stadt ohne Wurzeln, eine Hauptstadt der Geschichtslosigkeit und Gesichtslosigkeit. So sehr man dieser urbanen Sensation Respekt zollen muss – der Haupteindruck, den diese Stadt hinterlässt, ist Verstörung. Betrachtet man alte, aber auch neue Bilder aus dieser Stadt, ist man verstört angesichts der Leere. Und diese Leere ist weniger der großräumigen Straßen- und Platzgestaltung geschuldet, als der Abwesenheit einer eigenen Geschichte.

Brasilia war ein einzigartiges Projekt, aber auch typisch für ein Jahrhundert, in dem man glaubte, man könne Städte allein mit bau- und sozialtechnischen

Mitteln zu lebenswerten Orten machen. Unter dem Banner einer abstrakten Modernisierung hoffte man, bessere Gesellschaften dadurch zu schaffen, dass man neue Städte baute. Das war eine euphorisierende, aber auch aggressive Idee. Denn die Einwohner mussten, damit sie zu «neuen Menschen» werden konnten, in ihnen fremde Raster gepresst werden. In voller Reinheit ließ sich diese ebenso begeisternde wie bedrohliche Vision einer modernen Stadt nur in der brasilianischen Wildnis umsetzen. Aber Brasilia war kein verrückter Einzelfall, sondern nur das Beispiel einer konsequenten, extremistischen Umsetzung dessen, was man im 20. Jahrhundert ebenfalls in den Fußgängerzonen, Gewerbegebieten und Vorstadtsiedlungen ungezählter Städte Europas und Nordamerikas beobachten konnte.

Der Plan für Brasilia basierte auf einer einfachen Grundidee: Die wichtigsten Lebensfunktionen der Stadt – Wohnen, Arbeiten, Verkehr, Einkaufen und Freizeit – sollten voneinander getrennt werden. In nur 15 Handskizzen – einem genialen Wurf – zeigte Lúcio Costa, wie dies am besten umzusetzen war. Die Grundform seines Plans bildete ein Kreuz – manche sahen in ihm auch ein Flugzeug – aus zwei großen, sich überschneidenden Monumentalachsen. Sie separierten und ordneten die Bereiche und Funktionen der Stadt. Den Schnittpunkt der großen Linien, das Zentrum, bildete der Busbahnhof. Im Osten sollten die großen Regierungsgebäude – Parlament, Regierungssitz, Gericht – stehen. An sie schloss sich die Esplanade der Ministerien an, an denen zwei fünfspurige Straßen vorbeiführten. Im Süden befanden sich die Wohnhäuser. «Superquadras» hießen diese riesigen Wohnmaschinen, in denen auch Läden und Schulen untergebracht waren. Einfamilienhäuser waren in Brasilia nicht vorgesehen, nur am Stadtrand wurden einige geduldet. Das bunte, wimmelige Leben einer Großstadt war säuberlich auf verschiedene Sektoren verteilt.

Trotz ihrer Leere, Stille und Einsamkeit war die Stadt Brasilia beeindruckend schön. Und dies lag an den Bauten von Oscar Niemeyer, lauter elegante, schlanke Architekturherrlichkeiten. Eine seiner schönsten Kreationen ist die Kathedrale von Brasilia. Trotz aller Modernität meinte Costa wohl, dass eine Kirche dazugehörte. Aber in welchem Sektor sollte sie stehen? Gehörte die Kirche ihrer Funktion nach zum Wohnen oder zur Freizeit oder neben die Krankenhäuser? Costa scheint immer noch von staatskirchlichen Vorstellungen geprägt gewesen

Eine Hauptstadt vom Reißbrett. Brasilia besteht aus beängstigend geraden Linien und säuberlich getrennten Sektoren. So modern sie ist, ohne eine Kathedrale kommt auch sie nicht aus. Diese findet ihren Ort rechts unten, am unteren Rand des Regierungssektors, am Ende einer langen Reihe von Ministerien.

Die Kathedrale von Brasilia

zu sein. Denn die Kathedrale wurde der langen Reihe der Ministerien, also dem
Regierungssektor, zugeordnet, aber nicht mitten hinein, sondern an dessen Ende
gesetzt. Übrigens wurde ihr Bau nicht mit Staatsmitteln, sondern aus Spenden
finanziert. Dies führte dazu, dass er viel länger dauerte als der Bau der anderen
Monumentalgebäude. Die Kathedrale wurde 1958 entworfen, 1970 eingeweiht,
ein Jahr später wurde das Glas eingesetzt und 1977 kam schließlich der Glockenturm dazu. Die Grundidee hat Niemeyer in einem Interview anschaulich erklärt:

> Ich habe eine sehr spezielle Art und Weise zu arbeiten. Ich suche eine Lösung und
> denke nach, und plötzlich fange ich an zu zeichnen. Schauen Sie, so entstand die
> Idee zur Kathedrale von Brasilia. (Niemeyer zeichnet ein paar geschwungene Säu-
> len.) Das Gebäude biegt sich zum Himmel. Das hat es noch nie gegeben. Und jetzt
> (Niemeyer zeichnet eine unterirdische Rampe, die zum Licht führt): Jetzt kommt
> der Mensch, und sein Blick steigt zum Licht auf. Brasilia kann man lieben oder
> nicht, aber es ist etwas, das es noch nie gegeben hat. Zum Beispiel die Kathedrale
> von Brasilia: Es gibt viel schönere Bauten, aber keine, die genau so aussehen. Darauf
> kommt es an. Auf das Glück, das die Überraschung in dir hervorruft. Das ist Archi-
> tektur.

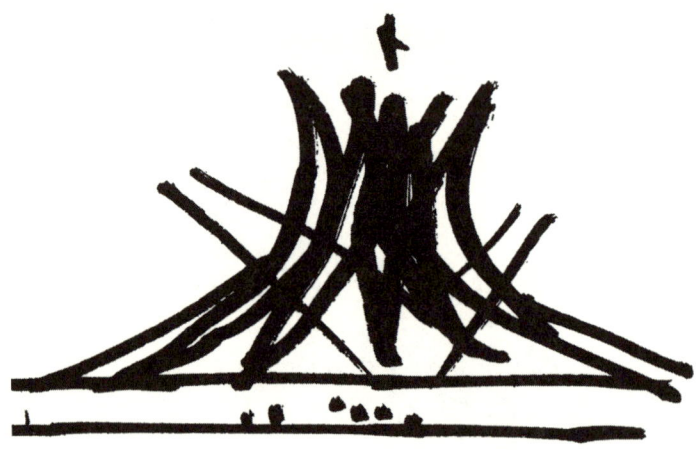

Die Idee ist ebenso einfach, wie der Effekt verblüffend ist: Die Kathedrale besteht aus einem Grundelement – einer gekrümmten Betonrippe, die sich wie

eine Sichel aus dem Boden gen Himmel schwingt –, das 16 Mal wiederholt und zu einem Kreis geordnet wird, der durch einen Ring oben zusammengehalten und gebündelt wird. So entsteht eine Baustruktur mit einem Durchmesser von 70 Metern, die den Eindruck größtmöglicher Einheitlichkeit erweckt. Denn sie sieht von allen Seiten gleich aus, es gibt kein vorn und hinten und keine Seiten mehr. Hinzu kommt die Anmutung von Schwerelosigkeit. Das Betonskelett gibt die Struktur, großflächiges Glas fügt das Fleisch hinzu. Eine Mauer gibt es nicht, alles ist Dach, aber eben keines der dunklen, drückenden Sorte, sondern eines, das nur aus Schwung, Leichtigkeit und Licht zu bestehen scheint, in dem Himmel und Erde vereint sind.

Diese Kathedrale löst viele Assoziationen aus. Man kann in ihr ein Zelt sehen oder eine Feuerflamme, eine Dornenkrone oder einen Abendmahlskelch, einen intergalaktischen Satelliten oder einen umgedrehten Blütenkelch, ein Ährenbündel oder ein abstraktes Symbol für das Gebet. Nur eine Assoziation, die sich sonst bei vielen Bauten von Niemeyer einstellt, fehlt hier: diejenige an eine nackte Frau. Auf die Frage, ob er diese oder ähnliche Bedeutungsanmutungen angestrebt hätte, antwortete Niemeyer:

Die Kathedrale von Brasilia

Nein, überhaupt nicht. Ich wollte nur den Ausdruck des Aufstrebens erreichen, für den Gläubigen die Richtung zum Himmel andeuten. Picasso hat einmal gesagt, neunzig Prozent von dem, was die Kritiker über seine Sachen schreiben, ist reine Erfindung. Deutungen, an die er selbst nie gedacht hat. Die Form ergibt sich, während ich zeichne. Natürlich wollte ich ein architektonisches Schauspiel, denn schließlich ist eine Kathedrale kein Bahnhof.

Die äußere Gestalt ist also rein aus der Form gedacht, aus dem zeichnerischen Schwung der Linien entwickelt worden, das Ergebnis eines freien Spiels, ohne inhaltsschwere Vorüberlegungen. Darin aber ist sie dann doch das Symbol für einen neuen Typus von Kirchen und Gottesdiensten. Kirchen sollen für Niemeyer Häuser der Freiheit ohne klerikales Machtgehabe sein, und Gottesdienste sollen als Freudenfeste ohne mysteriöse Dunkelheiten gefeiert werden. Darum steht die Kathedrale im fernen Brasilia wie ein Leuchtturm für eine aufgeklärte Kirche und helle Gottesdienste.

Dies zeigt sich auch bei der einzigen, direkt symbolischen Idee Niemeyers: dem Eingang. Da die Kathedrale weder Vorder- noch Rückseite, kein Tor und keine Fassade besitzen sollte, dachte sich Niemeyer eine ganz neue Form des Zugangs aus: Der Besucher geht über eine lange Rampe in ein Untergeschoss und steigt dann in die Mitte der Kirche empor. Er vollzieht also einen fast beklemmenden Abstieg, um in einen euphorisierend lichterfüllten Raum zu gelangen. Auf die Frage, warum er diese Lösung gewählt hatte, antwortete Niemeyer: «Weil ich eine Kathedrale wie ein Objekt wollte. Deshalb konnte ich auf eine Fassade verzichten. Ich wollte, dass der Gläubige vom Dunkeln ins Helle geführt würde.» So stimmungsvoll dies auch ist, kann man doch die Rückfrage stellen, ob dies nicht ein etwas vordergründiger Effekt ist. Einleuchtender wird es, wenn man das dahinterliegende Motiv erfährt: «Bei der Kathedrale mied ich die gängigen Lösungen der traditionellen und dunklen Kathedralen, die an Sünde erinnern. Im Gegenteil, der Zugang zur Halle wurde dunkel gehalten, der Innenraum hell leuchtend, farbig, mit bunten Glasfenstern, sich dem Unendlichen zuwendend.» Niemeyer selbst war nicht religiös, wenn man von seinem recht eigentümlichen Kommunismus einmal absieht. Aber er hatte großen Respekt vor einem freien, sozial engagierten Christentum und vor den Erneuerungsversuchen in der brasilianischen Kirche, die sich gegen Ungerechtigkeit, Armut und staatliche Gewalt einzusetzen begann.

Die Kathedrale von Brasilia unterscheidet sich vom Rest der Stadt: Sie ist

kein Kubus und längst nicht so riesig wie die Regierungsbauten oder die Superquadras. Anders als die Macht- und Wohnmaschinen, die sie umgeben, ist sie
gerade nicht funktional und rational gedacht, eben kein Sakralautomat, sondern
ein Stück freier Kunst, eine Skulptur aus Form und Licht. So hebt sie sich auch
vom Klischee einer rigiden Architekturmoderne ab. Niemeyer, der bei Le Corbusier gearbeitet und gelernt hatte und auch mit den Geradlinigkeiten der Bauhaus-
vorbilder virtuos umzugehen wusste, gibt hier dem Stahlbeton eine plastische
Gestalt und erneuert so das uralte Erbe der antiken Zentralbauten und Gewölbe-
konstruktion. Wer will, kann in seiner Kathedrale eine moderne Variation der
Hagia Sophia sehen:

> Der rechte Winkel zieht mich nicht an; auch nicht die gerade, harte, inflexible Li-
> nie, die der Mensch geschaffen hat. Was mich anzieht, ist die freie und sinnliche
> Kurve. Die Kurve, die ich in den Bergen meines Landes finde, im mäandernden
> Lauf seiner Flüsse, in den Wolken des Himmels, im Leib der geliebten Frau. Das
> ganze Universum ist aus Kurven gemacht. Das gekrümmte Universum Einsteins.

Mit dieser architektonischen Haltung hat Niemeyer weit gewirkt. Er glaubte,
damit selbst seinen Lehrer le Corbusier angesteckt zu haben, als dieser, ohne
Rücksicht auf seine alten Bauhaus-Prinzipien, seine berühmte Kapelle in Ronchamp als Wunderwerk organischer Architektur baute.

Im Vergleich zu ihrer äußeren Gestalt und der reinen Raumwirkung bleibt
die Inneneinrichtung recht blass. Es gibt einen offenen, leicht erhöhten Altarbereich, darüber hängen einige Engel von der Decke, die an
barocke Vorbilder erinnern, davor stehen ein paar Bänke,
auch gibt es künstlerisch unerhebliche Passionsbilder sowie
eine kitschige Nachbildung von Michelangelos Pietà. Der
eigentümlich leere Kirchenraum bezieht seine ganze Kraft
aus seiner runden, zentrierten Form und dem Lichteinfall
von oben. Allerdings entspricht die jetzige Verglasung keineswegs Niemeyers Vorstellungen. Das wiederum war die
Kehrseite seiner Arbeitsweise, sich nur als Entwurfsarchitekt
zu verstehen, der mit seinem kleinen Büro größere Vorhaben nicht selbst umsetzen konnte, die Bauausführung deshalb anderen überlassen und letztlich die Kontrolle abgeben musste. Aber seine wichtigste Idee ist wunderbar umgesetzt worden: Diese Kirche strahlt – innen ist sie von Licht durchflutet, außen wirkt sie

Ein Kreis, ein nur leicht erhöhter Altar,
eine Gemeinde unter einem Dach aus
Licht und Farbe. Der Kirchensaal der
Kathedrale von Brasilia bietet wenig
Ablenkung, dafür aber einen Raum für
eine freiere, demokratischere Form des
Gottesdienstes.

Die Kathedrale von Brasilia

selbst wie ein Strahlenbündel. Doch trotz ihres Leuchtens kann einen beim Betrachten dieser Kirche auch eine Melancholie überkommen. Sie wirkt so verloren, allein mitten in einer weiten Leere. Ein leicht absurd wirkender Glockenturm steht vor ihr, aber wen rufen diese Glocken? Hier wohnt doch keine Menschenseele. Oder dringt das Läuten bis in die Regierungsgebäude hinein? Die Großfiguren davor, welche die vier Evangelisten darstellen, bilden zwar so etwas wie eine fromme Schildwache, aber wirklich über diese Anmutung von Einsamkeit hinwegtrösten können sie nicht.

Es war einmal ein Märchen, das Märchen einer neuen Stadt. Und weil es solch ein großes Märchen war, kamen gleich drei Prinzen in ihm vor: ein Präsident, ein Stadtplaner und ein Architekt, der Architekt aber war der größte unter ihnen. Doch in jedem Märchen gibt es auch eine böse Hexe. In diesem Märchen hieß die böse Hexe «Wirklichkeit». Sie ließ so manchen Traum zerplatzen. Zur damaligen brasilianischen Wirklichkeit gehörten gewaltsame Regierungswechsel.

1964 putschte das Militär, die Vision einer demokratischen Stadt erlosch, das Brasilia-Projekt geriet ins Stocken. Niemeyer floh nach Israel, verschanzte sich für mehrere Monate in einem Hotelzimmer und zeichnete Pläne für eine neue Stadt in der Negev-Wüste, die nie gebaut werden sollte. In Brasilia selbst

Visionär der brasilianischen Moderne, Meister der klaren Linie, Betonvirtuose, Marxist ganz eigener Prägung: Oscar Niemeyer (geboren 1907). Hier eine Aufnahme von 1958.

entwickelten sich die Dinge anders als geplant. Es zeigte sich, dass man eine Stadt eben nur bedingt planen kann und dass es sich rächt, wenn man das Trägheitsmoment «Mensch» nicht mit einrechnet. Vor allem wenn es um sein privates Wohnen geht, verweigert er sich beharrlich den von oben angeordneten Modernisierungen und hält an seinen ganz und gar unavantgardistischen Wohngewohnheiten fest, den alten Möbeln, den Gardinen, dem Gefühl von Gemütlichkeit, dem nachbarschaftlichen Durcheinander. Es erwies sich, dass die funktionalistisch durchgeplanten Superquadras dem brasilianischen Lebensstil einfach nicht entsprachen.

Ein kleines Zeichen des stillen Widerstands gegen den Planungswahn sind die vielen Trampelpfade von Brasilia. Die neue Hauptstadt war mit ihren riesigen, menschenleeren Avenuen das Idealbild einer radikal autogerechten Stadt – ein Irrwitz angesichts der bitteren Armut, in der die meisten Brasilianer leben. Sie

Die Kathedrale von Brasilia

würden sich nie ein eigenes Auto leisten können und lebenslang Fußgänger bleiben. Da für sie überhaupt keine Bürgersteige vorgesehen waren, suchten sie sich ihre eigenen Wege und zogen ihre Spuren jenseits der offiziell vorgesehenen Verkehrsbahnen und quer durch die gigantischen Grünflächen hindurch. Diese Trampelpfade wirken, aus der Luft betrachtet, wie kostbare Spuren menschlichen Lebens inmitten einer riesigen Wüste. Wie sich am Ende doch der ganz normale Anarchismus des sozialen Lebens durchsetzte, zeigt sich heute auch an der Kathedrale von Brasilia. Sie ist längst nicht mehr der religiöse Mittelpunkt der Stadt, als der sie geplant war. Vielmehr organisiert sich das religiöse Leben, das sich in Brasilien rasant gewandelt hat, viel eher in den ungezählten unscheinbaren, architektonisch ganz und gar unbedeutenden Gemeinschaftshäusern der protestantischen Freikirchen, Pfingstlergemeinden, Sekten und esoterischen Zirkel, die in den vergangenen Jahrzehnten entstanden sind. In ihnen feiert die alte Hauskirche ihre Wiederauferstehung. Das alte katholische Staatskirchentum ist ebenso Vergangenheit wie die Architekturmoderne Oscar Niemeyers. In einem doppelten Sinn ist darum die Kathedrale von Brasilia schon jetzt das immer noch leuchtende Zeugnis einer fast untergegangenen Welt.

Das Jahrhundert des Kirchenbaus

Niemals wurden so viele Kirchen gebaut wie im 20. Jahrhundert. Schon das Vorgängersäkulum hatte sich auf diesem Gebiet als sehr produktiv erwiesen. Doch nun wurde die Sakralraumproduktion in einer erstaunlichen Weise hochgefahren. Weltweit, in den neuen wie den alten Kontinenten, wurden fieberhaft Kirchen errichtet, als gäbe es keine Religionskritik, keine Entzauberung der Welt, keine Entmythologisierung der alten Glaubenssysteme, keine massenhaften Kirchenaustritte. Mit diesem Bauboom ist das gängige Klischee vom Rückzug des Christentums und Niedergang der Kirchlichkeit in der Moderne nicht in Deckung zu bringen. Doch was sich hier abspielte, war nicht einfach ein religionsgeschichtliches Rätsel, sondern hatte eine Reihe von Ursachen. Die wichtigste waren die vielen Zerstörungen, welche der Zweite Weltkrieg angerichtet hatte. Allein die Bombardements in Deutschland und den von Deutschland angegriffenen Ländern hatten ungezählte Kirchen in Schutt und Asche gelegt. Für Deutschland rechnete man nach Kriegsende mit 8000 neu zu errichtenden oder wieder aufzubauenden Kirchen. Nicht zu vergessen sind die vielen Sakralbauten in Osteuropa, vor allem in Russland, die dem aggressiven kommunistischen Staatsatheismus zum Opfer gefallen waren, weshalb sich dort seit 1990, nach dem Ende des Sowjetreiches, eine kirchliche Bautätigkeit entfaltete, wie man sie bisher nur vom Nachkriegsdeutschland kannte. Der Kirchenbau des 20. Jahrhunderts war also auch ein Versuch, die Verwüstungen eines totalen Krieges und zweier totalitärer Systeme wiedergutzumachen. Das schnelle Wachstum und die historisch einmaligen Umschichtungen der Bevölkerungen waren ein zweiter Grund. Nicht nur Krieg und Vertreibung, sondern auch Industrialisierung und Verstädterung hatten dazu geführt, dass viel mehr und sehr viel unterschiedlichere Menschen als früher in den wieder aufgebauten und erweiterten Städten wohnten. Plötzlich gab es größere Gruppen von Protestanten, die in einstmals rein katholischen Gebieten lebten – und umgekehrt. Hinzu kam vielerorts der Wunsch der Kirchenleitungen, überschaubare Gemeinden zu schaffen. In den unübersichtlichen Großstädten sollten die Menschen in ihrer unmittelbaren Nachbarschaft eine geistliche Heimat finden: die fußläufige Gemeinde. Auch dies machte viele Neubauten erforderlich. Möglich war die Konjunktur der Sakralarchitektur in der zweiten Jahrhunderthälfte in Deutschland nur, weil es sehr viel Geld gab. Die hiesigen Kirchen profitierten sehr vom Wirtschaftswunder – auch dies eine Fernwirkung des eigentlich schon untergegangenen Staatskirchentums. Die geschichtlich beispiellosen Kirchensteuereinkünfte, die in keinem Verhältnis zu den steigenden Austrittszahlen standen, machten möglich, wovon Architekten in früheren Epochen nie zu träumen gewagt hätten, nämlich in einmaliger Freiheit eine Vielzahl neuer Kirchen zu bauen. Und der Bau einer Kirche war selbst für die avantgardistischsten Architekten immer noch eine der reizvollsten Aufgaben.

Den Architekten eröffnete sich eine historisch einmalige Chance, ganz von vorn anzufangen, höchst individuelle Lösungen zu erarbeiten und bisher nie Gesehenes zu schaffen. Eine solche Freiheit hatte es noch nicht gegeben. Das war aber nicht nur für die Architekten ein Glück, sondern auch für die Kirchen selbst, konnten sie doch nun mit ihren neuen Bauten zeigen, dass das Christentum kein bloßes Traditionsgut war, sondern dass es eine lebendige Kraft blieb, die sich eine neue Gestalt geben konnte. In dieser Modernität lag aber auch ein aggressives Moment. Mit einer beispiellosen Rücksichtslosigkeit haben Theologen und Kirchenbauarchitekten der Nachkriegszeit das Alte nicht fortzuschreiben, sondern abzuschaffen versucht. Man kann dies heute noch in den Kirchen besichtigen, die in dieser Zeit «renoviert» wurden.

Die Kathedrale von Brasilia

Doch auch wer sich von der Geschichte verabschiedet, muss ihr standhalten. Das gilt besonders für Kirchenbauarchitekten. Denn die großen Werke ihrer Vorgänger sind ja immer noch gegenwärtig, sie stehen mitten in den großen Städten, überall auf dem Land und fordern zum Vergleichen heraus. Ihnen gegenüber muss man beweisen, dass in der eigenen künstlerischen Autonomie eine ähnliche kreative Kraft liegt und dass man sein ästhetisch-liturgisches Programm in eine überzeugende Gestaltung überführen kann. Viele Architekten haben sich dieser Herausforderung gestellt, nicht wenigen ist Erstaunliches gelungen. Man denke nur an das Dreigestirn des modernen Kirchenbaus in Deutschland – Dominikus Böhm, Rudolph Schwarz und Otto Bartning – oder an internationale Größen der modernen Architektur wie Le Corbusier oder eben Oscar Niemeyer. Ihnen sind ungezählte regionale Baumeister gefolgt, die eine mal mehr, mal weniger glückliche Hand hatten. Sie schufen eine kaum überschaubare Fülle an Kirchen und Kapellen, Formen und Gestalten. So viele Architekten tätig waren, so viele Arten von modernem Kirchenbau entstanden auch.

Wie aber verschafft man sich eine gewisse Orientierung über das, was das 20. Jahrhundert an Kirchenbauarchitektur hervorgebracht hat? Am hilfreichsten ist es wohl, bei etwas ganz Handgreiflichem anzusetzen, nämlich bei einem neuen Baustoff, der es erst möglich machte, der inneren Freiheit eine äußere Gestalt zu geben, nämlich dem Stahlbeton. Er ist die folgenreichste bautechnische Erfindung der Moderne, der Inbegriff modernen Bauens überhaupt, also nicht nur ein neues Material, sondern auch ein neues Stilprinzip. Stahlbeton ist ein Verbundwerkstoff aus zwei Bestandteilen. Aus Stahl wird ein Gerüst oder ein Gerippe geformt, und dieses wird dann mit Zement ausgefüllt. Dieses Material verspricht eine außerordentliche Belastbarkeit ebenso wie eine einmalige Formbarkeit. Mit ihm kann man fast alles machen, zumindest ist man nicht mehr an die statischen Grenzen von Naturstein und Holz gebunden. Es war eine Sensation, als 1923 die erste Betonkirche, Eglise Notre-Dame in Le Raincy, einer Arbeiterstadt in der Nähe von Paris, fertiggestellt wurde. Ihr folgte vier Jahre später St. Antonius in Basel, eine durchsichtige Konstruktion, die den Baustoff nicht versteckte, sondern als Sichtbeton präsentierte. Diese beiden Gebäude, denen viele weitere folgen sollten, wollten die Kirche mitten hinein in die Industriegesellschaft stellen. Als Arbeiterkirchen wollten sie keine Sonderwelt sein, sondern die Lebenswelt ihrer Gemeindeglieder teilen. Doch so modern diese Betonkirchen auch waren, ganz entkamen sie der Geschichte nicht. Denn bewusst oder unbewusst verwiesen sie auf die mittelalterliche Gotik: Hier wie dort sollten die konstruktiven

Bauelemente gut sichtbar sein, hier wie dort sollten starre Mauerwerke von feineren Konstruktionen abgelöst werden, von Wandskeletten, die viel größere Fensterflächen möglich machten. Doch die Idee der Betonkirche barg noch ganz andere Chancen. So blieb es nicht beim Konstruktivismus, sondern Niemeyer, Le Corbusier und andere bewiesen, dass man mit Beton nicht nur Kirchen-Burgen und Gottesdienst-Fabriken, sondern auch plastische Formen und organische Skulpturen schaffen konnte.

Eine Kirche hat nicht nur, aber immer auch die Aufgabe, eine geistliche Heimat zu bieten. Kann eine Betonkirche das leisten? Ist Beton nicht ein Symbol der Unbehaustheit und Unwohnlichkeit? Je mehr öffentlichen Raum die moderne Architektur sich eroberte, um so allergischer reagierten viele auf den Beton, dem sie überall – in den Hochhäusern, Kaufhäusern, Parkhäusern, Bahnhöfen, den Waschbeton-Wüsten ihrer unwirtlichen Städte – begegneten. Dieses Problem gewann an Dringlichkeit, je älter die Betonkirchen wurden. Kirchen werden ja für eine lange Dauer gebaut. Es ist deshalb nicht ihre Innovativität, die zählt, sondern ihre Langlebigkeit. Die meiste Zeit ihres Bestehens sind sie alte Gebäude. Fast ist es ihre Aufgabe, den Eindruck zu erwecken, als hätte es sie immer schon gegeben. Das stellt eine besondere Anforderung an den Baustoff. Sie lautet nicht einfach: Hält er lange? Vielmehr heißt die Frage: Wie altert er? Wie sieht er aus, wenn er alt ist? Da ist Beton ein sehr problematisches Material. Er setzt keine Patina an, er wird nur ranzig. Beton altert einfach schlechter als Ziegel, Marmor oder Holz.

Viele Architekten nutzen den Beton, um ihre Kirchen als symbolische Statements zu gestalten. Viele Kirchen sahen aus wie eine Arche oder ein Schiff. Das wichtigste Bausymbol aber wurde das Zelt. Es ist ein Inbild der Ortlosigkeit und steht damit für die damalige Lebens- und Glaubenserfahrung vieler Menschen. Darin liegt etwas Tragisches, aber auch etwas Euphorisierendes. Vom Krieg vertrieben und auf der Flucht, hatten viele keine Heimat mehr. Aber als Wanderer konnten sie unbekannte Welten entdecken. Ebenso die Kirchen: Sie waren aus ihrer alten Machtstellung vertrieben und konnten nicht mehr die Mitte der Stadt für sich reklamieren, aber sie wollten sich auch nicht mehr als «feste Burgen» hinter den Mauern religiöser Selbstgewissheit verschanzen. Sie mussten und sie wollten den Aufbruch wagen, in Bewegung kommen und bleiben. Sie vermieden das Monumentale und Repräsentative, stattdessen versuchten sie, eindrucksvolle architektonische Gestaltungen mit einem Sinn für das menschliche Maß zu verbinden. Am überzeugendsten hat Otto Bartning dieses doppelte Anliegen mit

seinen «Notkirchen» umgesetzt. Um den vielen durch den Bombenkrieg obdachlos gewordenen Gemeinden schnell eine gottesdienstliche Bleibe zu verschaffen,
hatte er ein Bauprogramm aufgelegt, bei dem mit einer Art Fertigbausatz schnell
und preisgünstig überall in Deutschland Modellkirchen errichtet werden konnten. Was aus der Not geboren wurde, bewährte sich erstaunlich lange. Den Gemeinden sind diese wie Zelte wirkenden, aus der Ferne unscheinbaren, bei nähe-
rem Hinsehen aber sehr anrührenden Leichtbaukirchen zur dauerhaften Heimat
geworden. Wie wenige andere Schöpfungen der modernen Sakralarchitektur
scheinen diese Kirchen eine Seele zu haben.

Jeder Kirchenbau in der Moderne muss die Frage beantworten, was eine
Kirche überhaupt sein soll. Wofür ist sie da, wofür steht sie ein, was gibt ihr das
Recht, da zu sein? Diese Frage sollte nicht nur mit Hilfe eines neuartigen Baumaterials, sondern auch durch innovative Grundrisse beantwortet werden. Weiterhin dominant blieb die Grundform des Längsbaus, die – wie die alte Basilika –
den Weg vom Eingang durch den Gemeinderaum hin zum Altar abbildet.
Daneben aber wurde der Zentralbau aufgewertet, zunächst in Kreisform, bald
aber auch asymmetrisch über Grundrisse mit drei, vier, fünf, sechs, sieben oder
acht Eckpunkten, die auf kein klassisches Vorbild mehr verwiesen. Aufgefächert,
aufgespalten, aufgerissen, verschachtelt, stufenförmig sich verengend und plötzlich wieder erweiternd wirkten die so geschaffenen Räume zunächst sehr verstö-
rend, entfalteten aber eine eigentümliche Musikalität, eine freie Rhythmik, wie
man sie aus dem Jazz kannte.

Diese neuen, geöffneten Bauten wollten Teil der modernen Gesellschaft
sein und den Lebensalltag der Gemeindeglieder integrieren. Den Höhepunkt
dieses Bestrebens bildeten die Gemeindezentren der siebziger Jahre. Es waren
Mehrzweckgebäude, in denen der Gottesdienst nur noch eine Betätigung neben
anderen war. Das soziale Engagement, die Stadtteilarbeit, das Vereinsleben der
Gemeinde waren ihm gleichgestellt. So entstanden nicht-hierarchische Bauten,
in denen alles auf einer Ebene stattfand. Schwellen – wie in den alten Tempeln
und Kathedralen – gab es hier nicht mehr. Das Gemeindezentrum öffnete sich
mit einem großzügigen Foyer zur Nachbarschaft und lud jeden ein. Ganz ohne
Vorbild war dies natürlich nicht. Es stellte eine Rückkehr zum Betsaal der Herrnhuter dar, war aber weniger von Bibelfrömmigkeit als von politisch-diakonischem
Engagement erfüllt. Das Gemeindezentrum war die Hauskirche unter den Bedingungen der modernen Großstadtsiedlung. Es sollte einen gemeinsamen Raum
schaffen, in dem die Lebensfunktionen miteinander verknüpft waren. Zudem

protestierte es gegen den Größenwahn mancher Hochhaussiedlung. Während die Türme des vermeintlich sozialen Wohnungsbaus in die Höhe wuchsen wie früher nur die Kirchtürme, blieben die Gemeindezentren mit ihren Flachdächern bewusst am Boden. Doch so einleuchtend das Konzept des Gemeindezentrums auch war, schon bald begannen die Gemeinden, Widerstand gegen seine nackte Profanität zu leisten. Stück für Stück gaben sie ihm die geraubte Sakralität zurück: Der Hauptraum wurde für Gottesdienste reserviert, ein Altarbereich abgesteckt, der Altar geostet und so weiter. Die Gemeinden hatten ein gutes Gespür dafür, dass die Wahrheit der christlichen Sakralarchitektur in der Mitte zwischen Hauskirche und Kathedrale liegt. Insofern markiert das Gemeindezentrum der siebziger Jahre nicht nur den Höhe-, sondern auch den Endpunkt einer Entwicklung, von dem aus es nicht weiter vorwärts, sondern nur wieder zurück ging.

Das zwanzigste Jahrhundert brachte eine ungeheure Fülle an Möglichkeiten der Sakralarchitektur hervor. Sie war ein Triumph der individuellen Freiheit. Damit verbindet sich ein Problem. Die Frage lautet nicht, ob man moderne Kirchen bauen darf oder nicht. Natürlich darf man das. Alles ist erlaubt, was gelingt. Aber der moderne individualistische Kirchenbau hängt viel stärker von der Begnadung des einzelnen Architekten ab. Auch der vormoderne Kirchenbau lebte von den wenigen einzigartigen Genies. Aber diese standen in einem engen Zusammenhang mit den kleineren Geistern, die sich an ihnen orientieren konnten. In der Vormoderne begründeten die Großen einen Stil, den die Kleinen dann kopierten. Dies endete in der Moderne. Von nun an zählte nur noch das Einzelstück. Für die wenigen Großen bedeutete dies eine herrliche Befreiung, für viele Kleinere aber nicht selten eine Überforderung. Eine Kirche von Niemeyer kann nur eine Kirche von Niemeyer sein. Aus ihr entwickelt sich kein überpersönlicher Stil. Seine Kathedrale in Brasilia ist unnachahmlich in einem doppelten Sinn. Sie ist unvergleichlich schön, aber sie bleibt ein Solitär, also einsam.

Der radikale Individualismus der modernen Architektur ist die Folge einer geschichtlichen Entwicklung, die niemand zurückdrehen kann. Dem Kirchenbau aber beschert sie eine Schwierigkeit. Denn die Kirche ist eine Institution. Sie lebt aus einer langen Geschichte, aus Ämtern, Traditionen, Riten. Selbst der Protestantismus, der dem Individualismus doch so freundlich gegenübersteht, ist dort, wo er Kirchen baut, eine solche Institution. Seine Sakralgebäude sollten deshalb selbst eine Gemeinschaft bilden, etwas allgemein Verbindliches an sich haben, typisch und wiedererkennbar sein. Sie sollen keine singulären Architekturskulpturen sein, sondern öffentliche Orte, die viele Menschen über Generationen hinweg gebrauchen. Das setzt der ästhetischen Selbstverwirklichung des Baukünstlers enge Grenzen. Dieser Widerspruch zwischen dem künstlerischen Individualismus moderner Architektur und dem kirchlichen Bedürfnis nach Typischem ist der tiefere Grund für die oft beklagte Entfremdung zwischen Kunst und Kirche in der Moderne. Es ist nicht einfach die vermeintliche Provinzialität der Kirchenleute oder die angebliche Religionsfeindlichkeit der Architekten, sondern die Tatsache, dass die Grundsignatur der Gegenwart sich nur schwer mit den baulichen Erfordernissen einer religiösen Institution verträgt. Darum ist es kein Zufall, dass einige der besten modernen Sakralbauten überkonfessionelle Meditationsräume sind – wie Mark Rothkos mystische Bilderkapelle in Houston – oder Kapellen für Pilger – wie Ronchamp oder die Wachendorfer Bruder-Klaus-Feldkapelle von Peter Zumthor – und also nicht für den alltäglichen Gebrauch durch eine Gemeinde gedacht.

Gottesdienste in der Demokratie

Im 20. Jahrhundert wurden nicht nur unvergleichlich viele Kirchen gebaut, es wurde auch so intensiv über Kirchenbau nachgedacht und gestritten wie kaum jemals zuvor. Verbunden war dies mit einem ebenfalls beispiellos intensiven Nachdenken über den Gottesdienst. Auch hier gab es einen erheblichen Reflexionsbedarf. Denn so, wie es keineswegs mehr selbstverständlich war, dass man Kirchen errichtete und von welcher Art sie sein sollten, war ebenfalls unklar, was für ein Gottesdienst eigentlich zeitgemäß war. Kein Zeitalter hat in so kurzem Abstand solche Umwälzungen in Politik, Gesellschaft und Kultur erfahren. Nach 1945 erfasste eine explosionsartige Modernisierung die Welt. Man denke beispielsweise nur an die technischen Fortschritte, verbunden mit einem bisher unbekannten Massenwohlstand, die neuartige Medien- und Konsumkultur, das Ende der alten Autoritätskultur und die Demokratisierung aller Lebensbereiche, das gestiegene Bildungsniveau der gesamten Bevölkerung, das gewandelte Verhältnis von Mann und Frau. Das alles sollte vor der Kirchentür bleiben und den Gottesdienst nicht berühren?

Viele Christen hatten schon lange ein Unbehagen an den herkömmlichen Gottesdiensten empfunden. Die besonders Engagierten und religiös Musikalischen hatten sich deshalb seit Beginn des Jahrhunderts in liturgischen Bewegungen gesammelt, die nach anderen Formen des gemeinsamen Betens und Feierns suchten. In ihnen verbanden sich klösterliche Einflüsse mit Motiven der Jugendbewegung. Sie strebten danach, das Heilige selbst zu erleben, jeder für sich und zugleich in einer Gemeinschaft. Darin lagen ein demokratischer und ein ökumenischer Impuls verborgen. Protestanten wie Katholiken teilten den Wunsch nach Gottesdiensten, an denen sie selbst aktiv beteiligt waren. Die Katholiken hatten genug von einem leeren und autoritären Ritualismus, bei dem der Priester allein am Altar eine Sakramentsfeier vollzog, die sie nur aus der Ferne betrachten durften. Die Protestanten waren die Kälte und das bloß Intellektualistische ihrer Predigtgottesdienste leid, in denen sie stumm wie Schüler langatmige Belehrungen über sich ergehen lassen mussten. Um ein intensiveres Erleben und gemeinsames Feiern zu ermöglichen, wurden ungezählte Experimente unternommen. Alte Riten und gregorianische Gesänge wurden wieder belebt, neue Musik – wie Jazz und Blues – wurde importiert, die Sakramente wurden mit größerer Ehrfurcht und häufiger gefeiert, aber auch kontroverse Themen des Tages wurden verhandelt, es gab politische Nachtgebete und Osternächte, das gemeinschaftliche Taufgedächtnis wurde eingeführt und das «Feierabendmahl» in riesigen Messehallen abgehalten, nicht zu vergessen die erfolgreichste neuere Gottesdienstform im westeuropäischen Christentum: der Familiengottesdienst. Auch wenn sich die gottesdienstlichen Erfindungen des 20. Jahrhunderts nicht auf einen einzigen Nenner bringen lassen, das Drängen auf eine aktive Beteiligung aller Mitfeiernden war ihnen gemeinsam.

Das wichtigste kirchengeschichtliche Ereignis, in dem diese liturgischen Bewegungen, Bedürfnisse und Bemühungen zusammenkamen, war die Messreform des Zweiten Vatikanischen Konzils. Dieses Konzil, von Papst Johannes XXIII. einberufen, läutete für die katholische Kirche den Aufbruch in die Moderne ein. Von 1962 bis 1965 wurde unter dem Motto des «Aggiornamento» – der «Verheutigung» oder des «Auf-den-heutigen-Stand-Bringens» – der Eintritt in das demokratische Zeitalter vollzogen. Das zeigte sich an der überfälligen Anerkennung der Menschenwürde und Menschenrechte sowie der Prinzipien des politischen Liberalismus. Vor allem aber wurde dies in der Reform des Gottesdienstes sichtbar, die am 4. Dezember 1963 von einer Liturgiekonstitution eingeleitet wurde.

Die Liturgiekonstitution brachte den katholischen Gottesdienst also «auf den heutigen Stand» und überführte ihn in die Epoche der Demokratie. Es ist keine unzulässige Zuspitzung, zu sagen, dass sie das «Ende des Mittelalters» einläutete. Zumindest überwand sie die Gegenreformation des 16. Jahrhunderts. Diese hatte in der Tridentinischen Messe das durchaus fragwürdige liturgische Erbe des Mittelalters systematisiert und anti-evangelisch ausformuliert. 1570 wurde diese Messe zur allein seligmachenden Gottesdienstform erklärt. Sie stellte eine in sich geschlossene heilige Handlung dar, die ganz auf den Priester ausgerichtet war. Er war so sehr der einzige Hauptakteur, dass man fast meinen konnte, die Anwesenheit einer Gemeinde sei eigentlich gar nicht erforderlich. So konnte es geschehen, dass die frommen Frauen, während der Priester allein am Altar seine heiligen Verrichtungen versah, in ihren Andachtsbüchern lasen oder den Rosenkranz beteten, also private Frömmigkeitsübungen vollzogen, und die weniger frommen Männer zwischendurch vor die Kirchentür traten, um eine Zigarette zu rauchen und über die Geschäfte zu plaudern. Diese Unsitten wollte die Messreform des Zweiten Vatikanischen Konzils beenden und ein gemeinschaftliches Feiern aller ermöglichen. Darin war sie ein epochales Ereignis, das die katholische Kirche umwälzte. Zugleich aber war sie ein ökumenisches Datum, weil sie Tendenzen sichtbar machte, die auch den Protestantismus im 20. Jahrhundert bestimmten. Konnte ein Laie vorher auf einen Blick einen evangelischen von einem katholischen Gottesdienst unterscheiden, so war dies nach dem Zweiten Vatikanum nicht mehr möglich – glücklicherweise, muss man sagen. Denn diese Gottesdienstreform steht für die erfreuliche Konvergenz der ehemals verfeindeten Konfessionssysteme.

Was diese Liturgiereform gebracht und was sie genommen hat, wird schon an der veränderten Innenausstattung der Kirchen sichtbar. Und hier war es natürlich der Altar als der zentrale Einrichtungsgegenstand einer katholischen Kirche, der als erster der veränderten Messform angepasst werden musste. Zunächst verloren die Schranken und Zäune, welche die Gemeinde vom Altar fernhalten sollten, ihre Berechtigung. Nur die kunstgeschichtlich besonders wertvollen Lettner durften bleiben. Ansonsten wurde der Gemeinde jetzt ein freier Zugang zum Altar gewährt. Nicht nur dies, der Altar selbst bewegte sich auf die Gemeinde zu. Wenn nämlich der neue Grundgedanke Wirklichkeit werden sollte, dass die Eucharistie die gemeinsame Feier der ganzen Gemeinde sei, dann musste der Tisch des Herrn in der Mitte des Kirchenraums stehen. So war es einst in der Alten Kirche gewesen. Damals befand sich der Altar am Vorderrand der Apsis. Erst im Mittelalter waren die Altäre an die Rückwand des Chorraums gerückt und hatten sich dort – vor allem im Barock – zu prächtigen Hochaltären ausgewachsen. Jetzt wurde der Altar wieder am vorderen Rand des Chores oder sogar mitten in der Vierung platziert.

Dies war mehr als ein bloßes Tischerücken, sondern ein epochaler Eingriff in die Logik und Ästhetik katholischer Kirchen. Die Kirche der Tridentinischen Messe stellte einen gerichteten Weg vor. Der Altar war hier das Ziel, der Fluchtpunkt des Gebets, die Schwelle zum Jenseits. Darum stand er exzentrisch, nicht in der Mitte, sondern am äußersten Ende. Die Kirche des Zweiten Vatikanums aber war ein zentrierter Raum, der um die aktuelle Feier der Eucharistie am Tisch des Herrn kreiste, welcher folglich die Mitte bilden musste.

Für die Gestaltung der neuen Altäre ergaben sich zwei Bestimmungen. Zum einen mussten sie Tische darstellen. Sie durften schlicht nicht mehr so hoch sein wie ihre Vorgänger, sonst hätten sie ja wie orthodoxe Ikonostasen alles verdeckt. Darum konnten sie auch nicht mehr den Tabernakel enthalten. Dieser Aufbewahrungsort der schon gewandelten Hostien wurde nun vom Altar getrennt und in eine Seitenkapelle abgeschoben. Das war ein herber Bedeutungsverlust. Denn der Tabernakel spielte für die Frömmigkeit des gegenreformatorischen Katholizismus eine so große Rolle, dass man fast meinen konnte, die Anbetung der Hostie sei wichtiger als die Feier der Eucharistie selbst. Seine Degradierung und Entfernung aus dem eigentlichen Gottesdienstraum zeigte nun unmissverständlich, dass die ganze Konzentration dem aktuellen Vollzug der Eucharistie gelten sollte.

Um diese zu befördern, wurde zweitens angeordnet, dass der Altar «umschreitbar» sein müsse, damit der Priester die Messe der Gemeinde zugewandt zelebrieren könne. Sie sollten einander ins Gesicht schauen. Auch sollte die Gemeinde nun sehen und hören, was der Priester am Altar tat. Der Priester der Tridentinischen Messe hatte mit dem Rücken zur Gemeinde mit seinem Körper das heilige Geschehen vor den neugierigen Blicken der Laien abgeschirmt. Er hatte sogar wichtige Formeln so leise gesprochen, dass die Gemeinde sie nicht hören konnte. Mit diesem heimlichen Priesterzauber hatte es nun ein Ende. Die alte protestantische Forderung, dass die Gemeinde den Prediger gut sehen und hören sollte, hatte endlich auch in der katholischen Kirche Berücksichtigung gefunden. Dabei ging jedoch der schöne Hintersinn der alten Sitte verloren, dass der Liturg der Gemeinde nicht wie ein Moderator seinem Publikum entgegentrat, sondern mit ihr in einer gemeinsamen Richtung betete. Wer dies heute noch erleben will, muss in eine der nicht wenigen evangelischen Kirchen gehen, in denen die alten Hochaltäre noch in Gebrauch sind.

Der weniger autoritäre Charakter der Messe zeigte sich auch daran, wie nun die Oblate ausgeteilt wurde. Mit der Entfernung der Altarschranken waren auch

Die Kathedrale von Brasilia

die Kniebänke abgeschafft worden. Die Laien können also nicht mehr vor dem Altar verharren, sondern sie gehen nach vorn, empfangen die Oblate im Stehen – besser gesagt: im Gehen – und begeben sich auf ihre Plätze zurück. Diese «Wandelkommunion» hat einen großen symbolischen Nachteil: Die Gemeinde versammelt sich nicht mehr um den Tisch des Herrn, sondern defiliert an ihm vorbei. Die Kommunion ist damit entsinnlicht und eigentümlich ortlos geworden. Dafür aber wurde eine mittelalterliche Unsitte aufgegeben: Aus der Befürchtung heraus, mit ihren schmutzigen Händen könnten die Laien die Hostie verunreinigen, wurde sie den Gläubigen vom Priester direkt in den Mund geschoben beziehungsweise auf die Zunge gelegt. Das hatte sich nicht selten etwas unappetitlich und peinlich gestaltet. Im Zuge der Liturgiereform wurde die Mundkommunion nun durch die einfachere und angemessenere Handkommunion ersetzt.

Mit der Verrückung des Altars holte das zweite Vatikanum etwas nach, was Martin Luther schon 1526 gefordert hatte: «In der rechten Messe unter eitel Christen müsste der Altar nicht so (nämlich an der Endwand der Apsis) bleiben und der Priester sich immer zum Volk kehren, wie ohne Zweifel Christus im Abendmahl getan hat. Nun, das erharre seiner Zeit.» Diese Zeit war jetzt also gekommen, dass die katholische Kirche – in Luthers Sinn – eitel christlich wurde. Doch nicht nur äußerlich – dadurch nämlich, dass sich der Priester nun über den Altar hinweg der Gemeinde zuwandte – näherte sich der katholische dem evangelischen Gottesdienst an, sondern auch innerlich. Denn die Liturgiereform verschob auch die theologischen Akzente der Messe. Eine der Hauptkritikpunkte der Reformatoren an der Papstkirche war der Opfergedanke gewesen. Die Vorstellung, dass der Priester in der Eucharistie vor Gott ein Opfer bringt, war von ihnen heftig angegriffen und als Rückfall in heidnische Kultvorstellungen gegeißelt worden. Umso stärker hatte die Gegenreformation diesen Aspekt hervorgehoben und die Tridentinische Messe konsequent auf den Opfergedanken ausgerichtet. Jetzt wurde dieses Motiv zwar nicht vollständig gelöscht, aber doch deutlich zurückgenommen.

Die Umsetzung der Liturgiereform in der Verortung und Gestaltung des Altars war konsequent und einleuchtend. Sie war in ästhetischer und architektonischer Hinsicht aber auch problematisch. Mit einem Schlag wurden in allen katholischen Kirchen der Welt die Altäre verschoben oder neue Altäre dort aufgestellt, wo vorher nie welche gestanden hatten. Nicht allen Kirchen bekam dies gut. In nicht wenigen wurde die ursprüngliche Raumlogik zerstört. Und man kann nicht behaupten, dass die vielen neuen Tischaltäre – im Design der sechziger und siebziger Jahre gehalten – den gotischen und barocken Hochaltären an Strahlkraft und Bildmacht ebenbürtig gewesen wären, im Gegenteil. Die alten Hochaltäre waren die Hauptleidtragenden der Reform. Von einem Tag auf den anderen waren sie ihrer Lebensberechtigung beraubt. Man schaffte sie zwar nicht fort wie den Tabernakel, aber sie hatten keine Aufgabe mehr. So musste der Gewinn an Transparenz und Kommunikation mit einem Verlust an Zauber und Aura bezahlt werden.

Die Liturgiereform verschob nicht nur den Altar, sondern stellte ihm auch einen zweiten Einrichtungsgegenstand an die Seite, den Ambo. Von diesem Pult aus sollten von nun an die Lesungen und die Predigt gehalten werden. Damit war der Wortverkündigung endlich ein fester und hervorgehobener Ort im Gottesdienst zuerkannt worden. Die Messe ließ sich nicht mehr auf die Feier der Eucharistie reduzieren, sondern sie besaß von nun an zwei Brennpunkte: das Sakrament und das Wort. Altar und Ambo sollten darum in direkter Nachbarschaft stehen. Anders als in den vormodernen katholischen Kirchen, in denen die Kanzeln in der Mitte des Seitenschiffs angebracht waren, so dass die Hälfte der Gemeinde sich zur Predigt umdrehen musste, wenn sie den Prediger sehen wollte, wurde nun von vorn zelebriert, gelesen und gepredigt. Auch damit wurden zwei alte protestantische Anliegen aufgegriffen, nämlich dass Wort und Sakrament mit gleicher Aufmerksamkeit zu behandeln seien und dass man den Prediger wie den Liturgen von allen Orten des Kirchraums aus gleich gut hören und sehen können solle. Opfer dieser Veränderung waren aber die alten Kanzeln. Manche von ihnen besaßen eine lange, ehrwürdige Geschichte und einen hohen künstlerischen Wert. Sie wurden nun wie die alten Altäre ohne Dank außer Dienst gestellt. So stehen sie heute noch dort als verwaiste Kanzeln – ein trauriges Schicksal.

Ebenfalls stillgelegt wurden die Nebenaltäre. Nach dem Willen der Liturgiereform sollte ja die ganze Gemeinde gemeinsam den Gottesdienst feiern. Da konnte es nicht angehen, dass einige während der großen Messe, davor oder danach, in den Seitennischen ihre Privatmessen abhielten. Die Nebenaltäre, die für den Ritualbetrieb der mittelalterlichen und gegenreformatorischen Kirche von zentraler Bedeutung – sowie eine unverzichtbare Einnahmequelle – gewesen waren, hatten ihre Existenzberechtigung verloren. Auch sie wurden nicht aus den alten Kirchen fortgeschafft. Immer noch haben sie ja einen großen kunstgeschichtlichen und touristischen Wert. Gelegentlich werden sie auch von kleineren Andachtsgruppen genutzt. Aber als eigene sakrale Orte von eigener sakraler

Die Kathedrale von Brasilia

Würde hatten sie ausgedient. Auch diese Entscheidung wäre ganz im Sinne Luthers gewesen, hatte er doch oft gegen die «Winkelmessen» polemisiert, die verhinderten, dass sich ein Gemeinde-Bewusstsein bildete.

Wesentliche Fortschritte der Liturgiereform – die Aufwertung der Gemeinde, das gemeinsame Feiern, der Tischaltar und das Zelebrieren mit dem Gesicht zur Gemeinde, die Herabstufung des Opfergedankens, die neue Wertschätzung von Bibel und Predigt, die zentrale Position des Ambo und schließlich die Stilllegung der Nebenaltäre – weisen eine große Nähe zu Grundanliegen der Reformation auf. Das heißt aber nicht, dass sich die katholische Kirche im Zuge des Zweiten Vatikanums «protestantifiziert» hätte. Dazu ist sie zu stolz und zu reich an rituellem Wissen und theologischen Traditionen. Für all die Neuerungen der Liturgiereform gab es eigene katholische Vorbilder, die über die liturgischen Bewegungen weit hinaus bis in die Alte Kirche und die biblische Zeit zurückreichten. Deshalb war das, was man nun einführte, nicht – in einem konfessionellen Sinne – bewusst oder unbewusst evangelisch, sondern einfach bloß christlich.

Besucht man aber heute eine vorkonziliare Kirche, ergeht es einem wie beim Besuch einer uralten Tante, in deren Wohnung sich die Erbstücke der Familie erhalten haben. Überall stehen seltsame Truhen, Sekretäre und Kommoden herum. Schön sind sie anzusehen, nur weiß man nicht, was sie enthalten, wie man sie öffnet und wozu sie dienen. Ein dunkler Geruch von Geschichte weht einen an, man spürt eine leise Ehrfurcht vor längst verschollenen Erinnerungen, aber auch eine Ratlosigkeit darüber, was man mit diesen alten Möbeln eigentlich noch anfangen soll.

Ähnlich unschlüssig steht man heute vor den Bildern in den alten katholischen Kirchen. Seitdem die Nebenaltäre keine Funktion mehr haben, ist auch ihr Sinn und Zweck unklar geworden. Einem beliebten Klischee zufolge unterscheidet sich der Katholizismus vom Protestantismus dadurch, dass er sinnenfroh und bildmächtig sei. Doch das gilt spätestens nach dem Zweiten Vatikanum nicht mehr. Die alten Bilder haben viel von ihrer Seligkeit verloren. Ihr Bann ist gebrochen, das Verhältnis der Gläubigen zu ihnen heikel geworden. Deshalb sind die modernen katholischen Kirchen von einer regelrechten Bilderaskese geprägt. Wenn etwas sie auszeichnet, dann sind es die riesigen leeren Wände und nicht eine Fülle an berauschenden Bildern, wie man dies aus dem Barock kennt. Hinzu kommt, dass die wenigen Bilder, die für die neuen Kirchen geschaffen wurden, häufig keine beseeligende Wirkung auf den Betrachter ausüben. Selten entstand so wenig überzeugende Sakralkunst wie im 20. Jahrhundert. Das ist nicht allein in der mangelnden Begabung der beauftragten Künstler, sondern vor allem in einer epochalen Tendenz begründet. Das Verhältnis von Kirche und Kunst hat sich in der Moderne umgekehrt. Hatte früher die Kunst ihren Ursprung in der Kirche gehabt und von dort aus in die weltliche Kultur ausgestrahlt, so war die Kunst nun aus der Kirche ausgewandert und kehrte nur noch gelegentlich in ihre verlorene Heimat zurück. Viel zu selten nahmen die wirklich bedeutenden Künstler der Gegenwart einen Auftrag an, für die Kirche zu arbeiten. Sie überließen das Feld einem neuen Typus in der Kunstgeschichte, dem Kirchenkünstler. Das ist ein Maler oder Bildhauer, für den es auf dem freien Kunstmarkt nicht gereicht hat und der deshalb in der Kirche sein Auskommen finden muss. Diese unglückliche Mischfigur versucht sich emsig, aber halbherzig an einer Modernität, für die ihm aber der letzte Mut und die entscheidende Prise Originalität fehlen. Natürlich gibt es gelungene moderne Sakralkunst, wer wollte das bestreiten. Aber wer könnte leugnen, dass auch viel Kunsthandwerksexpressionismus und unschöne Pseudoabstraktionismen produziert wurden?

Auch aus Gründen des Geschmacks haben sich in den vergangenen Jahren vermehrt Nostalgiker zu Wort gemeldet und gefordert, an dieser oder jener Stelle die Gottesdienstreform zurückzunehmen. Wo sich dies mit einem kirchenpolitisch reaktionären Unterton verbindet, muss man antworten, dass die Demokratisierung des Gottesdienstes unumkehrbar ist. Zugleich aber wird man zugeben, dass man im ersten Überschwang des Reformierens herbe Verluste an Sakralität billigend in Kauf genommen hat. Deshalb kann die weitere Arbeit an der Kultur des Gottesdienstes nicht darin bestehen, auf dem Weg des Fortschritts weiter schnurgerade nach vorn zu marschieren. Vielmehr gilt es heute, beides miteinander zu verbinden: das Moderne und das Urzeitliche, das Zeitgenössische und das Fremde, das Verständliche und das Geheimnisvolle, die Transparenz und den Zauber, die Kommunikation und die Ehrfurcht, das Einleuchtende und das Verstörende – und dies ohne allzu große Stilbrüche oder falsche Kompromisse. Darin liegt die wichtigste liturgische Aufgabe der Zukunft. Vor ihr stehen die katholische wie die evangelische Kirche gemeinsam.

Die Kathedrale von Brasilia

Was bleibt, was kommt?

Dieses Buch hat in großen Schritten eine lange Geschichte abgeschritten und ist nun an ihrem vorläufigen Ende angekommen. Welche Bilanz ist zu ziehen und welche Prognose zu treffen? Zunächst sei noch einmal an etwas erinnert, das leicht vergessen wird: Die für den Protestantismus wichtigsten Epochen haben keine Kirchen gebaut. Das Urchristentum, die Reformation und die Aufklärung hatten anderes zu tun. Ihnen ging die Klärung des Inhalts vor die Gestaltung der Form. So selbstverständlich, wie es heute scheint, ist das Bauen von festen, großen und schönen Sakralbauten nicht, jedenfalls nicht immer gewesen. Doch folgten den theologisch epochalen, aber architektonisch wenig ehrgeizigen Aufbrüchen unweigerlich Zeiten, in denen dem Inhalt ein angemessener Raum, ein passendes Gebäude geschaffen wurde. Denn wie sonst hätte der Geist des Glaubens einen dauerhaften Ort in der menschlichen Gesellschaft, einen Platz in der Öffentlichkeit, ein Wohnrecht in Stadt und Land gefunden?

Wie wird es nun weitergehen? Was Europa angeht, so muss man kein Prophet sein, um sagen zu können, dass neue monumentale Kirchenbauten nicht mehr zu erwarten sind. Die abnehmende Kirchenbindung, das Ende des Wirtschaftswunderwohlstands, die demographische Entwicklung – der Euphemismus dafür lautet «Entjüngung» –, vor allem jedoch das Ende des Staatskirchentums haben die ideellen wie materiellen Voraussetzungen dafür zunichte gemacht. Was den Bau repräsentativer Sakralbauten angeht, hat das europäische Christentum seine historische Aufgabe erledigt, seine Mission erfüllt. Das muss man nicht betrauern. Es bleibt genug zu tun, wenn man dieses reiche Erbe pflegen will. Dafür ist eine intensive Bildungsarbeit vonnöten, vor allem eine Geistesgegenwart, welche die Kirchen nicht bloß als Museen pflegt, sondern als Räume des eigenen Betens und Feierns lebendig erhält. Das europäische Christentum hat also die Aufgabe, seine gelungenen Kirchenbauten als Kulturerbstücke und zugleich als Orte vitaler Frömmigkeit zu erhalten. Zudem muss es Wege finden, in einer angemessenen Form mit denjenigen Sakralgebäuden umzugehen, die es nicht bewahren kann.

Gilbert Keith Chesterton hat einmal gesagt, die Tradition sei die einzige Demokratie, in der auch die Toten ein Stimmrecht haben. Demnach ist die Kirche eine Gemeinschaft, die über die bloße Gegenwärtigkeit des eigenen Lebens weit hinausreicht, die in eine ganz andere Zukunft ausblickt, aber auch auf eine weite Vergangenheit zurückgreift. Kirchen sind in einem tieferen – nicht musealen Sinne – Häuser der Geschichte. Sie beherbergen, sie bestehen aus unendlichen Darstellungen davon, wie schön der Glaube und wie schrecklich die Kirche sein kann, zu welchen Leistungen und zu welchen Verbrechen Christen in der Lage sind, was sie erleiden mussten und was sie zustande brachten, wie in all dem Gott anwesend und abwesend ist. Kirchen sind Erinnerungsorte, und diese Erinnerung lebt im Erzählen. Nicht nur Bücher können sprechen, auch Kirchenbauten können dies. Sie sind Erzählungen aus Stein, in die man hineingehen kann. Natürlich sind sie keine heiligen Orte, in denen der Glaube sich automatisch einstellte. Aber wo sonst könnte man sich verlässlich und öffentlich gemeinsam erinnern, von der Geschichte Gottes und den Geschichten der Menschen erzählen und sich die Frage stellen, wie das eine mit dem anderen zusammenhängt? Kirchenbauten zu erhalten ist deshalb eine der vordringlichsten Aufgaben der beiden großen Konfessionen hierzulande, die höchste Geistesgegenwart abverlangt. Dies ist aber nicht allein eine Sache des theologischen oder auch staatlichen Denkmalschutzes, sondern muss ein Anliegen der ganzen Gesellschaft sein. Dieses hat übrigens auch eine materielle Seite: Allein der unbeliebten Kirchensteuer ist es zu verdanken, dass all die vielen klassischen und modernen Kirchen bisher erhalten werden konnten. Wer diese Steuer nicht mehr zeitgemäß findet, müsste ein anderes Finanzierungsinstrument vorschlagen, das Vergleichbares leistet. Das könnte eine Kultursteuer sein. Bloßes Spendensammeln aber würde die Kostenlasten nie tragen.

Blickt man über das alte Europa hinaus, erkennt man, dass das Christentum nicht nur ein historisches Erbgut, sondern auch eine Zukunftsmacht ist. Auf der südlichen Erdhalbkugel wächst es rasant. Dieses Christentum ist jung, kommt noch ohne Geschichte und eigene Sakralbauten aus, wenn man von den Missionskirchen der Kolonialzeit einmal absieht. Oft hat es charismatischen Charakter und ist von einem pfingstlerischen Geist erfüllt, der noch wenig von stabilen Institutionen, festen Regeln, gepflegten Traditionen und dauerhaften Gebäuden hält. Je nach Größe und Wohlstand versammeln sich diese Kirchen in ärmlichen Privathäusern und Wellblechhütten, auf kleinen Plätzen oder in Shopping-Malls und Unterhaltungsarenen. All diese Versammlungsorte nehmen kaum noch Bezug auf die europäische Sakralbautradition. Ihr Vorbild sind entweder die alten Hauskirchen oder die technisch hochgerüsteten Fernsehstudios. Dies passt auch zu ihrem evangelikal-charismatischen Profil. Es besteht jedoch die Gefahr, dass sie zu bloßen Filialen des nordamerikanischen TV-Protestantismus werden, der wohl ge-

Die Kathedrale von Brasilia

schmacklosesten Gestalt der Christentumsgeschichte. Kirchen dieser Art sind zumeist bloße Mehrzweckhallen mit großer Bühne. Sie sind zwar mit Event-Technologien neuester Art ausgestattet, haben aber keine eigene Aura und Ästhetik.

Es ist daher zu hoffen, dass es den außereuropäischen Kirchen und Konfessionen gelingt, aus ihrem eigenen Verständnis des Christentums heraus neuartige Kirchenräume zu entwickeln. Man müsste beobachten, ob der stärker interaktive Charakter charismatischer Gottesdienste – das gemeinsame Singen, Beten und Tanzen – andere Raumideen schafft. Vielleicht wird die hohe Wertschätzung der Erwachsenentaufe bei den Baptistengemeinden in Amerika und Afrika dem Taufbassin eine so zentrale Position zuerkennen, wie man sie in der Alten Welt dem Altar reserviert hat. Vielleicht können die asiatischen Hauskirchen, nun da sie aus ihren kleinen verborgenen Unterkünften herauswachsen, etwas von ihrer privaten Atmosphäre in ihre neu zu errichtenden Kirchen hinüberretten. Das alles ist offen, aber fest steht, dass das neue Christentum des Südens vor einer epochalen Herausforderung steht, an der sich schon die ersten christlichen Gemeinden abgearbeitet haben: Es muss dem christlichen Glauben auch architektonisch eine Gestalt geben, die seinem Wesen entspricht und die zugleich künstlerisch überzeugt. Wie es dieses Problem lösen wird, ist noch nicht abzusehen und ganz allein seine eigene Angelegenheit.

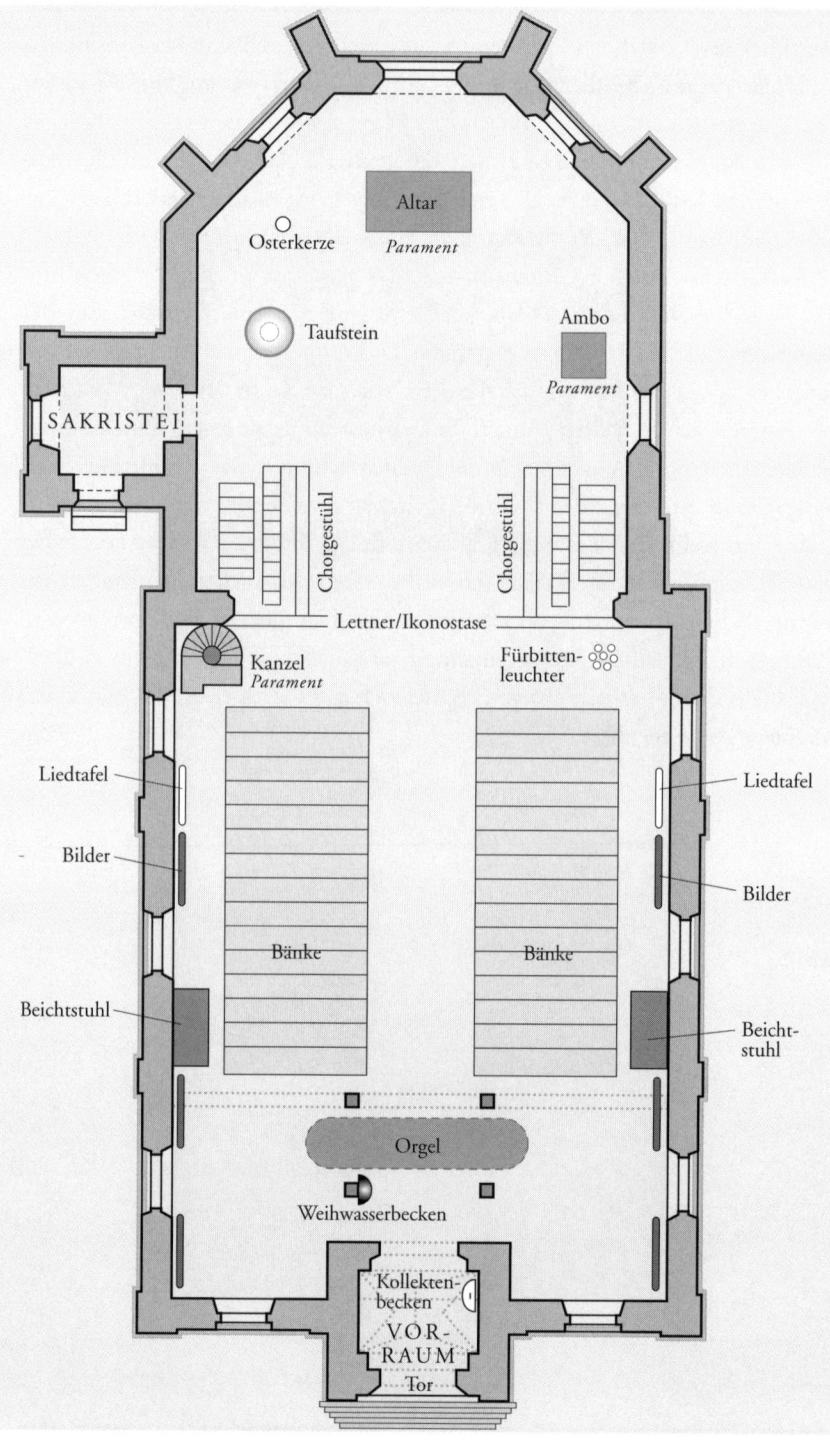

Altar
Osterkerze
Parament

Ambo
Parament

Taufstein

SAKRISTEI

Chorgestühl

Chorgestühl

Lettner/Ikonostase

Kanzel
Parament

Fürbitten-
leuchter

Liedtafel

Liedtafel

Bilder

Bilder

Bänke

Bänke

Beichtstuhl

Beicht-
stuhl

Orgel

Weihwasserbecken

Kollekten-
becken

VOR-
RAUM

Tor

Die Einrichtung einer Kirche

Die Einrichtung einer Kirche

– ein Rundgang

Eine Kirche muss nicht nur gebaut, sondern auch eingerichtet werden, denn erst mit der richtigen Ausstattung kann sie genutzt werden. Nicht nur am äußeren Gehäuse, sondern auch an den heiligen Gebrauchsgegenständen, den liturgischen Instrumenten und Sakralmöbeln kann man den Glauben ablesen, der hier eine Heimat finden soll. Diese Inneneinrichtung kann sehr unterschiedlich ausfallen, je nachdem, wie der christliche Glaube in den verschiedenen Konfessionen ausgelegt und gelebt wird. Der folgende Rundgang durch eine fiktive ökumenische Einheitskirche soll einen Überblick hierüber geben: In ihr ist fast alles versammelt, was die zahlreichen Kirchengemeinschaften im Laufe ihrer Geschichte an Einrichtungsgegenständen entwickelt haben. In Wirklichkeit kann es eine solche Kirche natürlich nicht geben. Sie müsste wegen Überfüllung geschlossen werden. Auch würde sie zu endlosen Streitigkeiten führen, denn die verschiedenen Konfessionen besitzen nicht nur unterschiedliche Einrichtungsstücke. Um die Verwirrung noch zu steigern, stellen sie sogar die Gegenstände, die ihnen gemeinsam sind, häufig an sehr unterschiedliche Orte. Was also gibt es alles in dieser imaginären Einheitskirche, und wo genau gehört es hin?

Die Kirche betritt man durch ein großes TOR und gelangt dann in einen Vorraum. Dieser ist immer mehr als ein bloßer Windfang, sondern hat stets auch eine liturgische Aufgabe. In der Alten Kirche war dies der Aufenthaltsort der Taufanwärter und Büßer, die noch nicht ganz zur kirchlichen Gemeinschaft gehörten. Im Mittelalter diente der Vorraum als Herberge für Pilger. Heute werden hier die Gottesdienstbesucher begrüßt oder – wie bei einer Trauung oder Taufe – vom Geistlichen abgeholt, um dann gemeinsam in den eigentlichen Kirchensaal

Eine Kirche, die es nicht gibt: Der Plan zeigt – über die Unterschiede von Epochen und Konfessionen hinweg – die wichtigsten Elemente eines Kirchenraums.

einzuziehen. Der Vorraum ist zudem ein Scharnier zum alltäglichen Gemeindeleben, das im benachbarten Gemeindehaus stattfindet. Darauf weisen allerlei Informationsmaterialien hin, die hier ausgelegt sind. Im Vorraum ist auch ein Einrichtungsstück aufgestellt, auf das keine Kirche verzichten kann: das KOLLEKTENBECKEN oder – altmodisch gesprochen – der Opferstock.

Über dem Vorraum, hoch oben im Turm, sind die GLOCKEN aufgehängt. Sie sind mehr als bloße akustische Signalmaschinen, sie sind regelrechte Musikinstrumente. Die verschiedenen Glocken ergeben gemeinsam einen harmonischen Klang. Eine detaillierte «Läuteordnung» legt fest, zu welchem Anlass welche Glocken in Bewegung gesetzt werden dürfen: So erklingt an Festtagen das volle Geläut, um zum Gottesdienst einzuladen, während tagtäglich kleine Glocken zu bestimmten Stunden an die traditionellen Gebetszeiten erinnern. Am Karfreitag schweigen die Glocken, ebenso wie die Orgel.

Bevor der Rundgang in der Kirche jedoch richtig beginnen kann, sind noch einige Verhaltensfragen zu klären. Zunächst: Wer darf eigentlich hinein? Es ist ja bei Sakralbauten keineswegs selbstverständlich, dass jedem der Eintritt erlaubt wäre. In einer christlichen Kirche aber gilt: Alle Menschen sind willkommen, auch die Angehörigen anderer Glaubensweisen und sogar die Religionslosen. Ganz besonders willkommen aber sind diejenigen, die Jesus von Nazareth zu den «Armen» zählte und denen er vor allen anderen seine Aufmerksamkeit schenkte. Das gilt auch heute noch. Gerade diejenigen Menschen, die sonst in öffentlichen Räumen und Veranstaltungen nicht gern gesehen sind, sind zum Kirchenbesuch und Gottesdienst besonders herzlich eingeladen: Obdachlose, Menschen mit körperlichen oder geistigen Behinderungen und auch Kinder. Letztere tragen natürlich immer auch ein Moment der Störung in die Kirche und in den Gottesdienst hinein. Das ist ihr gutes Recht und hat seinen tieferen Sinn. Es gibt der Gemeinde die Gelegenheit, Rücksicht zu üben. Aber Rücksicht ist ein Geschäft auf Gegenseitigkeit. Das zeigt sich beim immer wieder gern diskutierten Thema «Kinder im Gottesdienst». Es ist die Aufgabe der Eltern, ihre Kinder so in die Kirche und den Gottesdienst einzuführen, dass diese sich wohlfühlen und zugleich nicht zu viel Aufmerksamkeit der anderen auf sich ziehen.

Sodann wäre die Frage zu beantworten: Wie betrete ich eine Kirche? Hier gibt es keine festen Regeln. Sinnvoll ist es, angemessen gekleidet zu sein. Was das im Einzelnen bedeutet, variiert von Ort zu Ort und Konfession zu Konfession. In europäischen Kirchen wurden die zum Teil rigiden Vorschriften der Vergangenheit glücklicherweise gelockert. Doch sollte man als Gast einer Kirche auch mit

Die Einrichtung einer Kirche

seiner Kleidung Respekt erweisen. Besonders in südlichen und östlichen Ländern nimmt man Anstoß daran, wenn Touristen in Strandkleidung in eine Kirche gehen. Zu Recht, man sollte bedenken, dass der Besuch einer Kirche zwar in der Freizeit stattfindet, aber keine Freizeitveranstaltung ist. Schön ist es auch, wenn Männer die alte Tradition pflegen, beim Betreten einer Kirche die Kopfbedeckung abzunehmen. Und selbstverständlich sollte das Mobiltelefon ausgeschaltet sein.

Ansonsten gibt es wenig, was man unbedingt tun müsste. Man sollte eine gewisse Ehrfurcht an den Tag legen, dabei aber sich selbst treu bleiben. Man sollte nichts tun, was einem wie ein frommes Spiel vorkäme. Man braucht sich also nicht zu verbeugen, zu knien, sich mit Weihwasser zu bekreuzigen, wenn einem dies nicht entspricht. Wenn man wissen will, was man tun oder lassen sollte, ist es immer noch am hilfreichsten, die anderen zu beobachten und daraus seine Schlüsse zu ziehen – und wenn man unsicher ist, Zurückhaltung zu üben. So sollte man während eines Gottesdienstes nicht herumgehen. Besser ist es, einfach teilzunehmen. Außerhalb der Gottesdienstzeiten kann man in Ruhe fast alle Raumteile besichtigen. Manche, wie die Empore, sind nicht immer frei zugänglich. Da spricht man am besten den Küster oder Ortsgeistlichen an. Wenn man Glück hat, ermöglichen sie einem sogar eine Besteigung des Turms.

Sehr empfehlenswert ist es, in einer Kirche nicht zu fotografieren oder zu filmen. Denn sie ist einer der wenigen Orte, an denen noch so etwas wie Unmittelbarkeit möglich ist. Da ist es gut, einmal zu versuchen, Schönes und Ergreifendes direkt wahrzunehmen und einfach so auf sich wirken zu lassen, also nicht durch ein technisches Gerät vermittelt und mit Verwertungsabsichten belastet. Das mag für viele Zeitgenossen ungewohnt sein, ist aber eine lohnende spirituelle Übung eigener Art. Schauen und hören, was da ist, und spüren, was dies bei einem auslöst. Hoffentlich ein Gefühl von innerer Erhebung, Entlastung und Befreiung.

Frei sollte man sich in einer Kirche fühlen, dabei aber – wie immer, wenn man zu Gast ist – Grenzen beachten. So sollte man nicht alles aus nächster Nähe betrachten oder gar anfassen. Das gilt besonders für den Altarraum. Er ist zwar in evangelischen Kirchen kein heiliger, mit einem besonderen Tabu belegter Raum. Aber die Höflichkeit gebietet es, Abstand zu wahren. Was den Sitzplatz angeht, so herrscht freie Auswahl. Früher saßen Männer und Frauen getrennt: die Männer auf der Nord- und die Frauen auf der Südseite. Das ist Vergangenheit. Doch ein Hinweis ist immer noch sinnvoll. Wenn man seinen Platz gewählt hat, sollte man

sich nicht wie im Kino oder Theater sofort hinsetzen, sondern vorher kurz inne-
halten und – wenn man mag – ein Gebet sprechen. Nachdem dies nun alles ge-
klärt ist, kann der Rundgang beginnen.

Tritt man in den Kirchensaal ein, stößt man auf das katholische WEIHWAS-
SERBECKEN. Es bezeichnet den Übergang in den Raum des Heiligen. Der Gläubige taucht Finger seiner rechten Hand hinein und bekreuzigt sich dann. Dieser
Ritus ist der Rest einer rituellen Waschung, wie sie auch Juden und Muslime vor
dem Betreten ihrer Kulträume vollziehen. Früher mögen Gläubige darin auch ein
Schutzzeichen gegen Dämonen gesehen haben. Heute wird dieses Bekreuzigen
auch als eine Form des Taufgedächtnisses verstanden.

Hoch über dem Weihwasserbecken, auf der Empore, befindet sich die
ORGEL. Sie gilt als das kirchliche Musikinstrument schlechthin, hat diesen Rang
aber erst erstaunlich spät erlangt. In der Antike war sie ein rein profanes Instrument, das im Theater und Zirkus zum Einsatz kam. In den Wirren der Völkerwanderung ging auch dieses Kulturgut in Westeuropa verloren. Im oströmischen
Reich aber überlebte es. Dort verschönerte es das kaiserliche Zeremoniell, womit
schon eine Nähe zum gottesdienstlichen Leben gegeben war. Über Byzanz kam
die Orgel im 8. Jahrhundert zurück nach Westeuropa und dort in ausgewählte
Kirchen. Schon im 13. Jahrhundert war sie das wichtigste kirchliche Musikinstrument. Einen Höhepunkt erreichte die geistliche Orgelmusik im 16. und 17. Jahrhundert im Luthertum. Die Reformierten jedoch und die protestantischen Freikirchen hatten die Orgel aus ihren Kirchbauten verbannt, weil sie in ihr ein
unfrommes Luxusgut sahen.

Blickt man nun in den Kirchensaal, sieht man BÄNKE, Bänke, Bänke. Ursprünglich hat es nur für die hohe Geistlichkeit Sitzgelegenheiten gegeben. Denn
ein Stuhl war vor allem ein Machtsymbol. So stand in der Apsis die KATHEDRA
des Bischofs, daneben das CHORGESTÜHL für seinen Klerus. Für den adligen
Patron der Kirche gab es eine eigene Loge in der Nähe des Altarraums. Die Gemeinde aber stand, kniete oder ging umher. So ist es in den orthodoxen Kirchen
immer noch. Das änderte sich mit der Reformation. Die Gemeinde sollte sitzen,
um der Predigt konzentriert folgen zu können. Zugleich waren die Stühle eine
wichtige Einnahmequelle, denn sie wurden vermietet. Die Stuhlgebühren waren
eine Vorform der Kirchensteuer. Auch in katholischen Kirchen wurde das Ge-
meindegestühl eingeführt. Im Unterschied zu protestantischen Kirchen aber ist es
mit Kniebänken verbunden. Diese fehlen in den evangelischen Kirchen, denn
hier ist das Knien – allerdings erst im 19. Jahrhundert – unüblich geworden.

Die Einrichtung einer Kirche

An der linken und rechten Seitenwand befinden sich die BEICHTSTÜHLE. Hier können die katholischen Besucher einem Priester ihre Sünden bekennen und von ihm losgesprochen werden. Der heutige Beichtstuhl entstand in der Barockzeit. Er sieht aus wie ein Schrank und besteht meist aus zwei Kammern. In der einen sitzt der Priester, in der anderen der Gläubige. Durch eine Trennwand hindurch können sie miteinander sprechen. Warum nennt man diesen Schrank «Stuhl»? Ursprünglich kniete der Beichtende einfach vor einem Priester, der auf einem Stuhl saß. Je mehr aber die Einzelbeichte zu einem zentralen Sakrament wurde, desto dringlicher brauchte sie einen eigenen liturgischen Ort, aber auch eine gewisse Diskretion. Beichtstühle gab es anfangs übrigens auch in lutherischen Kirchen. Erst im Zuge der Aufklärung wurden sie abgeschafft. Denn man stieß sich an dem hierarchischen Gefälle, das die Einzelbeichte schafft, sowie an der Vorstellung, man könne sich dadurch eine billige Gnade verschaffen, dass man regelmäßig dieses Ritual vollzog, ohne sich um eine tugendhafte Lebensführung zu bemühen. Deshalb hat die Beichte keinen eigenen Ort und Einrichtungsgegenstand mehr in evangelischen Kirchen. Beichtähnliche Anteile aber gibt es in sehr vielen seelsorgerlichen Gesprächen, die ein Pastor mit seinen Gemeindegliedern führt. Doch sie finden meist im Pfarrzimmer statt und nicht mehr im Kirchenraum. In katholischen Kirchen stehen nach wie vor Beichtstühle, aber sie werden immer weniger genutzt.

Die Wände der Kirche sind mit BILDERN geschmückt. Allerdings gibt es keine NEBENALTÄRE mehr. Die mittelalterliche Sitte, in den Seitennischen Sonderaltäre für private Messfeiern einzurichten, hat zunächst die Reformation, dann für die katholische Kirche das Zweite Vatikanische Konzil abgestellt. An einer Wand findet sich ein katholischer KREUZWEG. Das ist eine vierzehnteilige Bilderserie, welche die wichtigsten Stationen des Leidensweges Jesu darstellt – von seiner Verurteilung über die Kreuzigung bis zum Begräbnis. Sie lädt dazu ein, auf einer eigenen kleinen Pilgerprozession durch die Kirche die Passion Jesu schrittweise nachzuvollziehen. In evangelischen Kirchen hängen LIEDERTAFELN an den Wänden, die den Gläubigen anzeigen, welche Lieder im Gottesdienst gesungen werden.

Weiter vorn findet sich eine Tür, die zur SAKRISTEI führt. Dies ist ein Nebenraum, in dem all das aufbewahrt wird, was man für den Gottesdienst braucht: Abendmahlsgeräte, Brot und Wein, Taufschale, -kanne und -kerzen, gottesdienstliche Bücher, die Gewänder der Geistlichen. Die Sakristei ist aber keine bloße Vorratskammer, sondern selbst ein liturgischer Ort. Denn hier bereiten sich diejenigen, die den Gottesdienst zu zelebrieren haben, innerlich auf ihre Aufgaben vor.

Der Kirchensaal ist ausgerichtet auf den ALTARBEREICH im Osten. Den Übergang zu ihm markieren mehrere Stufen. Früher trennten CHORSCHRAN-KEN beide Raumteile streng voneinander ab. Der Chorraum war den Geistlichen vorbehalten. Diese Schranken, auch LETTNER genannt, waren aber nicht nur ein Grenzzaun zwischen Priestern und Gemeinde, sondern auch ein liturgischer Ort im eigentlichen Sinn. Denn hier wurden die Lesungen und Predigten gehalten, bevor es Kanzeln gab. In den orthodoxen Kirchen übernimmt die IKONOSTASE die Funktion der Chorschranke. Sie ist eine mit Bildern geschmückte Wand, die das sakramentale Handeln der Priester am Altar vor den Augen der Ungeweihten verbirgt. Diese Wand hat zumeist drei Türen, durch welche die Geistlichen auf- und abtreten.

Gleich vorn im Altarraum steht der TAUFSTEIN. Es hat lange gedauert, bis er diesen Ort gefunden hat. Die ersten Christen tauften in fließenden Gewässern, also unter freiem Himmel. Dabei wurde der Körper des – zumeist erwachsenen – Täuflings ganz untergetaucht. In der Alten Kirche baute man vor oder neben die Kirche Baptisterien, eigene kleine Taufkapellen. Sie enthielten ein Becken, in welchem der Täufling stand und mit Wasser übergossen wurde. Im Mittelalter setzte sich die Kindertaufe durch. Deshalb stellte man an den Eingang zur Kirche einen Taufstein. Er war etwa hüfthoch und hatte oben eine Vertiefung, in die man Wasser gießen bzw. eine Taufschale legen konnte. Als man aus gesundheitlichen Gründen davon Abstand nahm, den Säugling ganz unterzutauchen, und ihn stattdessen nur mit Wasser besprengte, wurden diese Schalen immer flacher. Stolze Adelshäuser und Bürgerfamilien besaßen eigene Taufschalen, denn sie feierten die Taufe zu Hause. Heute wird die Taufe in der Mitte der Gemeinde gefeiert, weshalb der Taufstein auch vorne, in der Nähe von Kanzel und Altar, steht. Diejenigen protestantischen Konfessionen, die wie die Baptisten die Kindertaufe ablehnen und nur religionsmündige Menschen taufen, haben oft ein Taufbecken in ihrem Kirchenraum.

Neben dem Taufstein steht auf einem großen Leuchter die OSTERKERZE. Jedes Jahr wird in der Osternacht zum Zeichen dafür, dass der auferstandene Christus das Licht der Welt ist, eine neue Kerze in die dunkle Kirche getragen. Auf ihr stehen die jeweilige Jahreszahl sowie die griechischen Buchstaben Alpha und Omega. Sie symbolisieren, dass Christus der Anfang und das Ende ist. An der Osterkerze wird bei jeder Taufe eine Kerze für den Täufling entzündet. Seitlich davon steht ein FÜRBITTENLEUCHTER. Auf ihm sind viele Kerzen angebracht, welche die Gläubigen für ihr individuelles Gebet entzünden können.

Gleich an der Grenze zwischen Altar- und Gemeinderaum befindet sich der AMBO. Ursprünglich war dies einfach ein erhöhter Ort, vom dem aus gut hör- und sichtbar aus dem Evangelium gelesen wurde. In der Alten Kirche und im frühen Mittelalter wurde hier auch die Predigt gehalten. Als die Kanzel aufkam, verlor der Ambo an Bedeutung. Erst durch die Liturgiereform nach dem Zweiten Vatikanischen Konzil, welche die katholischen Kanzeln außer Dienst stellte, wurde der Ambo – als aufwendig gestaltetes Pult – wieder aufgewertet. Hier werden in katholischen Gottesdiensten nun wieder die Lesungen und Predigten gehalten. In evangelischen Kirchen entspricht dem das LESEPULT.

Dem Lesepult ist in evangelischen Kirchen die KANZEL sachlich und architektonisch übergeordnet. Vor allem die Bettelorden des Mittelalters hatten dafür gesorgt, dass in Kirchen Kanzeln eingerichtet wurden, von denen sie ihre Predigten halten konnten. Meist waren sie etwa in der Mitte des Kirchenschiffs an einer Säule oder einer der Längsseiten angebracht. Das hatte den Nachteil, dass die Gemeinde sich je nachdem, ob gepredigt oder am Altar zelebriert wurde, umorientieren musste. Die Reformation Martin Luthers steigerte die Bedeutung der Kanzel, denn für sie war die Predigt dem Altarsakrament gleichrangig. Folglich suchte man nach Möglichkeiten, Altar und Kanzel eine gleichrangige Gestalt zu geben. Die Reformierten im Gefolge Johannes Calvins gingen sogar noch weiter. Sie erhoben die Kanzel zum einzigen dauerhaften Kultmöbel. Denn einen festen Altar besaßen sie nicht mehr. Sie behalfen sich mit einem beweglichen Tisch, den sie aufstellten, wenn sie Abendmahl feierten – was selten geschah.

Im Zentrum des Chorraums steht nun der ALTAR. Hier werden die Gebete gesprochen und die Abendmahlsfeiern zelebriert. Zunächst war der Altar ein freistehender Tisch aus Holz – eine Erinnerung an den Tisch, an dem Jesus mit seinen Jüngern am Abend des Gründonnerstag das letzte Mahl einnahm. Später wurde der Altar aus Stein gefertigt, und zwar in Form eines Blocks. Dadurch erinnerte er wieder stärker an heidnische Kultstätten. Auch rückte er aus der Mitte an die hintere Wand der Apsis. Er wurde im Mittelalter und in der frühen Neuzeit mit immer prächtigeren Schauwänden geschmückt, bis hin zu den prächtigen Hochaltären des Barock. Die katholische Liturgiereform rückte ihn im vergangenen Jahrhundert aber wieder in die Mitte und gab ihm die Gestalt eines Tisches zurück. Damit verlor auch ein wesentlicher Bestandteil klassisch katholischer Altäre seine Bedeutung. Das TABERNAKEL, als Aufbewahrungsort der geweihten, aber nicht verspeisten Hostien, wurde in einen Nebenraum verschoben. Trotzdem gibt es in katholischen Kirchen weiterhin ein «ewiges Licht». Es zeigte ursprünglich den Standort des Tabernakels an. Ein solches ewiges Licht gibt es auch in jüdischen Synagogen sowie in orthodoxen Kirchen, wo es vor der Ikonostase aufgestellt ist.

Auch wenn der moderne Tischaltar weniger prächtig ist als die ihm vorausgehenden barocken Hochaltäre, so ist er doch geschmückt und feierlich ausgestattet. Auf ihm stehen ein Kruzifix sowie – als sublimierte Opfergaben – Kerzen und Blumen. An seiner Vorderseite hängen – ebenso wie an Kanzel und Lesepult – die Paramente. Das sind liturgische Textilien, die mit ihren verschiedenen Farben die jeweilige Kirchenjahreszeit anzeigen. In evangelischen Kirchen liegt auf dem Altar meist auch eine große Bibel aus. Das ist wenig sinnvoll, weil die Bibel nicht angeschaut, sondern gelesen, ausgelegt und gehört werden soll. Aber immerhin wird so auf den inneren Zusammenhang von Altar und Kanzel verwiesen.

Eine letzte Frage zum Schluss: Wie verlässt man eine Kirche? Das ist eigentlich ganz einfach. Man geht durch den Kirchsaal zurück zum Ausgang, dreht sich aber noch einmal um und lässt das Ganze des Raums ein letztes Mal auf sich wirken. Dann tritt man hinaus ins Freie. Sinnvoll ist es, sich nicht sofort wieder in den Alltag zu stürzen, sondern für einen Moment den Wechsel von innen und außen, dunkel und hell, sakral und profan auf sich wirken zu lassen und eine Weile darüber nachzudenken, ob man den Aufgaben des Tages, die nun auf einen warten, und den Menschen, die man dabei trifft, anders begegnen wird, als wenn man diese Kirche nicht besucht hätte.

Literatur

Albrecht, Christian: Kasualtheorie. Geschichte, Bedeutung und Gestaltung kirchlicher Amtshandlungen, Tübingen 2006.

Althoff, Gert: Heinrich IV., Darmstadt 2006.

Angenendt, Arnold: Geschichte der Religiosität im Mittelalter, Darmstadt ³2005.

Angenendt, Arnold: Das Frühmittelalter. Die abendländische Christenheit von 400 bis 900, Stuttgart ³2001.

Barock im Vatikan. Kunst und Kultur im Rom der Päpste 1572–1676, 2005.

Brandt, Hartwin: Konstantin der Große. Der erste christliche Kaiser, München 2006.

Brennecke, Hanns Christof: Zwischen Tradition und Moderne. Protestantischer Kirchenbau an der Wende zum 20. Jahrhundert, in: Der deutsche Protestantismus um 1900, hg. von Friedrich Wilhelm Graf und Hans Martin Müller, Gütersloh 1996.

Brooks, Chris: The Gothic Revival, London 1999.

Canossa 1077 – Erschütterung der Welt. Geschichte, Kunst und Kultur am Aufgang der Romanik, Bd. I, Essays, hg. von Christoph Stiegemann und Matthias Wemhoff, München 2006.

Conrad, Dietrich: Kirchenbau im Mittelalter. Bauplanung und Bauausführung, Berlin ⁴1990.

Cowen, Painton: The Rose Window. Splendour and Symbol, London 2005.

Der erste Betsaal der Brüdergemeine Niesky 1756–1875, hg. von Peter Vogt, Herrnhuter Verlag 2006.

Die Frauenkirche zu Dresden. Werden, Wirkung, Wiederaufbau, hg. von der Stiftung Frauenkirche Dresden, Dresden 2005.

Donner, Herbert: Pilgerfahrten ins Heilige Land, Stuttgart ²2002.

Duby, Georges: Die Kunst des Mittelalters. Das Europa der Kathedralen 1140 bis 1280, Stuttgart 1985.

Duby, Georges: Die Zeit der Kathedralen. Kunst und Gesellschaft 980–1420, Frankfurt a. M. 1992.

Duth, Werner / Niels Gutschow: Träume in Trümmern. Planungen zum Wiederaufbau zerstörter Städte im Westen Deutschlands 1940–1950, 2 Bände, Braunschweig/Wiesbaden 1988.

Effenberger, Arne: Frühchristliche Kunst und Kultur. Von den Anfängen bis zum 7. Jahrhundert, München 1986.

von Einem, Herbert: Michelangelo. Bildhauer – Maler – Baumeister, Berlin 1973.

Eisinger, Angelus: Die Stadt der Architekten. Anatomie einer Selbstdemontage, Basel 2006.

Ellwardt, Kathrin: Evangelischer Kirchenbau in Deutschland, Petersberg 2008.

Emminghaus, Johannes H.: Gestaltung des Altarraumes. Der Ort der Verkündigung, in: Bibel und Liturgie 48 (1975), S. 82–101.

Erkens, Franz-Reiner: Herrschersakralität im Mittelalter. Von den Anfängen bis zum Investiturstreit, Stuttgart 2006.

Europäischer Kirchenbau 1950–2000, hg. von Wolfgang Jean Stock, München 2002.

Eusebios: Über das Leben des glückseligen Kaisers Konstantin, hg. und übersetzt von Paul Dräger, Oberhaid 2007.

Faulwasser, Julius: Die St. Nikolai-Kirche in Hamburg, Hamburg 1926.

Fils, Alexander: Brasilia. Moderne Architektur in Brasilien, Düsseldorf 1988.

Forcellino, Antonio: Michelangelo. Eine Biographie, München 2006.

Fossier, Robert: Das Leben im Mittelalter, München und Zürich 2007.

Frank, Bernd: Studien zu der Entwurfsgeschichte des Hopfenmarktes und der Hauptkirche St. Nikolai zu Hamburg, 1842–1845, 3 Bände, Dissertation, Hamburg 1986.

Fried, Johannes: Das Mittelalter. Geschichte und Kultur, München 2008.

Germann, Georg: Neugotik. Geschichte ihrer Architekturtheorie, Stuttgart 1974.

Geschichte des protestantischen Kirchenbaus. Festschrift für Peter Poscharsky, hg. von Klaus Raschzok und Reiner Sörries, Erlangen 1994.

Gottfried Semper 1803–1879. Baumeister zwischen Revolution und Historismus, Ausstellung der staatlichen Kunstsammlungen Dresden, München 1979.

Gretzschel, Matthias: Als Dresden im Feuersturm versank, Hamburg 2004.

Gretzschel, Matthias: Die Dresdner Frauenkirche, Hamburg 1994.

Grodecki, Louis: Architektur der Gotik, Stuttgart / Mailand 1976.

Grünberg, Wolfgang: «Als Feuer vom Himmel fiel…» St. Nikolai als Gedächtnis-ort, in: Das Gedächtnis der Stadt, hg. von Peter Reichel, Hamburg 1997.

Hartmann-Virnich, Andreas: Was ist Romanik? Geschichte, Formen und Technik des romanischen Kirchbaus, Darmstadt 2004.

Heers, Jacques: Vom Mummenschanz zum Machttheater. Europäische Festkultur im Mittelalter, Frankfurt/Main 1986.

Hipp, Hermann: Der Hamburger Gottfried Semper, in: Gottfried Semper. Dresden und Europa, hg. von Henrik Karge, München 2007.

Hornig, Christian: Oscar Niemeyer. Bauten und Projekte, München 1981.

Imperator Caesar Flavius Constantinus – Konstantinus der Grosse, hg. von Alexander Demandt und Josef Engemann, Mainz 2007.

Jantzen, Hans: Die Hagia Sophia des Kaisers Justinian in Konstantinopel, Köln 1967.

Kähler, Heinz: Die Hagia Sophia, Berlin 1967.

Kahle, Barbara: Deutsche Kirchenbaukunst des 20. Jahrhunderts, Darmstadt 1990.

Kathedralen. Die schönsten Kirchbauten aus 1700 Jahren, hg. von Rolf Toman, Barbara Borngässer (Text), Achim Bednorz (Fotografien), Bath o.J.

Kimpel, Dieter / Robert Suckale: Die gotische Architektur in Frankreich 1130 bis 1270, München 1985.

Kirchen. Handbuch für den Kirchenbau, hg. von Willy Weyres und Otto Bartning, München 1959.

Klauck, Hans-Josef: Hausgemeinde und Hauskirche im frühen Christentum, Stuttgart 1981.

Krautheimer, Richard: Early Christian and Byzantine Architecture, London 1965.

Krüger, Jürgen: Die Grabeskirche zu Jerusalem, Geschichte – Gestalt – Bedeutung, Regensburg 2000.

Kubach, Hans Erich: Architektur der Romanik, Stuttgart 1974.

Kubach, Hans Erich: Der Dom zu Speyer, Darmstadt 1974.

Kurzke, Hermann: Am Scheideweg zwischen Fundamentalismus und Postmoderne. Erinnerungen an die alte Liturgie, in: Gottesdienst – Kirche – Gesellschaft. Interdisziplinäre und ökumenische Standortbestimmungen nach 25 Jahren Liturgiereform, hg. von Hansjakob Becker u.a., St. Ottilien 1990, S. 59–76.

Lietzmann, Hans: Geschichte der Alten Kirche, 3 Bde., Berlin / Leipzig ²1937.

Löffler, Fritz: Das alte Dresden. Geschichte seiner Bauten, Würzburg ⁸1987.

Luther und die Folgen für die Kunst, hg. von Werner Hofmann, Ausstellungskatalog der Hamburger Kunsthalle, München 1983.

Macaulay, David: Sie bauten eine Kathedrale, Zürich / München 1974.

Mainstone, Rowland J.: Hagia Sophia. Architecture, Structure and Liturgy of Junstinian's Great Church, London 1988.

Marx, Wolfgang, Die Saalkirche der deutschen Brüdergemeine im 18. Jahrhundert, Leipzig 1931.

Die Münchner Kirchen: Architektur – Kunst – Liturgie, hg. von Andreas Hildmann und Norbert Jocher, Regensburg 2008.

Murray, Stephen: Notre-Dame. Cathedral of Amiens. The Power of Change in Gothic, Cambridge 1996.

Niemeyer, Oscar: The Curves of Time. Memoirs, London 2000.

Oscar Niemeyer. Eine Legende der Moderne, hg. von Andreas Paul, Deutsches Architekturmuseum, Frankfurt a. M. 2003.

Pesch, Otto Hermann: Das Zweite Vatikanische Konzil (1962–1965). Vorgeschichte – Verlauf – Ergebnisse – Nachgeschichte, Würzburg ²1994.

Philippou, Styliane: Oscar Niemeyer. Curves of Irreverence, New Haven / London 2008.

Poscharsky, Peter: Die Kanzel. Erscheinungsform im Protestantismus bis zum Ende des Barocks, Gütersloh 1963.

Preuß, Hans: Martin Luther. Der Künstler, Bd. 1, Gütersloh 1931.

Richter, Klemens: Kirchenräume und Kirchenträume. Die Bedeutung des Kirchraums für eine lebendige Gemeinde, Freiburg i. Br. 1998.

Schnell, Hugo: Der Kirchenbau des 20. Jahrhunderts in Deutschland, München 1973.

Scott, George Gilbert: Personal and Professional Recollections, Stamford 1995.

von Simson, Otto: Die gotische Kathedrale. Beiträge zu ihrer Entstehung und Bedeutung, Darmstadt 1972.

St. Peter in Rom 1506–2006, hg. von Georg Satzinger und Sebastian Schütze, München 2008.

Literatur

St. Peter's in the Vatican, hg. von William Tronzo, Cambridge 2005.

Strong, Roy: A Little History of the English Country Church, London 2007.

Suckale, Robert: Thesen zum Bedeutungswandel der gotischen Fensterrose, in: Bauwerk und Bildwerk im Hochmittelalter, hg. v. Karl Clausberg, Gießen 1981.

Tausend Jahre Taufe in Mitteldeutschland. Ausstellungskatalog, hg. von Bettina Seyderhelm, Regensburg 2006.

Totenkult und Wille zur Macht. Die unruhigen Ruhestätten der Päpste in St. Peter, hg. von Horst Bredekamp und Volker Reinhardt, Darmstadt 2004.

Tridentinische Messe: Ein Streitfall. Reaktionen auf das Motu proprio «Summorum Pontificum» Benedikts XVI., hg. von Eckhard Nordhofen, Kevelaer 2008.

Vogt-Göknil, Ulya: Osmanische Bauten. Die Architektur der Türkei, Fotos von Eduard Widmer, München 1965.

von Winterfeld, Dethard: Die Kaiserdome Speyer, Mainz, Worms und ihr romanisches Umland, Würzburg 1993.

Wittmann-Englert, Kerstin: Zelt, Schiff und Wohnung. Kirchenbauten der Nachkriegsmoderne, Lindenberg 2006.

Wölber, Hans-Otto: St. Nikolai. Wegzeichen Hamburgs, Hamburg 1989.

Zimmermann, Harald: Der Canossagang von 1077. Wirkungen und Wirklichkeit, Mainz 1975.

Bildnachweis

16, 124: Norman: Das Haus Gottes, 2005, 11, 149 | **25, 27:** Grabar: Die Kunst des frühen Christentums, 1967, 60 | **43:** Demandt/Engemann: Konstantin der Große, 97 | **51, 53:** Krüger: Die Grabeskirche, 2000, 48, 152 | **54:** Foto John Crook, aus Biddle: Das Grab Christi, 1998, 14 | **62:** Gavin Hellier / Getty Images / Robert Harding World Imagery | **65:** Mainstone: Hagia Sophia, 1988, 22, 31 | **70, 72:** Fossati: Die Hagia Sophia, 1852 | **90:** akg / Bildarchiv Steffens | **96:** Althoff: Heinrich IV., 2006, 232 | **102, 105:** Winterfeld: Die Kaiserdome, 1983, 57, 23 | **109:** Thiebes: Kleines Dombuch, 1980, 8 | **120:** © The Travel Library / LOOK-foto | **127:** Binding, Was ist Gotik? 2000, 138 | **129:** © akg-images / Bildarchiv Monheim | **131:** Kimpel/Suckale: Die gotische Architektur, 1985, 25 | **139:** © The Art Archive / Basilique Saint Denis Paris / Gianni Dagli Orti | **148:** © Robsen/fototalia | **152:** Satzinger/Schütze (Hg.): Sankt Peter, 2008, 211 | **158, 169:** Reinhardt: Der Göttliche, 2010, 2, 285 | **161:** Barock im Vatikan, 2005, 83 | **162:** Hoffmann (Hg.): Luther und die Folgen, 1983, 86 | **176:** © Herb/fototalia | **179:** © Florian Monheim / Bildarchiv Monheim | **184:** © ullstein bild | **188, 203:** Glaser: Die Frauenkirche, 2005, 281, 76, 14 | **191:** : ullstein bild – imagebroker. net / uwe kraft | **208, 222, 225:** Foto: Archiv Hauptkirche St. Nikolai am Klosterstern, Hamburg | **211:** Gottfried Semper, 1979, 287 | **221:** © National Portrait Gallery, London | **235:** Festschrift 800 Jahre Hauptkirche St. Nikolai, 1995 | **238:** © Schapowalow/Huber | **243, 244, 248:** Philippou: Oscar Niemeyer, 2008, 232, 222, 255 | **247:** Niemeyer: The Curves of time, 2000, 153 | **266:** © Peter Palm

Personenregister

Jona, Prophet 34
Julius II., Papst 149–151, 153–159,
    165–168, 170, 172
Julius III., Papst 160
Justin der Märtyrer 23
Justinian, römischer Kaiser 63–66,
    68–70, 73f., 81f., 87, 172

K

Kepler, Johannes 223
Knöffel, Johann Christoph 185f.
Koch, Robert 231
Konrad, deutscher König 97
Konrad II., römisch-deutscher Kai-
    ser 92, 94, 101, 103
Konstantin der Große, römischer
    Kaiser 37–44, 50f., 54, 58, 64,
    66, 115, 150–152
Konstantin VII., byzantinischer Kai-
    ser 79
Konstantius I., Chlorus, Kaiser der
    römischen Tetrarchie 38
Konstantius II., römischer Kaiser 64
Kubach, Hans Erich 110
Kubitschek, Juscelino 240f.

L

Langmaack, Gerhard 236
Lazarus 34
Le Corbusier 246, 251f.
Leipziger, Gottlob Hieronymus
    von 178
Leo X., Papst 156
Leonardo da Vinci 154
Licinius, römischer Kaiser 37, 42
Löscher, Valentin 178, 195

Ludwig IX., König von Frank-
    reich 128
Luther, Martin 150, 174, 177, 180,
    182, 199, 201, 223, 229, 259,
    261, 273

M

Maderno, Carlo 162f.
Makarios, Bischof von Jerusa-
    lem 50f.
Maximinus, römischer Kaiser 32
Michelangelo Buonarroti 151, 153f.,
    157–161, 163, 165–170, 173,
    246

N

Nero, römischer Kaiser 39
Niemeyer, Oscar 240, 242–246,
    248f., 251f., 254

P

Pannini, Paolo 163
Paul III., Papst 156, 160
Paul IV., Papst 160
Paul V., Papst 162
Paulus, Apostel 7, 22, 26, 28, 34,
    58, 86, 94, 183
Petrus, Apostel 19, 22, 34, 86, 150–
    155, 163, 166f.
Pius IV., Papst 160
Porta, Giacomo della 161
Prokopios von Caesarea 67, 69,
    71–74
Pugin, August Welby 216, 220

Ortsregister

Rom 33, 38, 42, 50, 65, 68, 91, 93, 96, 151–153, 156–159, 162, 166, 171, 175, 183, 216

–, Lateranbasilika 52, 60

–, Petersdom 60, 149–151, 153–155, 157, 159f., 162–165, 171–175

–, San Paolo fuori le Mura 60

–, San Pietro in Vincoli 168, 170

–, Santa Priscilla 17

–, Sixtinische Kapelle 159, 166

Ronchamp, Kapelle 246, 255

Rotterdam 203

Rouen 122

S

Saint-Denis, Abteikirche 125, 135, 138

Salisbury, Kathedrale 70

Salzburg 187

Senlis 125

Sens 122, 143

Soissons 122, 125

Speyer 91, 94, 96, 101, 103, 110, 130

–, Dom 91, 95, 97f., 100–104, 106–108, 110–112, 114, 117f., 130

Straßburg, Kathedrale 217

T

Tralles 68f.

Trient 171

Trier 38

Troas 26

Troyes 122

Tyros 54

–, Basilika 49

V

Venedig 184f.

–, Markusdom 88

W

Wachendorf, Bruder-Klaus-Feldkapelle 255

Warschau 203

Wiesbaden 226f.

Worms 93

Y

Yamoussoukro 175

York 38

JOHANN HINRICH CLAUSSEN, geb. 1964, ist Hauptpastor an der Hauptkirche St. Nikolai am Klosterstern und Propst im Kirchenkreis Hamburg-Ost. Er lehrt als Privatdozent Systematische Theologie an der Universität Hamburg. Mit «Moritz und der liebe Gott» (2004) und «O Gott! Warum und wie wir beten oder auch nicht» (2008) hat er erfolgreiche Bücher für Kinder und Jugendliche vorgelegt. Einer größeren Leserschaft ist er außerdem durch regelmäßige Beiträge in Zeitungen bekannt. Bei C.H.Beck erschien von ihm zuletzt «Die 101 wichtigsten Fragen: Christentum» (3. Aufl. 2007).